dtv

Draußen rast das Leben, aber im Garten ist die Welt noch in Ordnung. Dafür sorgt der Gärtner. Er verwandelt das Chaos der Natur in einen Ort der Idylle. Der Weg dorthin ist gesäumt von Arbeit, Schweiß und schlaflosen Nächten. Mit profundem Sachverstand und Liebe zum Detail erzählt Jakob Augstein vom Charakter und der Schönheit der Pflanzen, erklärt, wie man einen Teich anlegt, wie man Schnecken loswird und warum Laufenten im Winter nicht einfrieren.

Dies ist ein Buch über die Liebe zur Natur und über die Sehnsucht des Städters, ein Buch für den Gartenliebhaber jeden Alters und jeden Wissenstandes. Illustriert hat es Nils Hoff, der das Detail einer Blüte genauso präzise zeichnet wie er die Stimmung eines herbstlichen Gartens trifft.

Jakob Augstein, geboren 1967, studierte Germanistik, Theaterwissenschaft und Politikwissenschaft in Berlin und Paris. Nach Stationen bei der ›Süddeutschen Zeitung‹ und der ›Zeit‹ ist er seit 2008 Verleger der Wochenzeitung ›Der Freitag‹. Von ihm ist außerdem erschienen: ›Sieben Schüsse in Glienicke‹ (Gerichtsreportagen aus Berlin).

Nils Hoff, geboren 1973, studierte an der Kunsthochschule Berlin-Weißensee. Elf Jahre war er wissenschaftlicher Zeichner und Grafiker am Museum für Naturkunde in Berlin, heute lehrt er als Professor für Zeichnerische Darstellung und Illustration an der Fachhochschule Bielefeld.

Jakob Augstein

Die Tage des Gärtners

Vom Glück, im Freien zu sein

Illustriert von Nils Hoff

Deutscher Taschenbuch Verlag

Ausführliche Informationen über
unsere Autoren und Bücher
finden Sie auf unserer Website
www.dtv.de

Ungekürzte Ausgabe 2013
5. Auflage 2015
Deutscher Taschenbuch Verlag GmbH & Co. KG, München
Lizenzausgabe mit freundlicher Genehmigung des Carl Hanser Verlages
© 2012 Carl Hanser Verlag München
Umschlagkonzept: Balk & Brumshagen
Umschlaggestaltung nach einem Entwurf
von Peter-Andreas Hassiepen unter
Verwendung von Illustrationen von Nils Hoff
Satz: Druckerei C.H.Beck, Nördlingen
nach einer Vorlage von Manja Hellpap, Berlin
Druck und Bindung: Druckerei C.H.Beck, Nördlingen
Gedruckt auf säurefreiem, chlorfrei gebleichtem Papier
Printed in Germany · ISBN 978-3-423-34775-4

Inhalt

Einleitung

Doch nichts mehr von Natur.
Ein hold ergötzend Mährchen ist's der Kindheit,
Der Menschheit von den Dichtern, ihrer Amme,
Erzählt. Kleist, FAMILIE SCHROFFENSTEIN

Dieses Buch handelt von meinem Garten und allem, was darin ist. Nicht mehr und nicht weniger. Mein Garten liegt hinter dem Haus, nach Südwesten hin. Er ist nicht sehr groß. Als der Hund unser Kaninchen gejagt hat, waren es nur ein paar Sprünge bis zum Gestrüpp am Maschendrahtzaun. Dahinter liegen andere Gärten. Das Kaninchen ist nie zurückgekommen und wir haben auch nie mehr irgendwelche Spuren von ihm gefunden, oder Überreste. Ich habe viele Wochen, eigentlich bis zum Einbruch des nächsten Winters, damit gerechnet, zwischen den Brettern und Steinen und Werkzeugen, die dort hinten am Zaun liegen und zwischen denen sich das Laub sammelt, irgendwann auf das Fell des erlegten Tieres zu stoßen. Oder auf seine Knochen. Wir haben unserem Sohn gesagt, das Tier sei ausgewandert, um an einem anderen Ort glücklich zu werden, mit vielen kleinen Kaninchen.

Und dann haben wir ein neues gekauft und ihm denselben Namen gegeben. Aber das erste Kaninchen haben wir nie vergessen, sondern wir reden immer noch von ihm, und eigentlich gehört es weiterhin zu diesem Garten. Das gilt auch für den Pflaumenbaum, den ich gefällt habe. Oder für die Eibe, die dem Teich gewichen ist. Oder für den schmalen Weg aus Schieferplatten und alten Ziegeln, den ich vor Jahren hinten rechts angelegt habe und den die Gärtner abgeräumt haben, als sie das Hochbeet bauten, auf dem nun die Ligusterhecke wächst. Alles, was hier mal war, ist hier immer noch.

Im Ernst. Das ist eine interessante Beobachtung. Alles hat seinen Platz, auch wenn es ihn gegenwärtig nicht einnimmt.

Es gibt so etwas wie eine Gartenzeit, in der die Unterschiede zwischen Gegenwart und Vergangenheit nicht so wichtig sind. Die Bilder überlagern sich und die Zustände, die Jahreszeiten, die Lebenszeiten, die Bewegungen und die Stillstände. Das hängt mit dem Raum zusammen, dem Gartenraum, der voller Erinnerungen ist, der begrenzt ist, und darum erfahrbar. Der Garten ist ein Ort der Langsamkeit. Die Überschaubarkeit im Raum bringt mit sich eine Überschaubarkeit in der Zeit. »Nach 2000 Jahren Pflege wird mein Rasen recht annehmbar sein, denke ich«, sagt der Brite, der bei ASTERIX UND OBELIX mit einer fingergroßen Sichel den letzten Halm Unkraut aus seiner makellosen Grünfläche entfernt. Im Garten sind tausend Jahre wie ein Tag, wenigstens im übertragenen Sinne. Es fallen Vergangenheit und Zukunft in einer andauernden Gegenwart zusammen. Das erlebt man nicht oft.

Draußen befördert Beschleunigung das Vergessen und drinnen die Langsamkeit die Erinnerung. Man arbeitet im Garten auch für die Erinnerung.

Es dauert 19 Sekunden, diesen Garten in der Länge und 12 Sekunden ihn in der Breite abzuschreiten. Das ist, wie gesagt, nicht sehr groß. Aber was heißt schon groß und klein? Nehmen wir die Erde. Die Erde misst ungefähr 510 Millionen Quadratkilometer. Der Garten dagegen nicht mehr als 1400 Quadratmeter. Das bedeutet, der Garten ist 364 285 714 285 714 29-mal kleiner als die Erde. Aber er hat, im Gegensatz zur Erde, den großen Vorteil der Überschaubarkeit.

»Wenn Sie einen Garten, einen Teich lange Zeit und gewissenhaft beobachten, werden Sie mehr leisten, als wenn Sie im Fluge die ganze Welt durchziehen«,

hat Professor Alwin Voigt gesagt, ein Mann der auch heute noch einen gewissen Ruf hat, wenigstens in ornithologisch bewanderten Kreisen. Voigt hat seinerzeit, also zu Beginn des zwanzigsten Jahrhunderts, Bahnbrechendes auf einem Gebiet geleistet, auf dem nicht gerade wissenschaftliches Gedrängel herrscht. Es handelt sich um jenen schmalen Zweig der Forschung, der zwischen Musikwissenschaft und Vogelkunde austreibt. Voigt hat sich mit der Zuordnung und Notierung von Vogelstimmen befasst. Voigt konnte sich ganz gut vorstellen, was passiert, wenn man über die Dinge so im Fluge hinwegweht, und dass das zwar für Vögel eine angemessene Art der Welterfahrung sein mochte, aber nicht für Menschen. Die Dinge verschwimmen dann nämlich, man sieht nur aus großer Entfernung noch klar und der Blick für das Einzelne geht verloren. Das sind die Kennzeichen einer eiligen Epoche, für die Goethe, sehr früh, das hübsche Wort »veloziferisch« geprägt hat.

Das ist eine Weile her. Im Vergleich zu heute herrschte damals Stillstand. Aber die Beschleunigung hört ja nicht auf. »Sogar die Elementarbegriffe von Zeit und Raum sind schwankend geworden«, hat Heine geschrieben, als das Zeitalter der Eisenbahn anbrach. Aber ihre echte Auflösung haben Raum und Zeit bekanntlich erst im Digitalen gefunden. Um so schöner, dass Raum und Zeit im Garten noch völlig in Ordnung sind. Man könnte sogar sagen: Die ganze Welt ist im Garten noch in Ordnung. Das ist natürlich Unsinn. Aber ein willkommener.

Das war jetzt eben ein wichtiges Wort: Ordnung. Es geht im Garten um Ordnung. Wenn das nicht so wäre, könnte der Gärtner einpacken. Er stemmt sich mit seiner Arbeit gegen die Unordnung, gegen die Auflösung, gegen den Zerfall, gegen die gleichmäßige Streuung aller Teile im Raum, im Gartenraum, also gegen die Entropie.

Entropie ist das Maß an Unordnung in einem System. Die maximale Entropie bedeutet die gleichmäßige Streuung aller Teile. Das ist der Zustand, den die Dinge einnehmen, wenn man sie sich selbst überlässt. Sie geraten dann erst in Unordnung und finden dann zu ihrer eigenen Ordnung zurück. Das ist philosophisch gesehen ganz hübsch, gärtnerisch ist es eine Katastrophe: Die *Lysimachia clethroides* überwuchert das neben ihr stehende *Sedum*, das *Sedum*, das seinem deutschen Namen Fetthenne im Laufe des Gartensommers immer mehr Ehre macht, zerfällt von der Mitte her nach allen Seiten und drückt das *Geranium* platt, das *Geranium* wuchert in die Hortensie hinein, der Farn franst an den Rändern aus, die Beete verlieren ihre Konturen, die Rasenkanten verwaschen und so weiter. Ich will gar nicht erst davon anfangen, was geschieht, wenn Sie dem Giersch nicht regelmäßig Einhalt gebieten. Außerdem liegen Werk- und Spielzeuge überall herum, der Teich versumpft und wenn es im August drei Wochen nicht regnet, ist alles vertrocknet und tot und aus und vorbei. Keine einzige meiner Gartenpflanzen würde in unserem Klima von allein übers Jahr kommen. Keine einzige würde in meinem Garten überhaupt wachsen, wenn ich nicht wäre. Und ohne mich löst sich alles auf und stirbt.

Sie befinden sich also als Gärtner in einem steten Ringen um Ordnung. Vergessen Sie das Gerede von der Natürlichkeit der Gärten. Ein Garten ist kein natürlicher Ort, sondern ein künstlicher. Er ist Produkt menschlicher Arbeit, nicht natürlicher Fügung. Die Natur mag idyllisch sein. Aber nicht auf kleinem Raum.

Eine Idylle auf 200 Quadratmetern ist nur auf Kosten der Natur herstellbar und im Kampf gegen sie. Das ist die Wahrheit.

Andererseits ist der Garten eine Zone des Übergangs. Menschliche und natürliche Ordnung gehen ineinander über. Der ideale Garten, der mir vorschwebt, müsste ein solcher sein: Das Haus als Zentrum menschlicher Ordnung befindet sich in der Mitte, und mit steigender Entfernung vom Haus nimmt der natürliche Charakter der Umgebung zu: Ein geometrischer Kräutergarten grenzt an Terrassen mit Rabatten, die zu sanft geschwungenen Staudenbeeten hinführen, an die sich eine parkähnliche Landschaft anschließt, hinter der die Felder beginnen oder der Wald. Man bräuchte dafür ein Grundstück in einer Größe von ungefähr 20 000 Quadratmetern. Das habe ich nicht. Aber es geht auch kleiner.

Davon handelt dieses Buch. Unter anderem.

Es wird um Igel und Schnecken gehen und um Zwiebeln und Stauden und Statuen und Bäume und Menschen – ja, die gibt es auch, ganz ohne Menschen kommt der Garten nicht aus – und um Rosen und Beile und Harken und Fische und Wasser und Erde und Staub und natürlich um Laufenten, die Laufenten vor allem sind für den Garten, um den es hier geht, von großer Bedeutung.

Es gibt ja Leute, die meinen, ein Gespräch über Laufenten sei gleichsam ein Verbrechen, weil es ein Schweigen über so viele Untaten einschließe. Das ist für ein Gartenbuch natürlich ein schwerwiegender Vorwurf. Da muss es gleich in die Knie gehen und sich geschlagen geben: Ja, es ist wahr, ich handele nicht von der Erlösung der Menschheit. Sondern nur von einem kleinen Garten, einem unbedeutenden Stück Land. Aber, liebe Leser, so schnell geben wir die Schaufel nicht ab. O nein, manchmal ist der Mensch eben nur Gärtner. Und der Gärtner trägt bei zur Ordnung im höheren Sinne. Es manifestiert sich in seinem stillen Wirken die Würde der Arbeit. Der Mensch bedenkt seinen Platz in der Welt auch nicht viel anders als ich meinen Platz in meinem Garten. In kleinerem Maßstab, unter zugegeben suburbanen Umständen. Gleichwohl. Auch im Vorort gilt es, in den Tiefenschichten der gärtnerischen Existenz die ständig fließende Grenze zwischen Natur und Kultur auszuloten. Außerdem kommen einem beim Graben manchmal die besten Ideen. Mit denen lässt sich dann auch etwas anfangen, draußen, in der Welt, vor dem Gartenzaun.

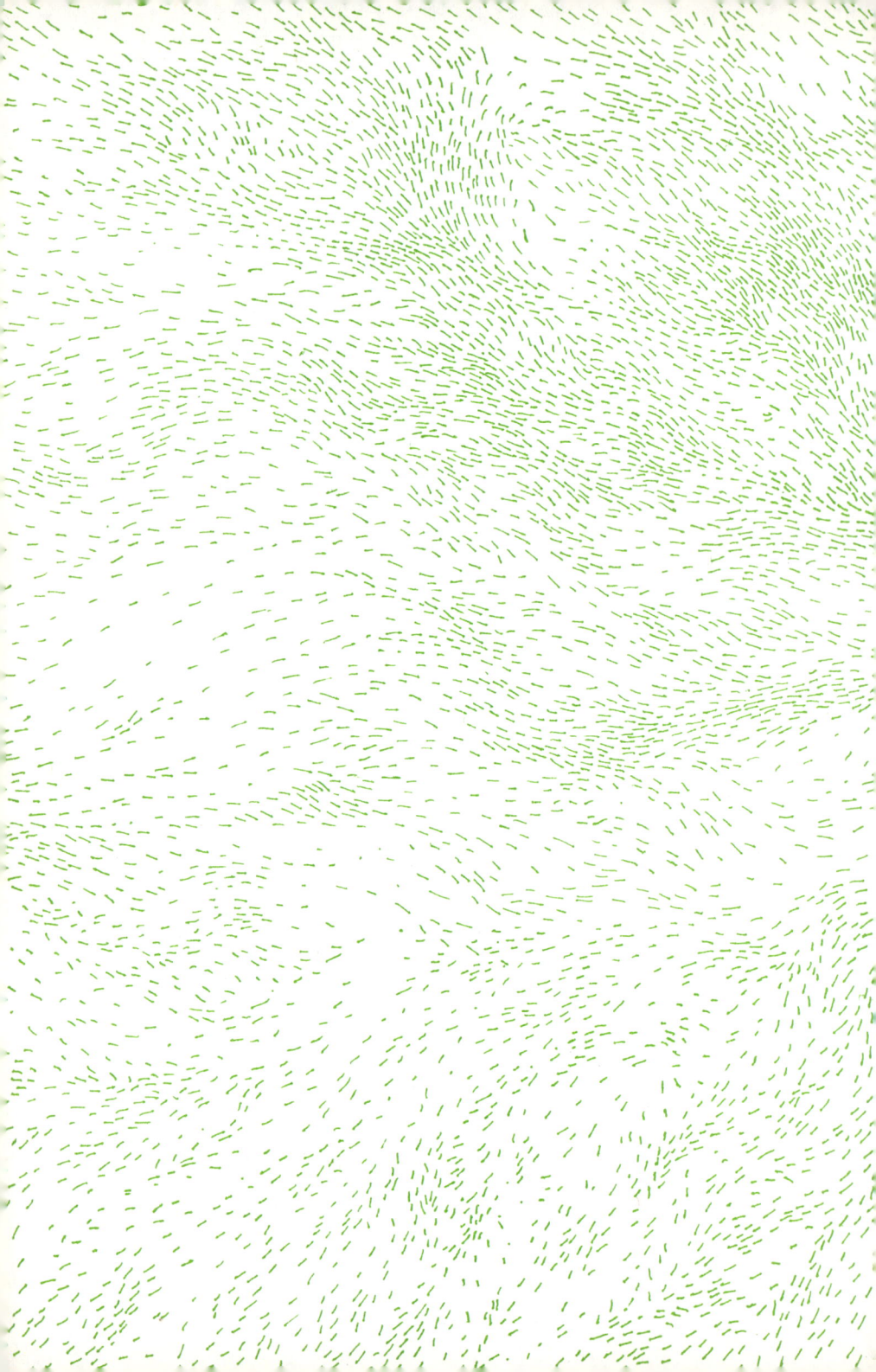

Herbst

»Frederick, warum arbeitest Du nicht?«, fragten sie.
»Ich arbeite doch«, sagte Frederick, »ich sammle
Sonnenstrahlen für die kalten, dunklen Wintertage.«

Leo Lionni, FREDERICK

Pläne

Östlich von Berlin, im Buckower Land, das von den zurückweichenden Gletschern jener Phase des Pleistozän geprägt wurde, die wir
hier Weichsel-Kaltzeit nennen, liegt der Schermützelsee. Von Bäumen umstanden, in einer Landschaft aus Schmelzwasserrinnen,
Mooren und Söllen. Wir wollen das mit der Erdgeschichte nicht
übertreiben: Aber was hätte aus Norddeutschland ohne die land-
schaffenden Kräfte des Pleistozän werden können, das bekanntlich
erst vor 9660 Jahren endete und hinter dem das uns umgebende
Land im Wesentlichen flach zurückblieb? Ein paar Seen hier und
da, Urstromtäler, Geestrücken. Es ist ein stilles Land, nicht ohne
Reiz, aber doch kein Vergleich mit den sanften Hügeln und trägen
Tälern der langgestreckten Mittelgebirge und erst recht nicht

mit den überraschenden Hängen und schattigen Senken der südlichen Vorgebirge. Die norddeutsche Tiefebene findet ihre eigentliche Erfüllung darin, Platz für die ungeheuer weiten Himmel
darüber zu machen. Es gibt hier nicht viel zu sehen. Allerdings
wenn im Herbst die Abendsonne noch einmal unter den dunklen
Wolken hervorkommt und wenn die Wälder dann mit ihrem lila
Leuchten anfangen und die Felder in ein sonderbares Strahlen geraten, dann sollte man mal vorbeikommen, wenn man in der Gegend ist. Oder wenn am frühen Wintermorgen im grünen Licht
der Kälte nebelige Milchstreifen ungefähr fünf Meter über dem
Boden hängen und darunter der Frost in den schrägen Strahlen
der aufgehenden Sonne glitzert. Das ist auch nicht so schlecht.
Es gibt Gegenden, die kommen ganz gut ohne Himmel aus. Und
dann gibt es Norddeutschland, das offenbar vor allem den Zweck
erfüllt, dem Himmel und seinem Licht jede denkbare Möglichkeit
zur Selbstdarstellung zu geben.

Da liegt also dieser Schermützelsee. An seinem Ufer
steht ein Haus und in dem Haus wurde ein Gedicht geschrieben,
das geht so:

Am See, tief zwischen Tann und Silberpappel
Beschirmt von Mauer und Gesträuch ein Garten
So weise angelegt mit monatlichen Blumen
Daß er vom März bis zum Oktober blüht.

Hier, in der Früh, nicht allzu häufig, sitz ich
Und wünsche mir, auch ich mög allezeit
In den verschiedenen Wettern, guten, schlechten
Dies oder jenes Angenehme zeigen.

Glücklicherweise ist der Gärtner kein Germanist und muss nicht entscheiden, ob diese Buckower Bukolik nun Alterslyrik ist oder politische Lyrik oder was Brecht sich sonst dabei gedacht hat in den Wochen nach dem 17. Juni 1953, der keiner geringen Zahl von Ostdeutschen den Tod oder das Gefängnis einbrachte und den Westdeutschen einen Feiertag, dieses und andere Gedichte zu schreiben, in seinem Sommerhaus, unweit Berlins, den Schermützelsee vor Augen. Aber wir haben gesagt, dass der Mensch eben manchmal nur Gärtner ist. Und um wie vieles mehr gilt das für den Dichter, der eben auch nicht immer Revolutionär sein mag. Glücklicherweise, möchte man hinzufügen. Denn es geht einem die Didaktik von Brechts epischem Theater doch ziemlich auf die Nerven, während beispielsweise die Poesie der Hauspostille uns ganz erfasst, vor allem die Gedichte der dritten Lektion, »zu durchblättern«, wie Brecht in der Anleitung schreibt, »in den Zeiten der rohen Naturgewalten (Regengüsse, Schneefälle, Bankerotte usw.)«.

Man braucht also, um einen Garten so anzulegen, »daß er vom März bis zum Oktober blüht«, einen Plan. »Weise angelegt« ist der Garten dann, sagt Brecht. Da hat dann einer nachgedacht und das sieht man, das zeigt sich. Wenn die Blütezeiten der Blumen aufeinanderfolgen, wenn die Formen und Farben der Grünpflanzen zueinanderpassen, wenn die Stauden sich in Größe und Wuchs nicht in den Weg kommen, wenn der Raum in seiner Tiefe und in seiner Höhe, wenn das Licht und der Boden und die Feuchtigkeit und der Wind, wenn also alle Faktoren und Einflüsse und Bedingungen, die für Gestalt und Gesundheit und Charakter des Gartens eine Rolle spielen, wohlüberlegt und gestaltet und gegeneinander abgewogen sind, dann ist das ein »weise« angelegter Garten. Viel Spaß dabei. Sie haben es da mit einer Gleichung mit einer großen Zahl von Variablen zu tun. Und alle haben Einfluss aufeinander.

Das ist ein kompliziertes Gewebe aus Ursachen und Wirkungen. Wenn der Gärtner ganz am Anfang ist, hoffnungsvoll zwar, aber unerfahren, dann kann ihn das echt fertigmachen. Und da reden wir noch gar nicht vom unendlichen Spaß der Taxonomie, also der Ordnungs- und Klassifikationslehre der Pflanzen und ihrer Namen, die jede Menge Überraschungen bereithält, wie etwa die Unterscheidung zwischen der *Hosta sieboldiana* und der *Hosta sieboldii*, die Blaublattfunkie die eine, die über blaugrüne Blätter verfügt, die Weißrandfunkie die andere, deren Blätter eine weiße Randzeichnung aufweisen. Wobei die Blaublattfunkie aber auch in der Sorte 'Semperaurea' vorkommt, deren Blätter eigentlich gar nicht blaugrün sind, sondern gelbgrün, und die Weißrandfunkie auch als *H. sieboldii* var. *sieboldii*, deren Blätter keinen weißen Rand haben, dafür aber eine blaugrüne Farbe aufweisen. Es ist mit dem Garten wie mit vielen anderen Dingen im Leben: Wenn man keine Ahnung hat, denkt man, es ist leicht. Wenn man ein bisschen Ahnung hat, fürchtet man, es ist nicht zu bewältigen. Und wenn man ein bisschen mehr Ahnung hat, sieht man: Es geht schon.

Was die Planung angeht, lässt sich also sagen: Sie ist sehr wichtig. Aber es geht auch ohne. Allerdings werden Sie das bereuen. Ob die Furcht vor dieser Reue Sie dazu treibt, doch auf die Planung zu setzen, ist im Wesentlichen eine Charakterfrage und fällt damit aus dem Zuständigkeitsbereich dieser Betrachtung heraus.

Ja, mach nur einen Plan
Sei nur ein großes Licht
Und mach dann noch 'nen zweiten Plan
Gehn tun sie beide nicht.
Denn für dieses Leben
Ist der Mensch nicht schlau genug

Das hat auch Brecht geschrieben.

Die Frage ist, in welcher Verfassung treffen Sie und Ihr Garten aufeinander. In welchem Stand des Wissens befinden Sie sich. Und in welchem Zustand von Pflege oder Verwahrlosung befindet sich Ihr Garten.

Der Gärtner sympathisiert mit der Annahme, dass langsames, schrittweises, sozusagen organisches Wachstum weit ausholenden Großmaßnahmen grundsätzlich vorzuziehen ist. Das gilt für Sie und für Ihren Garten. Die Natur macht keine Sprünge und der Gärtner sollte das auch nicht tun. Das bedeutet, es ist nur scheinbar von Vorteil, wenn Ihr Garten einem jungfräulich erdigen Acker gleicht, bar jeder Pflanze, der darauf wartet, von Ihnen bestellt zu werden. Sie müssen sehr abenteuerlustig sein oder sehr kundig oder sehr viel Zeit haben, wenn Sie sich dem stellen. Und dennoch wird dann sehr viel schiefgehen. Besser ist es, Sie übernehmen einen bereits angelegten Garten, ganz gleich wie weise oder unweise angelegt. Sie können anknüpfen, aufbauen, weitergehen und vor allem lernen. Selbst in der umfassenden Verwilderung können Sie ja noch Spuren vergangener Pläne erkennen: ein Blumenbeet, weil die Sonne hier günstig ist, eine Hecke, weil Windschutz hier nottut, eine Rhododendron-Bepflanzung, weil der Boden das hier erlaubt. Was hatte der Vorgänger im Sinn? Wo ist es ihm gelungen und wo ist er gescheitert? Wenn Sie genau hinsehen, werden Sie diese Fährten in die Vergangenheit an vielen Orten erkennen. Es ist also, bevor sich einer mit der Zukunft befasst, hilfreich, sich mit der Vergangenheit zu beschäftigen: Zäune, Steine, Wegplatten, Terrassen oder ihre Überreste und Bruchstücke deuten darauf hin, welche räumliche Struktur ein Garten einmal hatte. Spaliere, Stangen und Gerüste zeigen, welche Pflanzen dort einmal wuchsen, und wenn Sie den Spaten in den Boden stecken, wissen Sie nie, worauf Sie stoßen.

Ein Mensch ist zu beneiden um den ersten Moment in seinem neuen Garten. Wenn alles noch vor ihm liegt. Wenn die Zukunft weit ist wie ein Feld und der Baum der Möglichkeiten sich in den Himmel verzweigt. Übrigens muss man dafür nicht umziehen und auch nicht das Haus des Nachbarn einreißen und sein Grundstück dem eigenen hinzufügen. Es lässt sich ja auch denken, dass Sie schon seit langer Zeit an einem Ort wohnhaft sind und eines Tages beschließen, sich Ihrem Garten zuzuwenden. Vielleicht wurde er bis dahin von Ihrer Schwiegermutter versorgt, welche nun bedauerlicherweise ins Altenheim verlegt werden musste. Oder Sie hatten das Grundstück an den benachbarten Kindergarten verpachtet, damit die Kleinen mehr Platz zum Spielen haben – eine Entscheidung, die Sie bald bereuten und nun zum erstmöglichen Zeitpunkt revidieren. Oder die vermooste Brache hinter dem Haus war bisher einfach Ihrer Aufmerksamkeit entgangen. Jedenfalls ist es nie zu spät, sich seinem Garten zuzuwenden, und es kann jeder Tag wie der erste sein.

Bitte, werden wir nicht zu gefühlig:
Aber Sie müssen erst einmal lernen, Ihren Garten zu lesen,
zu erfahren, zu fühlen.

Es lässt sich nicht anders sagen: Der größte Teil der Gartenarbeit findet in Ihrem Inneren statt. Das ist schon so. Also setzen Sie sich gefälligst irgendwo hin, in Ihren Garten, in die Mitte am besten, an einen Punkt, von dem aus Sie Überblick haben, alles erfassen können, der ganze Umkreis, dem künftig Ihr gärtnerisches Wirken gilt. Und machen Sie sich klar: Das ist jetzt Ihres. Sie sind zuständig. Ihre Verantwortung. Keine Ausreden.

Aber eben auch die ganze Macht der Gestaltung. Der ganze Raum der Möglichkeiten. Was werden Sie tun? Was wollen Sie? Großartige Fragen! Gewiss, man kann das auch einfacher formulieren: Welche Art von Garten streben Sie an? Für die Kinder zum Fußballspielen? Zum Spazierengehen über gewundene Wege an Rosenstöcken vorbei durch verwunschene Pergolen? Möglichst geringer Pflegeaufwand? Oder ein großer Anteil nutzbarer Pflanzen, seien es Obstgehölze oder Kräuter? Das sind die praktischen Ausprägungen der tiefer liegenden Frage: Warum tun Sie das eigentlich? Warum werden Sie Gärtner? Jeder soll darüber selber nachdenken.

Es gibt ja so eine Art Renaissance des Gartens. Vielleicht gar eine der Natur. Zeitschriften gehen weg wie geschnitten Brot. Bücher kommen auf den Markt. Ein Generationswechsel finde statt, heißt es. Eine neue Generation strebe in die Gärten, heißt es. Ja, das wird schon so sein. Es strebt immer eine neue Generation empor und Zeitschriften und Bücher müssen auch neue gemacht werden. Das hat schon alles seine Ordnung so, dass jede Generation denkt, sie erfinde alles neu oder alles erst einmal wieder, was versunken war. Aber die Gärten sind ja da und wollen bestellt werden. Und dann kommen die Erben oder die Leute mit kleinen Kindern, die es aus den Städten heraus an den Rand drängt, und schauen aus dem Fenster und sagen sich: So kann das aber nicht bleiben. Es ist zu vermuten, dass das früher nicht anders war. Es sind ja nicht alle Gärten von alten Frauen versorgt worden, die immer schon alt waren und allein im Haus gelebt haben, und plötzlich sterben die alle und es kommt eine große Zahl an Gärten gleichzeitig gewissermaßen auf den Markt und eine ganz neue Generation von Gärtnern findet sich in unerwarteter Rolle wieder. Ganz so ist es ja nicht. Obwohl ich solche alten Frauen kenne. Meine Nachbarin war eine. Und seit sie weg ist, also tot, ist der Garten verkommen. Das muss man sagen. Und auf der anderen Seite, ein paar Häuser die Straße runter, ist die Frau jetzt auch weg, also tot. Ich habe gesehen, wie der Krankenwagen sie abgeholt hat neulich, da lebte sie noch, sonst kommt der Krankenwagen nicht. Und dann blieb das Haus über den Winter geschlossen, und nach ein paar Wochen, von einem Tag auf den anderen, war es ein totes Haus und man sah ihm an, dass die Frau, die hier gelebt hatte, nicht mehr zurückkommen würde. Wir sind an dem Haus vorbeigefahren, jeden Tag, den ganzen Winter hindurch, und haben gesagt: Da, das Totenhaus. Jetzt habe ich gesehen, wie es ausgeräumt wurde. Schlaksige junge Männer standen davor und haben geraucht und sich gelangweilt, während sie auf den Lieferwagen warteten, der Kisten und Möbel und Lampen und Hausrat abholen sollte, die auf der Treppe und dem Bürgersteig gestapelt waren. Also, das gehört nicht hierher. Wer weiß, ich denke gerade, vielleicht sind doch diese Frauen, die sich um die Häuser gekümmert haben, alle gleichzeitig gestorben und haben ihre Häuser und Gärten freigemacht für neue Menschen, Väter und Mütter und Kinder und Hunde und Kaninchen. Und die Kinder laufen voraus und dringen auf das neue Grundstück vor, während die Eltern Hand in Hand hinterherkommen, langsamer als sonst, und sich umblicken. Vielleicht.

Der Garten erscheint dem Gärtner in seiner Gesamtheit ja als Bild. In seinem Kopf in den langen Stunden des Nachdenkens. Und vor seinen Augen, wenn er in den ungewohnten warmen Strahlen der Frühlingssonne auf der Bank sitzt.

Welches Bild wollen Sie sehen? Das ist keine ganz leicht zu beantwortende Frage, wenn Sie in Ihrem Garten keine Strukturen haben, von denen Sie ausgehen können.

Also schaffen Sie sich Strukturen! Gärten sind im Ganzen eine suburbane Angelegenheit, machen wir uns nichts vor. Sie werden es selten mit parkähnlichen Grundstücken zu tun bekommen. Dennoch ist es auch im Garten hilfreich, sich am Prinzip der Sichtachse zu orientieren, das in der Gestaltung großräumiger Landschaften üblich ist. Diese Achse beschreibt die bevorzugte Blicklinie, die, was auch immer dem planenden Kopf das Wesentliche war, besonders zur Geltung kommen lässt. Das Wesentliche ist im Wörlitzer Landschaftsgarten des Fürsten von Anhalt-Dessau etwas anderes als im barocken Schlosspark Nymphenburg des Franzosen Dominique Girard und in Ihrem Garten wird es auch etwas anderes sein. Aber es empfiehlt sich, im Garten so ein Wesentliches zu haben. Wenigstens eins. Im Laufe der Zeit können Sie noch weiteres hinzufügen. Aber am Anfang genügt es, sich auf einen Aspekt zu konzentrieren. Die Wand eines am Rande liegenden Schuppens? Ein großer Stein am Kopfende des Teichs? Die zufällig entstehende Flucht der Stämme einiger Waldkiefern, die über die Nachbargrundstücke und die Straße hinausläuft? Es wird irgendeinen Punkt geben, den der Gärtner besonders schätzt, einen Blickwinkel, der ihm besonders lieb ist. Und es wird einen besonderen Ort geben, von dem aus der Garten erfahren wird:

Das Arbeitszimmer im ersten Stock. Das große Wohnzimmerfenster. Die Bank hinter dem Haus. Die hölzerne Laube am Rand. Die Stühle um den Tisch auf der Terrasse. Ziehen Sie zwischen diesen Punkten eine Linie, vom Sofa zu dem Delta, das sich hinten links zwischen den Wipfeln der Eiche und der Rotbuche ergibt, oder vom Schreibtisch zum rotlackierten Pfosten der Pergola des Geräteschuppens. Fangen Sie Ihre Planung entlang dieser Linie an. Das hilft ungemein.

Darf ich Sie daran erinnern, dass Sie es im Garten unter anderem mit den zwei Aspekten unserer Wirklichkeit zu tun haben, Raum und Zeit, die sich in vier Dimensionen erschließen. Die Sichtachsen geben dem Raum eine Struktur in der Tiefe. Höhe und Ausdehnung wird von den Pflanzen bestimmt, für die sich der Gärtner entscheidet. Und die Pflanzenfolge über das Gartenjahr hin gibt der Zeit eine Struktur. »Von März bis Oktober«, wie Brecht schreibt, ist dabei noch gar nicht mal so anspruchsvoll. Bis November, Dezember mag es schon Blüten geben in unseren Gärten und in Wahrheit kann der Gärtner es so lange blühen lassen, bis der Frost dazwischenkommt. Der berühmte Potsdamer Staudengärtner und Gartenphilosoph Karl Förster hat seinem Naturbetrachtungsbuch sogar den Titel ES WIRD DURCHGEBLÜHT gegeben – eine preußische Aufforderung an die versammelten Bataillone der Blumen und Sträucher, der aber strenggenommen in unseren Breiten keine Pflanze nachkommen kann. Und die von Förster geliebten Rittersporne schon gar nicht, deren Charakter in ganzem Gegensatz zu ihrem markigen Namen steht, da sie zum Umkippen neigen. Vollkommen überschätzte Pflanzen sind das. Und ein Festessen für Schnecken. Ein Rat am Rande: Lassen Sie bloß die Finger vom Rittersporn!

Aber Vorsicht: Man kann sich verlieren in diesen Planungen. Der Garten kann zur Obsession werden.

Seine derzeitige und künftige Gestalt, seine Ausdehnung und Beschaffenheit, sein Licht, sein Geruch, der ganze Reichtum seiner Eindrücke, all das kann sich zu einem alles andere verdrängenden, unerwartet dominant werdenden Oberton verdichten. Ihre Ansprüche und Fragen, Ihr Wollen und Rätseln. Die Farben und Größen und Zeiten und Materialien und die Namen. Vor allem die Namen. Es kann sein, dass Sie nachts aufwachen und bibbernd feststellen, dass Sie schon wieder vergessen haben, ob beim *Geranium* die Art mit den leuchtend blauen Blüten nun *himalayense* heißt oder *dalmaticum.* Oder dass Sie sich schlaflos wälzen, weil sie plötzlich fürchten, dass Sie es beim Mulchen übertrieben haben könnten und der Weg Ihrer Päonien ans Licht im kommenden Jahr so weit sein könnte, dass leider die Blüte ausfällt, so sind sie nämlich, die Päonien.

Mit einem Wort: Der Garten kann einen wahnsinnig machen. Sind Sie dem gewachsen? Und dabei ist hier noch nicht die Rede von der dauernden, nie nachlassenden Verpflichtung. Denn wenn die Phase der Planung und des Aufbaus hinter Ihnen liegt, sind Sie ja nicht durch mit der Sache. Von wegen. Dann beginnt der lange mühsame Weg der Ebene. Niemals nachlassen. Immer gießen und mähen und harken und belüften und zupfen und schneiden.

Ein Garten ist ja nicht so wie ein Kind. Das wächst und geht irgendwann aus dem Haus. Der Garten bleibt immer da. Will immer bekümmert werden. Und wenn Sie nachlassen, straft er sie unmittelbar mit Verwilderung. Wollen Sie das wirklich? Man kann auch ohne Garten sehr glücklich werden. Ziehen Sie in eine Etagenwohnung, meinetwegen mit Balkon – und dann bepflanzen Sie den Balkon nicht. Das geht ohnehin schief. Balkonpflanzen vertrocknen spätestens in den Sommerferien immer, weil die Hausmeisterin nicht wusste, dass Ihr Wunsch, sie möge täglich gießen, ernst gemeint war. Und sollten die Pflanzen wider Erwarten den ersten Sommer überleben, macht der Winterfrost sie auf jeden Fall fertig. Denn Sie haben garantiert vergessen, dass man die Töpfe mit Stroh oder Styropor gegen das Durchfrieren sichern muss.

Noch können Sie umkehren.

Erde

Als mein Garten und ich uns fanden, so kann man das wohl nennen, war er in keinem guten Zustand. Es hatten vor uns zwei Musiker mit ihren Familien das Haus bewohnt. Sie waren als Freunde eingezogen und dann zu Feinden geworden. Sie spielten in einem berühmten Orchester, dessen Name hier nichts zur Sache tut. Der eine schlug die Trommel, der andere ... ich habe es vergessen. Ich habe die beiden nicht gut kennengelernt, aber sie schienen mir einander ähnlich in ihrer sonderbaren, in sich gekehrten Hemmungslosigkeit. Aber was weiß ich. Ich habe den Garten von ihnen übernommen und den Hinweis, dass irgendwo links der Hund der Familie begraben liegt. Meine Tochter hat da später auch das Meerschweinchen begraben. Wenn es um die Entsorgung von verstorbenen Hausgenossen geht, sind Kinder ja reichlich unsentimental. Sie hat das tote Tier damals einfach gepackt, in einen Karton geworfen und verbuddelt. Ich bin darauf vorbereitet, jederzeit und überall auf Knochen zu stoßen. Es kommt immer nach oben, was man vergräbt.

Am westlichen Rand meines Gartens stieß ich eines Tages auf armdicke Fernmelde-Kabel aus dem Krieg, weil im Dachboden des Nachbarhauses eine Abhörstation der Nazis untergebracht war. Nahe der Terrasse fand ich Reste von Betonfundamenten, denen ich gar nicht weiter nachgehen wollte. Und im Osten habe ich eine schmale Zone, die voller Schlacke ist, schwarz, verschmolzen, bald einen halben Meter tief, Gott weiß, woher die stammt.

Die Musiker. Sie hatten sich zerstritten und hatten nach langen Kämpfen beide das gemeinsame Haus verlassen und führten den Krieg nun von anderen Stützpunkten weiter. Da wir zunächst nur als Mieter in dieses Haus kamen, wurden wir ohne unser Zutun in diesen Streit hineingezogen, dessen Weiterungen hier ohne Bedeutung sind. Es lohnt sich allerdings, ein kurzes Augenmerk auf die Existenzform des Orchestermusikers zu werfen, die fraglos zu den interessantesten und heikelsten gehört, die sich denken lassen. Keine einfachen Menschen, diese Orchestermusiker. Schwierige Charaktere in einem schwierigen Beruf. Seine Arbeit verrichtet der Orchestermusiker ja in einem besonderen Zustand des Ausgeliefertseins. Er ist ganz und gar seinem Musikdirektor untertan. Wenn auch heute nicht mehr ganz so wie zu Beginn des vergangenen Jahrhunderts, als der Orchesterkontrakt für die Dauer seiner Laufzeit unkündbar war – es sei denn, wie ein damals häufig verwendetes Vertragsmuster vorsah, es treten »Krieg, Brand, Landtrauer, ansteckende Krankheiten, politische Umwälzungen, Teilnahmslosigkeit des Publikums oder sonstige Ereignisse ein«. Aber noch hundert Jahre später sagte der Dirigent Nikolaus Harnoncourt: »Der Orchestermusiker ist notwendigerweise durch seinen Beruf ein verzweifelter Mensch.« In einem Praxisleitfaden zum Orchestermanagement heißt es über den Orchestermusiker: »Er kämpft mit Langeweile oder bekommt einen Widerwillen gegenüber dem ewigen Zwang zu Neuinterpretationen seitens der Dirigenten, ist häufig mit seiner Situation unzufrieden und minimalisiert zunehmend sein Erleben im Beruf. Auch gibt es ein wirklich gutes, freundschaftliches Klima in Orchestern meistens nicht.« Es ist im Rückblick also kein Wunder, dass mir die Vorbewohner unseres Hauses einen reichlich durchgeknallten Eindruck machten.

Der Vollständigkeit halber sei hier jedoch erwähnt, dass eine unlängst an der Technischen Universität Berlin vorgelegte Dissertation zum Thema »Arbeits- und Berufszufriedenheit im Orchestermusikerberuf« zum unerwarteten Ergebnis kam, dass 77,3 Prozent der Orchestermusiker mit ihrer Arbeit »ziemlich« oder sogar »völlig« zufrieden sind.

Bei rechter Betrachtung scheint es denkbar,
dass die Beschäftigung mit dem Orchester ähnlich
vielseitig ist wie die mit dem Garten,

und vielleicht haben die Pflege der Musik und die Pflege der Natur mehr miteinander zu tun, als man auf Anhieb annehmen könnte. Vielleicht tut sich hier ein fruchtbarer Seitenzweig der Erkenntnis auf. Vielleicht auch nicht. Wir werden dem nicht weiter nachgehen.

Die Musiker jedenfalls haben sich mit dem Garten gar nicht befasst. Er war, das lässt sich nicht anders sagen, weitgehend verwildert. An den Rändern standen alte Eiben, einige von beachtlicher Höhe. Es fällt mir schwer, ein gutes Wort für diese Pflanze zu finden. Sie gehört mit ihrem undurchdringlich traurigen Grün und ihrem widerspenstigen Wuchs sicher zu den düstersten und trübsinnigsten Gewächsen, die sich im Garten denken lassen. Ihr Vorteil, wenn man das so nennen will – ich würde eher sagen: ihre Charakterlosigkeit liegt im völligen Fehlen jeder Bedürfnisse. Man kann sie in irgendeiner schattigen Ecke in den Sand pflanzen und weder gießen noch düngen, und sie wird einem das in ihrer ganzen unsympathischen Anhänglichkeit mit stetem Wachstum und überlangem Leben danken. Für die Randbepflanzung eines stillgelegten Friedhofs mag das noch hingehen – irgendjemand jedoch war auf die Idee gekommen, eine solche Eibe in das Zentrum dieses Gartens zu setzen. Sie muss da schon viele Jahre gestanden haben, vier, fünf Meter Höhe hatte sie am Ende erreicht und eine entsprechende Ausdehnung. Sie stand da, dräuend wie der schwarze Monolith in Kubricks 2001 – ODYSSEE IM WELTRAUM, ein dunkles, mahnendes Zeichen für schlechten Geschmack.

Wobei vielleicht noch zu erwähnen ist, dass die Eibe zu den giftigsten Gartenpflanzen gehört, die einem so einfallen können.

Bei entsprechender Dosierung versterben die meisten Säugetiere, der Mensch eingeschlossen, erstaunlich schnell an Atemlähmung und Herzversagen.

Kaninchen und Meerschweinchen etwa bringen Sie mit rund zwei Gramm Eibennadeln um die Ecke, für Pferde braucht es etwa 100 bis 200 Gramm, ein Mensch findet nach Einnahme eines Suds aus 50 bis 100 Gramm Eibennadeln den sicheren Tod. Im Internet findet sich der Hinweis, dass auch das Einatmen des Blütenstaubes gefährlich sein soll: in England sollen dadurch fünf Rentner gestorben sein. Aber es steht ja auch viel Unsinn im Netz. Aus den Früchten lässt sich allerdings Marmelade kochen, die sehr schmackhaft sein soll und vollkommen ungefährlich, wenn es Ihnen gelingt, vorher die Samenkörner vollständig zu entfernen, die wiederum hochgiftig sind. Vielleicht eher als Geschenk denn zum Selbstverzehr geeignet.

Es kann ein Zufall sein, vielleicht aber auch ein Hinweis auf unvollendete Pläne einer der beiden miteinander verfeindeten Eigentümerparteien, jedenfalls war die Eibe nicht die einzige Giftpflanze im Garten: es fanden sich daneben noch Goldregen und Fingerhut. Vermutlich war es gut, dass die Eigentümer ihr Miteinander am Ende durch eine Zwangsversteigerung beschließen wollten und nicht zu anderen Mitteln gegriffen haben. Tegel ist kein schöner Ort, nicht mal für einen Orchestermusiker.

Es gab aber auch essbare Pflanzen im Garten: drei alte Apfelbäume, ein Kirschbaum, ein Pflaumenbaum, ein Mirabellenbaum und außerdem eine beeindruckende Forsythie und jede Menge Jasmin und Flieder. Das war nicht so schlecht. Aber die Bäume waren lange nicht mehr geschnitten worden, die Kirsche war nach oben hin ausgewachsen, zwei der Äpfel und die Pflaume waren krank, ich musste sie fällen.

Die beiden Männer hatten das Grundstück geteilt, die unten wohnende Partei erhielt den hinteren Teil des Gartens, die oben wohnende den neben dem Haus liegenden. Wenn nun die oben wohnende Partei sich in ihrem Teil des Gartens hätte aufhalten wollen, vielleicht um dort Freunde zu bewirten, mit den Kindern in der Sonne zu spielen oder um sich der Gartenarbeit zu widmen, dann hätte sie das gemeinsame Treppenhaus mit den zu Feinden gewordenen früheren Freunden noch häufiger nutzen müssen, als ohnehin nicht zu vermeiden war: noch mal rauf, nach dem Teewasser sehen, mehr Kuchen holen, eine Decke, den Ball, das Telefon, die dreizinkige Harke. Mehr Auf und Ab im Treppenhaus hätte mehr Risiko des Kontaktes bedeutet. Von der plötzlichen Nähe im Garten mal ganz abgesehen.

Es war vielleicht dieser Grund, der den oben wohnenden Musiker und seine Familie davon abgehalten haben, sich um seinen Teil des Gartens zu kümmern. Denn der Zustand dieses Teils war noch erbärmlicher als der des anderen: Hier wuchs nichts mehr. Hier war nur noch Steppe. Abgestorbenes Moos, trockenes Gras. Ein anschauliches Beispiel dafür, was in diesen Breiten mit einer vernachlässigten Fläche geschieht, die man sich selbst überlässt, oder der Natur, wenn man so will: sie stirbt.

Von Natur aus, wie gesagt, wächst im Garten nichts. Nicht einmal Unkraut.

Es sind aber nicht nur die Pflanzen, die unter der Vernachlässigung leiden und vergehen. Es ist auch der Boden selbst, der darbt.

Ich habe im Lauf der Zeit gelernt, dass der Boden in meinem Garten nicht von gleichmäßiger Qualität ist. Bindige und nichtbindige Abschnitte wechseln sich ab. Feinschluff mit Grobsand, Mittelschluff mit Feinsand, Grobschluff mit Mittelsand, wie auch immer, es ist von außen nicht immer gut zu erkennen, aber in der Zeit des zurückweichenden Eises sieht man zum Beispiel, wo das Wasser steht, wo der Boden träger taut und wo die Zwiebeln schon durchs lockere Erdreich stoßen. Bodenkunde, Sie sehen das schon, ist ein Fach für sich. Greifen wir auf Dietrichs ENZYKLOPÄDIE DER GARTENKUNST von 1860 zurück. (Der vollständige Titel lautet übrigens: »ENZYKLOPÄDIE DER GESAMMTEN NIEDEREN UND HÖHEREN GARTENKUNST. *Eine ausführliche und auf die neuesten Erfahrungen begründete Vorstellung der Obst Gemüse Blumen und Landschafts Gärtnerei, des Weinbaues und der Treiberei in allen ihren Formen nebst Belehrung über die zu den verschiedenen Zweigen der Gärtnerei dienenden Bauwerke und Geräthe; Lebensbeschreibung der um die Gartenkunst und Pflanzenkunde verdienten Männer; Erläuterung der botanischen Systematik; Erklärung der in der Horticultur vorkommenden fremden und deutschen technischen Ausdrücke, so wie der üblichen Abkürzungen; Anweisung zur Abhaltung oder Vertilgung der schädlichen Tiere etc. Unter Mitwirkung von Gelehrten und Fachmännern, bearbeitet und herausgegeben von L. F. Dietrich«*)

Darin steht also: »Boden nennt man die obere lockere Erdschicht der Aecker u. Gärten, so weit dieselbe gepflügt oder gegraben werden kann, oder auch wohl, so weit sie von den Wurzeln unserer Kulturgewächse durchdrungen wird. Sie besteht der Regel nach in einer Mischung sehr verschiedenartiger Stoffe. Die Hauptbestandtheile dieser Mischung sind Kiesel-, Thon- u. Kalk-, zuweilen auch Bittererde, mit Eisentheilen und andern Stoffen in größerer oder geringerer Menge verbunden. Außer diesen einfachen Stoffen enthält aber der Boden, wenn er anders zur Hervorbringung nützlicher Gewächse tauglich sein soll, noch eine sehr zusammengesetzte Materie, welche man Dammerde oder Humus nennt u. die vorzüglich aus verwesten thierischen oder pflanzlichen Bestandtheilen besteht.«

Boden, das ist eine Mischung aus Kiesel-, Ton-, Kalk-
und Humus-Erde. Und wenn Sie im Garten was wachsen
lassen wollen, muss die Mischung einigermaßen stimmen.

Keine Sorge, Sie müssen davon nicht viel verstehen. Wenn es
Ihnen Spaß macht, können Sie sich ein Set zur chemischen Ana-
lyse ihres Bodens kaufen. Ist ein bisschen wie Chemiebaukasten
für Erwachsene und wenn es naturwissenschaftlich interessierte
Kinder im Haus gibt, kann das vielleicht ganz lustig sein. Aber im
Ernst brauchen Sie das nicht, es sei denn, sie wollen eine so an-
spruchsvolle Pflanze wie die Kamelie kultivieren, die keinen kalk-
haltigen Boden verträgt – abgesehen davon, dass die Pflanze den
Winter in nördlichen Breiten ohnehin nicht überlebt.

Es genügt, wenn Sie den Boden durch die Hände
gleiten lassen, daran riechen, ihn zwischen den Fingern
zerreiben.

Sie merken dann schon, womit Sie es zu tun haben: Sand, Mergel,
Lehm, Ton, Humus – kühle, feuchte Erde liegt schwer in Ihren
Händen, feiner Staub färbt die Rillen ihrer Fingerkuppen, säuer-
licher Geruch des Tons mischt sich mit dem modrig-pilzigen des
Humus, und der tote Sand rieselt Ihnen teilnahmslos durch Ihre
Finger.

Am südlichen Ende des Gartens fand ich den Boden zum Beispiel
als grauen, toten Staub vor. Da war kein Leben drin und es wuchs
auch nichts darauf. Verwitterter Boden ist das, alt und tot. Ich
wusste vorher gar nicht, dass es das gibt. Man denkt immer, die
Erde lebt. Von wegen. Ich habe das Zeug aufgegraben und in die

Furche alles hineingeworfen, was ich finden konnte: Blätter und Gras und alte Äpfel und gemahlene Rinden. Ich habe es mit Wasser angemischt, einen großen, festen Brei daraus gemacht und mir die hohen Stiefel angezogen, mit denen ich darin herumgestapft bin und alles kleingetreten habe. Mehrere Tage lang. Einen Meter tief. Bodenverbesserung nennt man das, und Sie sollten darüber keine Witze machen: Wenn Ihr Boden nichts taugt, können Sie das Gärtnern gleich bleibenlassen. Melioration ist eine großartige Sache.

Das hier ist wirklich zum Mitschreiben und Ausschneiden und An-die-Wand-Hängen: Unterschätzen Sie die Bedeutung der Melioration nicht.

Was Sie am Anfang Ihres gärtnerischen Schaffens versäumen, wird Ihnen noch in Jahren nachhängen und am Ende wird es Sie um die Freude des Gärtnerns bringen – gesunde Pflanzen. Es helfen Ihnen alle Mühe nicht und alles Geld, wenn der Grund nicht richtig vorbereitet ist, auf dem Sie schaffen. »Aber was hilft die Mauer um den Garten, wo der Boden dürre liegt?«, sagt Hölderlin.

Es ist ja klar: Wenn dem Boden etwas fehlt, führen Sie es ihm zu. Ebenso gilt: Hat er zuviel von einer Sache, sorgen Sie durch Zufuhr der fehlenden für Ausgleich. Nassen Boden lockert man mit Sand, den stark verwitterten, trockenen Boden mit Pflanzenresten, Mulch und Humus, saurer Boden braucht Kalk und umgekehrt. Dietrichs Gartenenzyklopädie sagt dazu: »Je mehr man dem Boden entnimmt und je weniger man ihm dagegen an Düngung wieder gibt, desto ärmer wird er an Humus – gleichzeitig aber auch an Fruchtbarkeit. Da nun einem Garten, der sorgsam bebaut wird, auch mehr entnommen wird, als einem Acker, da ferner auf seinem Boden keine Stoppeln zurückbleiben, welche mindesten einen Theil des Genommenen ersetzen, auch kein Aufkommen von Unkräutern geduldet wird, welche bei dem Untergraben oder Unterpflügen den Humusgehalt verstärken, so hat auch ein Garten mehr Düngung nöthig, als ein Getreideacker … Dazu kommt noch, daß auf dem Acker manche Blattgewächse angebaut werden, welche dem Boden Nahrung zuführen, in den Gärten dagegen nur solche, die ihn erschöpfen.« Machen Sie sich das klar: Mit Ihrer Tätigkeit als Gärtner erschöpfen Sie Ihren Garten! Darum lohnt es sich, den Grund Ihres gärtnerischen Schaffens kennenzulernen, von unten her.

Einen Meter Boden, mehr brauchen die meisten Gartenpflanzen nicht zum Leben. Überhaupt, die meisten Pflanzen. Man täuscht sich da leicht: Selbst die Wurzeln der größten Bäume reichen meist kaum tiefer als einen bis anderthalb Meter. Das ist nicht unbedingt viel im Verhältnis zur Dicke der Erdkruste, die ungefähr 40 Kilometer beträgt. Eine dünne Schicht Leben. Von ferne betrachtet, ein pelziger, schimmeliger Belag auf dem kalten Stein des Planeten. Alles, was wir haben.

Arbeit

Der Herbst ist die Zeit des Gärtners. Jetzt pflanzt er, was er im Frühjahr wachsen sehen will. Die Gartenmärkte setzen in ihrer Werbung ganz auf das Frühjahr und den Sommer. Nichts gegen die Gartenmärkte, im Gegenteil. Gartenmärkte sind besondere Orte der Freude. Je größer, desto besser. Wir werden noch dazu kommen. Aber hier irren sie. Ich rate Ihnen, Ihren Garten im Frühling weitgehend in Ruhe zu lassen und die Pflanzen nicht

beim Wachsen zu stören. Es ist der Herbst, auf den es ankommt. Der Herbst lässt sich nur nicht so gut verkaufen. Er fordert vom Gärtner, das Warten zu lernen. Der Gartenmarkt sagt: Kaufen Sie jetzt und genießen Sie jetzt. Der Herbst sagt: Arbeiten Sie jetzt und warten Sie auf die Früchte. Warten können ist ein Zeichen der Reife. Der Herbst ist für Erwachsene, der Gartenmarkt für Kinder. Darum lieben wir den Gartenmarkt und arbeiten im Herbst.

Garten bedeutet Arbeit. Man kann das nicht oft genug betonen und unterstreichen. So etwas wie »Garten light« gibt es nicht. Tun Sie es oder lassen Sie es. Wenn Sie sich dem Garten widmen, verschreiben Sie sich der Arbeit. Wir müssen uns also mit der Arbeit befassen, wir kommen hier um die Arbeit gar nicht herum. Was der Gärtner da tut und was das bedeutet.

Rilke, der sich nun nicht viel mit dem Garten befasst hat, dafür aber um so mehr mit der Liebe, hat gesagt, »es gibt nichts Glücklicheres als die Arbeit, und Liebe, gerade weil sie das äußerste Glück ist, kann nichts anderes als Arbeit sein. – Wer also liebt, der muss versuchen, sich zu benehmen, als ob er eine große Arbeit hätte: Er muss viel allein sein und in sich gehen und sich zusammenfassen und sich festhalten; er muss arbeiten; er muss etwas werden!«

Ja! Das ist es, was den Menschen zum Gärtner macht: die Arbeit, das Alleinsein, das In-sich-Gehen. Und dann etwas werden. Das ist übrigens ein interessanter Gedanke: Der Gärtner ist allein.

Die große Bedeutung der Arbeit für den Menschen ist lange bekannt. Eine der hübschesten Manifestationen dafür – dass die Arbeit wichtig sei und wir das lange wissen – wurde leider abgeräumt und ausgelöscht und soll darum hier ein kleines Denkmal erhalten: Es geht um den Saal Sechs des Museums für Naturkunde an der Berliner Invalidenstraße, und zwar in dem Zustand, den er zum Zeitpunkt des Falls der Berliner Mauer hatte und auch noch einige Jahre danach. Saal Sechs war seinerzeit der Krone der Schöpfung gewidmet: dem Menschen, dem sozialistischen. Linker Hand verlief in dem fensterlosen Raum eine Glasfront, nicht länger als ein paar Meter. Eigentlich gab es da nichts Besonderes zu sehen: einen Oberschenkelknochen, einen Unterkiefer, ein Schädeldach. Wirklich nichts Besonderes. Aber da waren auch ein paar Schautafeln, und es lohnte sich, einen Blick drauf zu werfen: Die Genese des historischen Materialismus wurde da kurz zusammengefasst, wenn nicht die des dialektischen. Das ist ja keine Kleinigkeit, auf so schmalem Raum.

Schon in der Steinzeit hat nämlich das Sein das Bewusstsein bestimmt. Es fing mit dem Australopithecus an, vor ungefähr drei bis fünf Millionen Jahren: »Die Anfänge der Arbeit fanden in der Geräteherstellung ihren Niederschlag«, stand da. Beim Homo Erectus dann, achthundert bis dreihunderttausend Jahre her, hatte »die Arbeit ihren instinktmäßigen Charakter noch nicht ganz verloren, war jedoch zur Grundlage der menschlichen Existenz geworden«. Das klang freilich noch zurückhaltend. Der Neandertaler war schließlich der erste echte Marxist: »Die Arbeit wurde zur Einheit von Denken und Handeln«, sagt das Museum: »Die Ausgestaltung der Wechselbeziehungen zwischen Produktivkräften, Produktionsverhältnissen sowie geistigem und institutionellen Überbau bestimmten von nun an die Veränderung der Lebensweise des Menschen.« Und das Leben des Homo Sapiens, das ist eh klar, drehte sich hauptsächlich um das »dialektische Wechselverhältnis zwischen Stand der Produktion einerseits und den gesellschaftlichen und individuellen Bedürfnissen andererseits«. Im Zuge der Renovierung und Modernisierung des Museums wurden diese dialektisch-didaktischen Hinweise leider entfernt.

Im FÄNGER IM ROGGEN sagt Holden Caulfield, der den Verlust der Zeit am eigenen Leib schmerzlich spürt, nach einem Besuch des New Yorker Naturkundemuseums: »Manche Sachen sollten so bleiben, wie sie sind. Man sollte sie in einen großen Glaskasten stecken und so lassen können. Natürlich ist das unmöglich, das weiß ich, aber ich finde es trotzdem schade.« Aber in Wahrheit ist nicht einmal die Vergangenheit vor dem Wandel sicher, und auf der Suche nach dem Unvergänglichen ist nicht einmal das Museum ein zuverlässiger Ort.

Es ist eine bedauerliche Fehlentwicklung der menschlichen Geistesgeschichte, dass die Arbeit vor allem im ökonomischen Zusammenhang analysiert worden ist. Dass sie viel zu häufig in den Kategorien der Produktivität behandelt wurde. Dabei hat bereits John Stuart Mill gesagt: »Die Worte produktiv und unproduktiv sind überflüssig, da die Worte nützlich und angenehm auf der einen Seite und nutzlos und wertlos andererseits ohne weiteres ausreichen.« Es ist keineswegs allen Nationalökonomen immer klar gewesen, dass – um mal einen zeitgenössischen Vergleich aufzugreifen – die Arbeit der berühmten Mailänder Opernsängerin Giuditta Pasta ebenso produktiv zu nennen sei wie die eines Baumwollspinners.

Also, die Arbeit. Was Sie im Herbst versäumen, können Sie im kommenden Jahr kaum aufholen. Nie ist im Garten mehr zu tun als im Herbst.

Je nach Charakter mag man es im Garten aber auch nie für schöner halten als im Herbst. Der Gärtner blickt sich noch einmal um und nimmt das alles auf und will es festhalten und mit in den Winter nehmen.

Der italienische Künstler Leo Lionni hat darüber ein Kinderbuch geschrieben, FREDERICK. Lionni hat in den sechziger Jahren wirklich sehr besondere Bücher gemacht, in einem ganz eigenen Stil, ruhige Bücher. Dieses Buch handelt von einer Familie schwatzhafter Feldmäuse. Wir zitieren: »Und weil es bald Winter wurde, begannen die kleinen Feldmäuse Körner, Nüsse, Weizen und Stroh zu sammeln. Alle Mäuse arbeiteten Tag und Nacht. Alle – bis auf Frederick«.

»Frederick, warum arbeitest du nicht?«, fragten sie. »Ich arbeite doch«, sagte Frederick, »ich sammle Sonnenstrahlen für die kalten, dunklen Wintertage.« Das Gleiche tut er mit den Farben, »denn der Winter ist grau«, und mit den Wörtern, »es gibt viele lange Wintertage, und dann wissen wir nicht mehr, worüber wir sprechen sollen«.

Das ist kein so schlechtes Bild: alle Mäuse arbeiten, und eine Maus, die ist ein Künstler.

Wenn es Herbst ist und der Gärtner aufsteht, sieht er das milde Licht wie einen goldenen Schleier durchs schimmernde Laub der Bäume wehen. Der Herbst bringt die Gedanken. Was war, was wird, was sein sollte, was gewesen wäre, was niemals wird. Der Sommer ist ja weitgehend eine gedankenfreie Zeit und bedeutet für die meisten Leute bekanntlich nur Hitze und hemmungslosen Sex am Strand. Aber wenn der Herbst kommt, wird es höchste Zeit, um innezuhalten und – um mit Luther zu sprechen – unsere Augen aufzuheben. Was ja, nebenbei, eine wirklich schöne Formulierung ist: Die Augen aufheben. Im 121. Psalm heißt es: »Ich hebe meine Augen auf zu den Bergen, von welchen mir Hilfe kommt.«

Unsereinem mag es schon genügen, die Augen aufzuheben zu den Staudenbeeten, wo der *Phlox* noch blüht und die Rosen sowieso und wo die Herbstanemonen jetzt ihre stille Pracht entfalten.

Wenn wir von Herbstanemonen sprechen, meinen wir fast immer jene der Art *Anemone hupehensis*. Ich empfehle die Sorten 'September Charme' und 'Andrea Atkinson', weiß die erste, rosa die zweite, wirklich besonders liebliche offene Blumen mit leicht gewellten Blättern und in der Mitte gefüllt mit kleinen, fransenbekränzten Puscheln.

Herbstanemonen wachsen in der Sonne und im Schatten und sind eigentlich sehr anspruchslos. Nur auf eines sollten Sie achten: Die Herbstanemone ist erst im Frühjahr zu setzen. Sie ist in der Jugend gegen Staunässe empfindlich. Damit stellt sie eine Ausnahme dar. Denn die meisten Pflanzen wollen im Herbst in die Erde gebracht werden, damit sie noch vor dem Winter anwurzeln und im kommenden Frühjahr austreiben können.

Wir haben also, strenggenommen, keine Zeit für liebliche Gedanken. Wir müssen in den Keller, die Zangen schleifen, die Rechen sortieren und die Spaten schärfen. Bald stehen wir, wenn die Tage grauer werden, wieder mit der Schippe in der Hand knöcheltief im Schlamm des neuen Beetes, das es anzulegen gilt.

Vor allem aber gilt es, zumal wenn der Herbst dann etwas fortgeschritten ist, sich der Herausforderung des Harkens zu stellen. Keine Kleinigkeit, kann ich Ihnen sagen. Wie dringlich das Harken ist, hängt ein bisschen mit den Bäumen zusammen, mit denen Sie es zu tun haben: Eichenblätter brauchen ewig, bevor sie verrotten, Fichtennadeln sogar noch länger, weil sie von einer wachsartigen Schicht geschützt werden, außerdem machen sie den Boden sauer. Es ist natürlich auch eine ästhetische Frage. Und eine der Ordnung. Der Gärtner harkt seinen Rasen und er sammelt das Laub aus den Beeten mit der Hand. Eine Sache tut der Gärtner nicht:

Er benutzt keinen Laubbläser. Und wenn, dann muss man ihm zeigen, was eine Harke ist.

Das ist ja eine sehr alte Redewendung, »jemandem zeigen, was eine Harke ist«. Sie stammt aus einer Zeit lange vor Erfindung motorbetriebener Laubgebläse, aus dem 16. Jahrhundert nämlich. Im Jahr 1540 erschien in Zwickau die Geschichte DER UNGERATE-NE SOHN des Goldschmieds Hans Ackermann. Zwickau war damals keine abgeschlagene sächsische Provinzstadt wie heute, sondern, um mal die Worte Melanchthons zu nehmen, »eine Perle in diesen Landen«. Das bedeutete natürlich aus Melanchthons Sicht unter anderem, dass Zwickau ein Zentrum der Reformation war. Luther war hier. Und Thomas Münzer war auch hier. Die Geschichte vom ungeratenen Sohn war jedenfalls ein lutherisches Lehrstück, in dem es am Ende um die göttliche Gnade geht, die der Mensch nur von Jesus Christus erbitten kann, wobei ihm niemand helfen kann, was er also direkt mit Jesus abmachen muss. Da gibt es diesen Bauernsohn, der in die Fremde gezogen ist. Und dort Latein gelernt hat. Und dann kehrt er nach Hause zurück und tut so, als verstünde er seine eigene Sprache nicht mehr, nicht mal mehr die Worte für die einfachsten Gegenstände wollen ihm einfallen. Zum Beispiel weiß er nicht mehr, was eine Harke ist.

An dieser Stelle müssen wir einen Einschub machen: Was ist eigentlich eine Harke?

Ein Werkzeug aus der Garten- und Landarbeit. Zur Bodenbearbeitung. Oder Bodenpflege. Je nachdem. Eine Harke hat einen Stiel und unten eine Anzahl von Zinken, je nachdem wie groß die Harke ist und welchem bestimmten Zweck sie dient. Man kann sich zum Beispiel eine Harke mit 5 Zinken vorstellen, jeweils

7 Zentimeter lang, mit einem Stiel aus Eschenholz, dessen Gesamtlänge 133,5 Zentimeter beträgt und einem Gesamtgewicht von 690 Gramm. So eine habe ich nämlich. Das wäre mal ein Beispiel für eine Harke. Es gibt andere. Federbesen, Laubbesen, Laubrechen, Fächerbesen, Fächerrechen. Alles Harken. Sie eignen sich hervorragend dazu, Laub zusammenzukehren. Sie pflegen dabei den Rasen, weil sie ihm Luft zuführen, ihn von abgestorbenen Halmen befreien und gleichzeitig das Unkraut schwächen. Es ist für den Rasen schön, wenn er geharkt wird. Und wenn man es vorsichtig und behutsam macht, gilt das auch für die Staudenbeete. Aber dann muss man schon sehr vorsichtig sein oder eine sehr kleine Harke haben. Besser man nimmt die Hand. Noch besser: Man lässt die Kinder diese unangenehme Arbeit tun.

Also, das alles hatte der Bauernsohn vergessen. Und tritt auf eine am Boden liegende Harke, auf das Kopfstück, die Zinken weisen nach oben, was dazu führt, dass der Stiel mit beachtlicher Geschwindigkeit nach oben schnellt und, das bringen die Anatomie des Bauernsohns und die der Harke mit sich, den Mann voll am Kopf erwischt. In diesem Augenblick ruft er aus: »verfluchte Harke«, ist also von seinem Hochmut geheilt und weiß wieder, was eine Harke ist.

Der Herbst, wenn alles voll Laub ist, ist die richtige Jahreszeit für diese Geschichte: die Jahreszeit der Laubbläser. Man sieht – und hört – jetzt allerorten Männer – es sind immer nur Männer –, die sich kleine, handliche 1-PS-Motoren auf den Rücken geschnallt haben und mit einem langen Plastikpimmel in der Hand Laubwolken vor sich herpusten, mit Spitzengeschwindigkeiten von über 300 Stundenkilometern. Die Schallbelastung solcher Geräte liegt am Ohr des Verursachers bei etwa 100 Dezibel, in einigen Metern Entfernung noch bei 80. Das ist Wahnsinn.

Man möchte ihnen zurufen:
Nehmt! Eine! Harke! Ihr! Idioten!
Aber sie haben ja vergessen,
was eine Harke ist.

Immerhin werden bei dieser Art der Gartenpflege Myriaden von Pilzen und Sporen aufgewirbelt, die sonst harmlos in der Erde schlummern würden. Die atmet der Laubbläser dann ein und in seiner Lunge beginnen sie ihr Vernichtungswerk. Wenn Sie unter einem Laubbläser in der Nachbarschaft leiden, kann Ihnen dieses Wissen vielleicht eine gewisse Genugtuung verschaffen.

Der Herbst ist natürlich auch die Zeit zum Holzmachen. Eine weitere wunderbare poetische Tätigkeit, die das Leben des Gärtners bereichert. In einer Zeit, die dem Männertum nicht eben freundlich gesonnen ist, handelt es sich beim Holzfällen um eine der letzten wirklich mannhaften Tätigkeiten. Ich habe noch nie eine Frau mit einer Axt in der Hand gesehen. Jedenfalls nicht, wenn es ums Holzmachen ging. Alles andere, was einmal typisch männlich war – schnelles Fahren, Prügeleien, wahlloser Geschlechtsverkehr –, ist irgendwie ins Gerede gekommen. Nicht das Holz-fällen. Im Gegenteil. Der Holzfäller ist umgeben von der Aura erlaubter Kraft und guter Gewalt. Am besten kommt natürlich der gebildete Holzfäller an. Geist vereint mit Stärke, das ist der Hammer! Also wenn zum Beispiel Sepp Bierbichler in der Berliner Schaubühne sein HOLZSCHLACHTEN gegeben hat, dann war man ganz hingerissen, Mann und Frau. Die Axt und der Baum, das löst Sehnsüchte aus beim denkenden Mann.

»Wie sehne ich mich in Wirklichkeit nicht einmal so sehr nach Ruhe, als nach dem tatsächlichen Inruhegelassenwerden«, sagt der Burgschauspieler in Thomas Bernhards HOLZFÄLLEN. »Ich hätte in ganz anderen Verhältnissen aufwachsen müssen, in der freien Natur«, sagt er, »wie ich immer gewünscht habe, nicht in der eingesperrten, überhaupt in der Natur, nicht in der Künst-lichkeit. Denn wir alle sind in der Künstlichkeit aufgewachsen, in dem heillosen Wahnsinn der Künstlichkeit.«

Da hilft also die Axt. Aber nur die Axt, nicht die Säge. Sägen sind mehr was für Frauen. Äxte was für Männer. Peter Handke hat sich im VERSUCH ÜBER DEN GEGLÜCKTEN TAG mit dem Holzsägen befasst, mit seiner fließenden Gleichmäßigkeit und Ruhe. Aber Holzfällen ist nicht gleichmäßig. »Holzfällen ist natürlich, das Sägen ist unnatürlich«, sagt Bierbichler. Er hatte fürs Theater immer Stämme aus dem eigenen Wald drunten am Starnberger See kommen lassen. Und je nachdem, ob es Buchen waren oder Fichten, die er dann schlug, und ob die Maserung des Holzes ihm und seinem Keil gewogen war, wurde der Stapel des Abends hoch oder höher.

Ich selber hatte drei Kiefern im Garten, die vor zwei Jah-ren gefällt wurden. Seitdem arbeite ich mich an ihnen ab. Aber da ich nach Kraft und Statur kein Bierbichler bin, werden und werden sie nicht weniger. Ich hacke und hacke, aber es sind doch gleichsam nur Splitter, die ich aus den großen Blöcken schlage, zu denen die haushohen Stämme zersägt wurden.

Es geht dabei natürlich nicht nur um die Mannbarkeit, sondern vor allem um das Feuer im Kamin. Eine große Freude, kann ich Ihnen sagen. Es sah eine Zeitlang so aus, als sei hier der Neubau eines Kamins aus emissionsschutzrechtlichen Gründen untersagt. Es stellte sich anders heraus. Vergessen Sie Öfen und auch Schutzscheiben aus Glas. Nichts geht über ein echtes, offenes Feuer. Zumal wenn Sie das Holz selbst geschlagen haben.

Kiefernholz verbrennt im Kamin schnell und mit lautem Knacken. Das macht das Harz. Achten Sie auf springende Funken. Sein Heizwert liegt bei 1700 Kilowattstunden pro Raummeter, der von Buche und Eiche bei 2100. Suchen Sie sich also Laubhölzer. Falls im eigenen Garten keine zu finden sind, machen Sie sich auf in den nächsten Allmendewald. Noch mal Thomas Bernhard: »In die Natur hineingehen und in dieser Natur ein- und ausatmen und in dieser Natur nichts als tatsächlich und für immer Zuhause zu sein, das empfände er als das höchste Glück. *In den Wald gehen, tief in den Wald hinein,* sagte der Burgschauspieler, *sich gänzlich dem Wald überlassen,* das ist es immer gewesen, der Gedanke, nichts anderes, als selbst Natur zu sein. *Wald, Hochwald, Holzfällen, das ist es immer gewesen,* sagte er plötzlich aufgebracht und wollte endgültig gehen.«

Es gibt mit dem Holzmachen allerdings ein Problem: Es ist nicht so ganz ungefährlich. Ich habe bei mir ein Handbeil aus der schwedischen Schmiede Gränsfors. Es wiegt 580 Gramm, sein Stiel ist aus Hickoryholz und sein handgeschmiedeter Kopf ist mit einer scharfen Klinge versehen. Sehr scharf. Wenn Sie sich das Ding ins Bein schlagen, bleibt eine tiefe Wunde zurück. Das kann ich aus eigener Erfahrung bestätigen.

Das Gränsfors-Beil eignet sich hervorragend zur Entfernung kleinerer und mittlerer Äste von Stämmen und zum Vorbereiten von Kienholz. Für diesen Zweck habe ich selbst es angeschafft. Und bin, an Handarbeit ja gewohnt, gleich arglos ans Werk gegangen. Es wird bald kälter und Zeit für den Kamin. Verblüffend, wie wenig Unfälle einem so zustoßen. Wenn ich das Arsenal meiner Haus- und Gartenbewaffnung durchgehe, kommt an Gefahrenquellen einiges zusammen: Äxte, Beile, Sensen und Zangen, schwere Hämmer, spitze Hämmer, lange Messer, geschliffene Spaten, Eisendorne, Hacken in verschiedenen Größen, und nicht zu vergessen die Bohrmaschine, die Flex und die Kettensäge. Ich nehme an, bei der Schlacht von Bouvines war man nicht schwerer bewaffnet, als mein Schuppen es hergibt. Und dennoch ist noch nie etwas passiert. Bis zu jenem Tag, als ich mir das Gränsfors-Handbeil ins rechte Knie geschlagen habe, einen Zentimeter oberhalb der Patella. Die Wunde war vier Zentimeter lang und etwa ebenso tief. Die untere Kante des Beils ist geradewegs in den Musculus vastus lateralis eingedrungen. Eine interessante Erfahrung. Es tat nicht sehr weh, es blutete nur wenig, aber es sah wirklich furchterregend aus: offenes, klaffendes, rohes Fleisch, kurz überm Knie. Merkwürdigerweise war das erste, was meinen Kindern einfiel, dass sie nun für den nächsten Tag eine Entschuldigung bekommen würden und nicht zur Schule müssten.

Ich bin nur einer von diesen bürgerlichen Gärtnern und Heimwerkern, die am Wochenende die Baumärkte bevölkern. Und bin darum weder übertrieben empfindlich noch ausgesprochen hartgesotten. Ich stellte also einen erheblichen Abfall meines Blutdrucks fest sowie den Ausbruch starker Transpiration. Es war Abend. Ich beschloss, an diesem Tag nicht mehr zum Arzt zu gehen, goss ein Glas Kirschschnaps über die Wunde, verband sie und legte mich ins Bett.

Das mit dem Kirschschnaps erzählte ich dem Arzt am nächsten Morgen nicht. Er war ein ernster, strenger Mann, der mich dafür schalt, nicht eher gekommen zu sein. Jetzt, sagte er, müsse er die Wunde ausschneiden. Ich zog es vor, meinen Versuch der Selbst-Desinfektion für mich zu behalten.

Ich erhielt eine kleine Betäubungsspritze, und dann schnitt der Arzt die Wunde aus. Er arbeitete schweigend, ein kleiner Mann mit auffallend geradem Gang, offenbar aus dem Iran eingewandert, den ich mir im Angesicht einer langen Reihe Verwundeter vorstellte, wie er in großer Ruhe das schwere Amt der Triage versah. Dieser Doktor, dachte ich, während er schon nähte, würde seinem Handwerk im Katastrophenfall zweifellos ebenso konzentriert nachgehen wie hier im Berliner Vorort.

Es war derselbe Arzt, der meinem Sohn nach einem Zusammenstoß mit einem Denkmalsockel die Stirn zugenäht hatte. Jetzt können wir wetteifern, wer die prächtigere Narbe hat.

Das Gränsfors-Beil kostet bei Manufactum 68 Euro und ist ein schönes Weihnachtsgeschenk. Es eignet sich gleichermaßen für Leute, die Ihnen nahestehen, wie für alle andere.

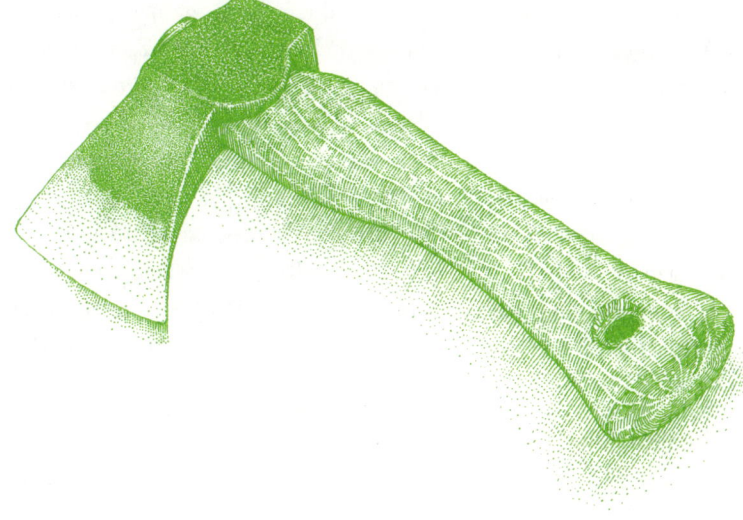

Zwiebeln

Im regelmäßigen, dem Verlauf der Jahreszeiten folgenden Gang des gärtnerischen Lebens gibt es einen besonderen Moment, und zwar jenen, da der Katalog der Firma Albrecht Hoch, Berlin Zehlendorf, im Briefkasten liegt. Strenggenommen kommt der Katalog der Firma Albrecht Hoch, Berlin Zehlendorf, nicht im Herbst, sondern im Hochsommer, im August. Aber seine volle Bedeutung entfaltet er erst im Herbst: Es handelt sich nämlich um den Zwiebel-Katalog.

Zwiebeln. Ein ungeheuer bedeutsames und weitreichendes Thema. Ein Gärtner, der im Herbst keine Zwiebeln setzt, ist entweder rückenkrank oder ein armer Wicht.

Die Zwiebel ist ein Wunder der Natur. Wir legen sie im Herbst in unserem Garten schlafen und im Frühjahr erwacht sie in den herrlichsten Formen und Farben.

Es ist schön, die Zwiebeln in die Hand zu nehmen, daran zu riechen, sie der Größe nach zu ordnen. Ihren ganzen Reichtum erschließen diese Pflanzen ja schon im schlafenden Zustand: vergleichen Sie die kleine nussförmige Zwiebel der *Tulipa linifolia* mit der großen, knorrigen des *Narcissus* 'Actaea'; oder die bescheiden-fröhliche der *Tulipa biflora* mit der eigenwillig-sperrigen des *Erythronium* 'Kondo'.

Wenn im August also der Katalog kommt, wenn es draußen am heißesten ist, wenn man selbst im Norden keine Strümpfe braucht, dann versetzt dieses Ereignis den Gärtner natürlich zunächst in eine melancholische Stimmung. Ähnlich der aus Hebbels Gedicht:

Ich sah des Sommers letzte Rose stehen
Sie war, als ob sie bluten könne, rot;
Da sprach ich schaudernd im Vorübergehen:
So weit im Leben, ist zu nah am Tod!

Das war offenbar vor der Zeit der zuverlässig remontierenden Rosen. Die blühen nämlich heute einfach immer weiter, bis in den November und Dezember hinein und hören eigentlich erst auf, wenn der Frost ihnen wirklich den Garaus macht.

Andererseits macht der Katalog der Firma Albrecht Hoch, Berlin Zehlendorf, Mut fürs neue Jahr. Und den kann man ja immer brauchen. Übrigens ist das hier keine Schleichwerbung, sondern eine Tatsache: Hoch ist ohne Zweifel eines der besten Zwiebelgeschäfte im Land und liegt darüber hinaus ganz in der Nähe, von mir aus gesehen. Rabatt wurde von mir nie verlangt und wurde nie gewährt. Nebenbei handelt es sich bei der früheren Eigentümerin und Geschäftsführerin Irene Hoch, ihrerseits Witwe des bereits vor längerer Zeit verstorbenen Albrecht Hoch, um eine ganz reizende Person, die wir an anderer Stelle noch näher kennenlernen werden.

Also, die Zwiebelpflanze stammt ja aus den trockenen Steppen Zentralasiens. Im Jahr 1593 wurde sie nach Holland gebracht und trieb hier reiche Blüte.

Sie kennen das schon, immer wenn von Zwiebeln die Rede ist und man ein bisschen Zeit hat, kommt man über kurz oder lang auf den großen Tulpencrash zu sprechen. *Tulpengekte* oder *tulpenwoede* hieß das auf Holländisch, was sich da in den dreißiger Jahren des 17. Jahrhunderts in den Niederlanden abspielte. Für Kapitalismuskritiker ein Paradebeispiel dafür, wie die Gier vernünftige Menschen und ganze Gesellschaften ins Verderben stürzt.

Keine Ahnung, vielleicht spielte der Dreißigjährige Krieg auch eine Rolle dabei, dass den Leuten so das Maß abhandenkam. Jedenfalls handelt es sich dabei, wie allgemein bekannt ist, um die erste, noch dazu sauber dokumentierte Spekulationsblase der Geschichte. Man kann dem Lexikon dazu diesen Eintrag entnehmen:

»Beispielhaft hierfür steht die Tulpe 'Semper Augustus'. Sie wurde 1637 als teuerste Tulpe aller Zeiten gehandelt. Einem Bericht aus dem Jahr 1623 zufolge sollten alle damals existierenden zwölf Tulpen dieser Sorte dem Amsterdamer Bürger Adriaan Pauw auf seinem Gut Heemstede gehören. 1623 kostete jede dieser Zwiebeln 1000 Gulden, 1624 stand der Preis bei 1200 Gulden, 1633 war er auf 5500 Gulden gestiegen und 1637 wurden für drei Zwiebeln 30 000 Gulden geboten. Zum Vergleich: Das Durchschnittsjahreseinkommen in den Niederlanden lag bei etwa 150 Gulden, die teuersten Häuser an einer Amsterdamer Gracht kosteten rund 10 000 Gulden.«

Es gab damals Tulpen-Termingeschäfte mit großem Umfang. Und als die Preise plötzlich fielen, stand eine Menge Geld im Feuer. Man muss sich vorstellen, dass am Ende die Magistraturen der Städte in Holland und Westfriesland mit den Spekulanten konferieren mussten, um sozusagen Rettungsschirme aufzuspannen. Was heute für Banken gilt, galt damals für die Blumenhändler: *too big to fail.*

Aber damals wurden die Kosten nicht sozialisiert wie heute. Man kam auf die kluge Idee, die Kontrakte ab einem bestimmten Zeitpunkt einfach zu annullieren. Niemand schuldete niemandem etwas, niemand gewann etwas. Glückliches Holland!

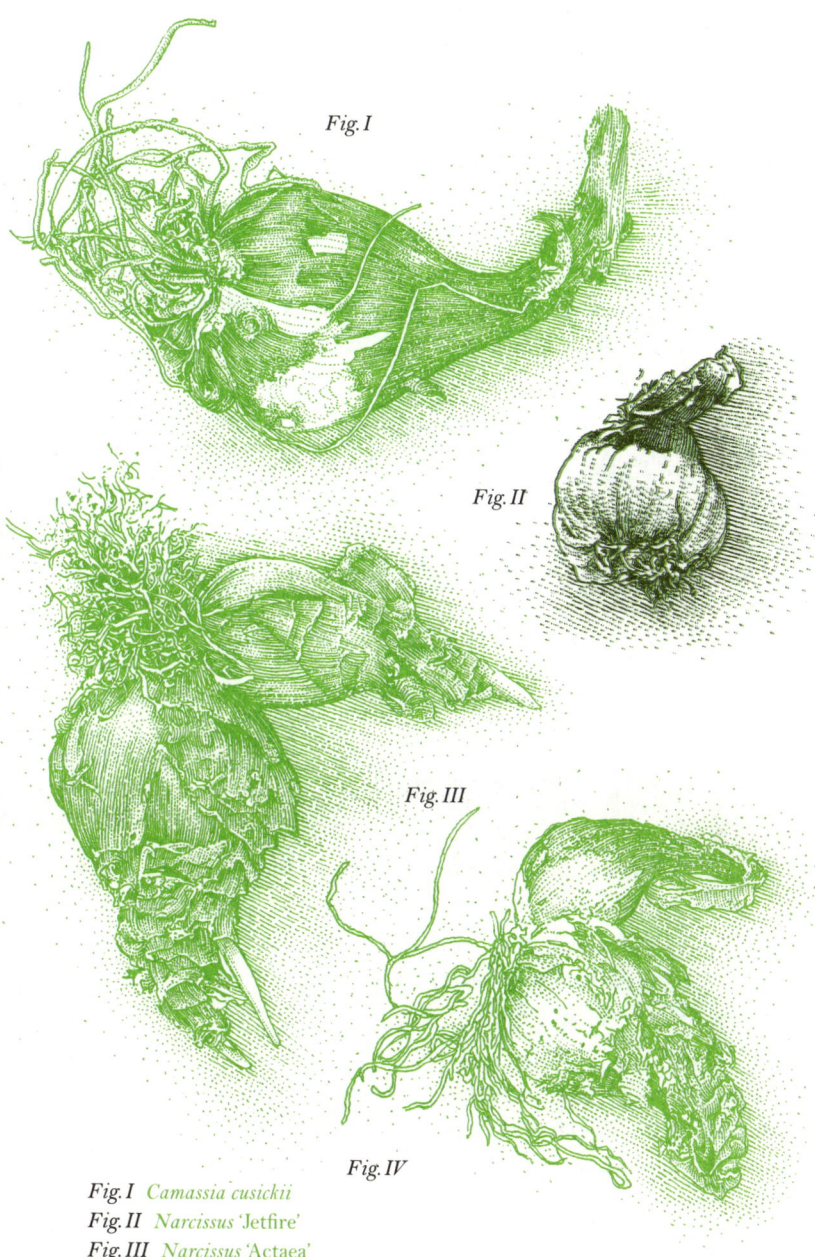

Fig. I

Fig. II

Fig. III

Fig. IV

Fig. I   *Camassia cusickii*
Fig. II   *Narcissus* 'Jetfire'
Fig. III   *Narcissus* 'Actaea'
Fig. IV   *Narcissus poeticus* var. 'La Riante'

Der phantastische Preis, den manche Zwiebeln damals erzielten, setzte sich natürlich aus Angebot und Nachfrage zusammen: Es gab nicht so furchtbar viele Zwiebeln auf dem Markt. Das lag daran, dass es damals sehr lange dauerte, Zwiebeln zu vermehren. Man kannte überhaupt nur die sogenannte vegetative Vermehrung. Aus der Zwiebel wachsen kleine Tochterzwiebeln, die man vorsichtig ablösen muss und die ihrerseits eingepflanzt werden können. Das dauert alles ziemlich lange, ist höchst aufwendig und nicht sehr ergiebig. Wenn man eine Zwiebel hatte und wollte daraus zehn, zwanzig machen, musste man seinerzeit fünf, sechs Jahre Geduld aufbringen. Heute werden in derselben Zeit aus einer Zwiebel Tausende gemacht. Meristemvermehrung heißt das Verfahren, es wird im Labor abgewickelt, in steriler Umgebung, mit Zellen und Nährlösungen, und es gibt jetzt bei Zwiebeln keine Angebotsengpässe mehr.

Die Zwiebel treibt im Frühjahr aus, erfüllt ihre gärtnerische Bestimmung und zieht sich dann in den trockenen Sommerboden zurück. Da wartet sie dann auf den nächsten Einsatz.

Dieses Verhalten ist die Zwiebel aus ihrer zentralasiatischen Heimat her gewöhnt. Da man im eigenen Garten ungern zentralasiatische Verhältnisse hat, bekommen Zwiebeln bei uns fast immer zu viel Wasser und halten darum meist nur ein Jahr. Manche Menschen graben sie im Frühsommer aus und lagern sie im Keller ein. Wenn man sehr viel Zeit hat oder sehr wenige Zwiebeln oder eine »Semper Augustus« darunter, dann mag sich das lohnen. Aber ich fürchte, für die meisten von uns wird es dabei bleiben, dass wir Jahr für Jahr neue Zwiebeln kaufen und einpflanzen.

Ich bestelle jährlich zwischen 1500 und 2000 Zwiebeln. Große und kleine. Ein, zwei Wochenenden muss man dafür einplanen und am besten, man holt sich Hilfe: Es kommen dafür nur dem Gärtner liebevoll verbundene oder von ihm abhängige Menschen in Frage. Reine Freundschaft dürfte für die meisten Menschen keinen hinreichenden Grund darstellen, sich dieser mühevollen, kreuzbrechenden, knieschürfenden, fingernagelschwärzenden Herausforderung zu stellen. Noch dazu müssen die Hilfstruppen über eine kerngesunde Konstitution verfügen, von der sie im Verlauf der Arbeit einiges einbüßen werden. Oma und Opa, die sich oder Ihnen etwas beweisen möchten oder irgendein schlechtes Gewissen verarbeiten wollen, fallen also aus. Den Kindern fehlt vermutlich, je nach Alter, die Geschicklichkeit, die Zwiebeln fachgerecht unter die Erde zu bringen.

Am Ende wird es so sein, dass Sie es selbst tun müssen. Es ist Ihr Garten. Sie wollen ihn im Frühjahr blühen sehen. Also stellen Sie sich nicht so an.

Zum Pflanzen gilt: die doppelte Zwiebelgröße gibt das Maß für die Pflanztiefe an. Es empfiehlt sich, die Zwiebeln auf dem Beet in Position zu legen und dann zu vergraben. Markieren Sie die Stellen, die Sie bereits hinter sich haben, mit kleinen Stöckchen. Keine Gute Idee ist es nämlich im Allgemeinen, an einer bereits bearbeiteten Stelle ein zweites Mal zu graben. Sie werden die empfindlichen Pflanzen mit ihrer Schaufel unweigerlich verletzen. Besorgen Sie sich eine witterungsbeständige Folie und einen haltbaren Stift und schreiben Sie auf, wo welche Sorte liegt. Dieser Hinweis hängt mit den zuvor geäußerten allgemeinen Gedanken zur Planung zusammen. Ich bin gespannt, ob Sie so viel Umsicht walten lassen werden. Mir gelingt es Jahr für Jahr nicht. Ich komme gerade eben noch dazu, die Papieretiketten von den Zwiebeltüten zu reißen und an kleine Äste zu spießen, die ich dann in die Beete stecke. Dann kommen der Regen und der Wind. Dann kommen der Schnee und das Eis. Und dann wird es warm und alles schmilzt, und wenn die Blumen aus dem Boden kommen, ist von den Etiketten eigentlich nichts mehr übrig, was einem irgendwie weiterhelfen könnte. So geht es Jahr für Jahr. Und ich ändere mein Verhalten nicht. Sonderbar.

Das führt dazu, dass ich im Frühling einerseits überrascht werde, welche Blumen plötzlich allüberall hier und da aus dem Boden kommen. Andererseits vermag ich nicht mehr nachzuvollziehen, welche nicht aus dem Boden kommen. Das würde sich aber unbedingt lohnen. Denn es ist keineswegs so, dass jede Zwiebel, die Sie pflanzen, auch zur Blume wird. Es gibt sozusagen Blindgänger unter den Zwiebeln. Und man möchte fürs nächste Jahr schon gerne wissen, welche Sorte sich als zuverlässig erwiesen hat und welche nicht.

Also: Sorgen Sie vor, setzen Sie die entsprechenden Markierungen, behalten Sie die Kontrolle über Ihren Garten. Machen Sie es anders als ich!

Kommen wir zu den Zwiebeln selbst. Sie werden übrigens sehen, dass 2000 Zwiebeln mehr klingt, als es in Wahrheit ist. Es werden nicht alle einzeln gesetzt. Für viele bietet es sich an, kleine Pflanzkuhlen auszuheben und sie als Handvoll zu setzen.

Ich stelle Ihnen die Zwiebeln vor, die ich kenne und mag. Es gibt mehr, weiß Gott! Sie werden sie kennenlernen, wenn Ihnen danach ist. Hier ist nur eine mögliche Auswahl, allerdings eine erprobte: Die hier genannten Zwiebeln werden Sie nicht enttäuschen.

In meinem Garten pflanze ich also *Allium*, Krokusse, Hyazinthen, Narzissen, Tulpen – und eine Sorte Hundszahn, der ich schon lange die Treue halte und die für mich etwas ganz Besonderes ist: *Erythronium dens-canis* hybr. 'Kondo', eine wunderbare gelbe Blume mit sehr eigener Form. Es reicht, wenn Sie drei oder vier Exemplare an Ihrer liebsten Stelle pflanzen und hin und wieder danach sehen.

Die ersten Blüten des Jahres zeigen bekanntlich die Schneeglöckchen. Aber in Wahrheit sind sie eher Pflanzen fürs Herz als fürs Auge.

Die meisten Frühblüher sind niedrig und unscheinbar, weshalb es gar nicht so einfach ist, einen winterlichen Garten zu färben.

Zu den schönsten Krokussen zählt der *Crocus chrysanthus* 'Blue Pearl', der ein wenig nach Seerose aussieht. Er trägt also, trotz seines Namens, weiße Blütenblätter und ist in der Mitte von zartem Gelb-Orange. Die kleine Blume verliert sich aber leicht im Grau-Braun des Spätwinters. Ich pflanze darum viel von den blauen 'Zwanenburg', und den gelben *Crocus ancyrensis*. Sie können davon nicht genug nehmen. Machen Sie nicht den Fehler, hier träge oder sparsam zu sein! Graben Sie kleine Mulden und werfen Sie die Zwiebeln zu Dutzenden hinein. Im Februar und März werden Sie mit wunderbaren bunten Polstern belohnt.

Besonders hübsch ist auch der Frühlingsstern *Ipheion*. Eine kleine Blume, die von März bis Mai, in der Sorte *I. uniflorum* 'Wisley Blue' sogar bis Juni blüht. Sie sind zwischen zwölf und dreißig Zentimeter hoch und ihre Blüten sind von großer Klarheit und Schönheit. Ich habe mit den Sorten 'Rolf Fiedler' und *uniflorum* var. *album* gute Erfahrungen gemacht, die zartblau beziehungsweise reinweiß sind.

Was die Narzissen angeht, so tragen sie ihren Namen zu Recht: Sie sind so schön, dass sie an sich selbst vergehen möchten.

So ging es zumindest dem Narziss, Sohn eines Flussgottes und einer Nymphe, der der lieblichen Blume ihren Namen gab. Ovid schreibt:

Jetzo senkt er das Haupt kraftlos im grünenden Grase;
Nacht umschattet die Augen, womit sich der Schöne bewundert.
Aber auch dann, nachdem in die untere Wohnung er einging,
Schaut' er sich selbst in stygischer Flut. Wehklagend betrau'rten
Ihn die Schwesternajaden, und weiheten Locken des Hauptes;
Auch wehklagten Dryaden: zur Wehklag' hallete Echo.
Schon ward Bahre besorgt und Brand und geschwungene Fackel:
Doch war nirgend der Leib; für den Leib ein gelbliches Blümlein
Fanden sie, rings um den Kelch weißschimmernde Blätter gegürtet.

Das ist eben die Narzisse. Der Name kommt vom griechischen *narkein*, betäuben. Und die erste Blume, die so hieß, gehört heute zur Klasse der sogenannten Dichternarzissen, *Narcissus poeticus* 'Actaea'. Ihr Duft ist in der Tat betäubend. 'Actaea' ist das, was der Gärtner eine »zuverlässige« Sorte nennt, die im nächsten Jahr wiederkommt, wenn sie im Sommer nicht gar zuviel Wasser bekommt. Die Narzissen werden in zwölf Klassen eingeteilt, die wirklich hübsche Namen tragen – aber das heben wir uns für später auf, wenn wir zur Taxonomie kommen, also dem System der Namen, das Ordnung in die Vielfalt bringen soll. Da handelt es sich um eine geheimnisvolle, schöne, verwirrende Materie, voller Rätsel und Widersprüche, unter Fachleuten umstritten und für Laien unzugänglich. Um so lohnender ist es, sich damit zu befassen!

Tulipa linifolia

Tulipa 'Cardinal Mindszenty'

Tulis biflora

Tulipa 'Esperanto'

Tulipa 'Peach Blossom'

Hyacinthoidies hisp. Excelsio

Scilla Siberica 'Spring Beauty'

Crocus ancyrensis

Crocus etruscus 'Zwanenburg'

Muscari armeniacum

Erythronium 'Kondo'

Besorgen Sie sich unbedingt auch die Sorte 'La Riante'. Sie ist weiß und in der Mitte mit orangefarbenen Blütenständen. 'Jetfire' und 'Peeping Tom' sind unverzichtbare gelbe Sorten und 'Midget' ist, was Gärtner eine »treue Sorte« nennen. Absolut zuverlässig und übrigens die früheste Narzisse von allen, weil sie – vorausgesetzt, der Frost ist vorüber – schon im späten Februar und frühen März blüht. Noch früher schafft es nur eine Sorte, die Sie kaum im Handel finden werden und die mit ihren acht Zentimetern eher an einen Krokus erinnert als an eine Narzisse: der *Narcissus asturiensis*. Es handelt sich da um die kleinste Osterglocke, die in den Asturischen Bergen Spaniens zu Hause ist und dort in großen Höhen wächst. Ich habe sie nur einmal gesehen, eine entzückende kleine Blume, im Garten der Zwiebelgärtnerin Irene Hoch, die sie einmal selber irgendwo ausgegraben und mitgenommen hat.

Es gibt Hunderte von Narzissen, aber mit dieser kleinen Auswahl kommen Sie für den Anfang gut durch den Frühling.

Bis die ersten Tulpen sich melden. Ich mag in meinem Garten ab Mai kein Gelb mehr sehen und dulde es vorher auch nur, weil es sehr schwierig ist, den frühen Frühling ohne diese Farbe zu gestalten. Danach kann ich darauf verzichten. Also empfehle ich Ihnen nur weiße und rote Tulpen – und alle Schattierungen dazwischen. Ich schwöre auf *Tulipa* 'Clara Butt', eine im Mai blühende etwa 40 Zentimeter hohe samtrosafarbene Schönheit aus dem späten 19. Jahrhundert. 'Spring Green' ist eine wunderschöne weiße Tulpe mit grünlichen Streifen in der Blüte. 'Miranda' ist eine knallrote Tulpe, die so üppig gefüllt ist, dass man meinen könnte, eine Pfingstrose vor sich zu haben. 'Esperanto' ist eine etwas niedrigere auffällige Tulpe mit schwärzlich roter Blüte, deren Blätter grünlich-weiß sind.

Und ganz gleich wie groß oder klein Ihr Garten ist, halten Sie sich einen Ort für die *drei* wunderbaren Wildtulpenarten *kaufmanniana, fosteriana* und *greigii* frei. Es handelt sich dabei um sehr spät nach Europa importierte Tulpen von kleinerem Wuchs, die bereits im März und April blühen. Wildtulpen sind meine liebsten Tulpen. Sie sind weniger elegant als die kultivierten Sorten, niedriger. Es gibt eine ganze Reihe davon, die natürlich längst schon aus der Zucht stammen und auch in Arten und Sorten vervielfältigt wurden.

Übrigens nennt man Kaufmanniana sowohl eine Art als auch eine Sorte. Die Art umfasst so unterschiedliche Sorten wie die 'Corona', die eine gelbe, im Inneren rot gezeichnete Blüte hat, und die 'Daylight', die über ein klares Rot und marmorierte Blätter verfügt. Aber meine liebste Art ist die Stammform *T. kaufmanniana* subsp. *kaufmanniana*, die Seerosentulpe. Eine entzückende kleine Blume, mit mildweißen Blütenblättern und einer frischen gelben Füllung. In der Sonne öffnet sie sich ganz und gar und streckt ihre Blütenblätter weit von sich. Eine verwandte Sorte ist die 'Concerto', die ebenfalls kräftiges grünes Blattwerk hat. Aber ihre liebenswürdig nach oben geöffneten, zartweißen Blütenblätter verfärben sich im Inneren von Gelb nach Schwarz. Diese dunkle Mitte gibt der 'Concerto' einen etwas ernsteren Charakter als der stillen *kaufmanniana*-Art, tiefer, komplizierter. Ein bisschen irritierend ist an der 'Concerto' freilich, wie ungeniert sie ihre weiblichen Blütenanteile dem Betrachter entgegenstreckt. Griffel und Fruchtknoten sind bei dieser kleinen Tulpe ausgesprochen hervortretend und geschwollen, als könnten sie es gar nicht abwarten, dass die nächste Mikrospore endlich ihren Pollenschlauch auspackt. Es handelt sich hier zwar um ein unvermeidliches Kenn-

zeichen aller Bedecktsamer. Man muss aber sagen, dass die 'Concerto' es in diesem Punkt sehr weit treibt.

Wunderschön ist auch die *Tulipa greigii*, ihrerseits Stammform der Greig-Tulpen. Sie ist von blassem Rot, das ein wenig an Mohn erinnert oder an die Farbe des Jaspis, und sie hat dazu auffallend gestreifte Blätter.

Ich stelle mir das Leuchten ganzer Felder dieser stillen und frischen Blume vor, die in den kirgisischen Alataubergen wächst,

unweit des tiefgründigen Issyk-Kul-Sees, über dessen Ufern hoch die schneebedeckten Gipfel des Tian Shan ragen. Vergessen Sie nie, woher diese Pflanzen kommen! Es lohnt sich, die *T. greigii* und *kaufmanniana* zusammen zu setzen, da sie sich in Wuchs, Farbe und Blütezeit wunderbar ergänzen.

Eine besonders schöne Sorte der *T. greigii* ist die 'Toronto'. Sie ist vom selben Rot, lässt sich aber von der Stammform leicht unterscheiden, da sie mehrblütig ist und ihre Blätter nicht die charakteristische Streifung der Greig-Tulpe tragen. Mischen Sie 'Toronto' unter die Sternhyazinthe, *Chionodoxa forbesii* 'Blue Giant'. Pflanzen Sie ruhig sehr dicht. Die Tulpen werden dann leuchtend rot aus einem strahlend blauen Teppich hervorscheinen.

Überhaupt ist *Chionodoxa*, der »Schneestolz«, eine bezaubernde kleine blassblaue Blume mit einem entzückenden hellgelben Auge. Sie können ebensogut auch *Scilla* nehmen, bei mir eigentlich nur in der Art *S. siberica* vorhanden. *Scilla*, auch »Nickende Sternhyazinthe« genannt, entfaltet die gleiche fröhlich-blaue Wirkung wie der Schneestolz, ist aber durch die glockenförmig nach unten hängenden Blüten leicht zu unterscheiden. Das sind jedenfalls alle sehr liebe, blaue Blumen, die den Garten vom Winter in den Frühling geleiten, und ich möchte sie in keinem Jahr missen. Ja, es ist beinahe schade, dass sie uns nur so kurze Zeit begleiten und man auf ihre Rückkehr ein langes Jahr warten muss. Legen Sie, wenn Sie können, ganze Teppiche davon an. Das ist eine große Freude.

Abschied

Die Tage werden dann irgendwann kürzer. Daran führt kein Weg vorbei. Es sei denn, Sie verlagern Ihren Lebensmittelpunkt in den dunklen Monaten in den Süden. Aber das wäre faul und feige. Man muss sich den Frühling und den Sommer verdienen. Das Licht ist so schön, weil die Dunkelheit so furchtbar ist.

Wenn man Astrid Lindgren liest, gewinnt man den Eindruck, Schweden leuchte in einem immerwährenden Frühling. Aber dieser Zauber erwächst nur vor dem Hintergrund der tiefen Finsternis, die dort den Winter beherrscht. Also, die Tage werden kürzer, je nachdem, wo man sich befindet, werden sie sogar noch kürzer. Nehmen wir mal einen Ort wie Forchheim, das bekanntlich zwischen Strullendorf und Möhrendorf liegt, oder, etwas unpräziser, zwischen Erlangen und Bamberg, jedenfalls irgendwo in Oberfranken. Da geht die Sonne an einem beliebigen 15. Oktober gegen 5:37 Uhr auf und ziemlich genau um 16:26 Uhr unter. An einem Ort wie, sagen wir, Berlin, geht die Sonne am selben Tag dagegen um 5:31 Uhr auf und um 16:13 Uhr unter. Das bedeutet, in Oberfranken geht die Sonne zwar 6 Minuten später auf als in Berlin, aber dafür auch 13 Minuten später unter, so dass ein beliebiger 15. Oktober in Oberfranken 7 Minuten länger währt als in Berlin. Da kommt über die Jahre einiges zusammen. Glückliches

Oberfranken! Wir können aber nicht alle nach Oberfranken ziehen. Also bereiten wir uns auf die Finsternis vor. Am besten durch
Arbeit, die ohnehin das süße Joch des Gärtners ist.

Am Ende des Sommers müssen Sie Ihren Garten auf-
räumen, so wie man als Kind am Abend eines langen
Tages sein Zimmer aufräumen musste.

Das hat ein bisschen mit der Sorge um die Pflanzen zu tun und sehr
viel mit der Liebe zur Ordnung. Der Winter ist an sich kein Spaß.
Aber ein unaufgeräumter Garten im Winter ist wirklich sehr, sehr
deprimierend. Wenn schon alles um uns herum stirbt, sollten wir
wenigstens die Form wahren. Wenn Sie Ihre Zwiebeln schon gesetzt haben, müsste Ihr Garten eigentlich schon in Ordnung sein.
Denn die richtige Reihenfolge lautet natürlich: erst aufräumen,
dann Zwiebeln setzen. Erst schafft man das alte Zeug beiseite und
macht Platz, und dann setzt man in den aufgelockerten, von allem
Unrat gereinigten Boden die hoffnungsvollen Zwiebeln für das
nächste Frühjahr.

Aufräumen bedeutet, die faulen Strünke der Stauden aus
den in sich zusammengesunkenen Beeten zu schneiden. Stellen
Sie sich vor, dass dieser faulige Unrat einmal die herrlichen Blumen waren, die Ihnen den Sommer versüßt haben! Und denken
Sie darüber nach, was die Zeit aus den Dingen macht! Asche zu
Asche und Staub zu Staub klingt sauberer, als Tod und Verwe-
sung in Wahrheit sind: überall liegen schimmelige Äpfel zwischen
den verrottenden Stielen abgestorbener Pflanzen, die Dinge sind
im Stadium des Übergangs, in der Transition, in der Auflösung.
Wenn man Zeuge der geradezu konvulsivischen Schmerzen ist,
unter denen das Leben vom Zustand der Ordnung in den der

Auflösung wechselt, dann bekommt man eine Ahnung davon, wie streng und mühsam die Arbeit der Natur gewesen sein muss, jene feingliedrigen Blätter und diese zarten Farben zu erschaffen, wie viel Energie da gebunden wurde in diesen bezaubernden Blüten, die so wunderbar duften konnten, wenn ihre Aromen in einem kurzen Gewitterregen von der durch hohe Wolken brechenden Sonne in die wie mit Dampf gesättigte Luft befreit wurden. Man kann sich hinreißen lassen.

Also, schneiden Sie das Zeug weg, dann stört Sie der Anblick in den kommenden Monaten nicht. Verpacken Sie Ihre Rosen mit Tannengrün. Das schützt gegen den Frost und sieht gemütlich aus. Sie können die Rosen um überlange Triebe beschneiden. Aber eigentlich ist das Frühjahr die Zeit für den Rückschnitt, eine vielfältige Sache übrigens, der Rosenschnitt, ein Kapitel für sich. Und dann sollten Sie noch nachdenken, ob irgendwo Töpfe mit Pflanzen herumstehen, die es nicht mögen, bei Minus 15 Grad komplett durchzufrieren – was für sehr viele Pflanzen zutrifft. Die Töpfe gehören entweder in den Wintergarten, den jedes Haus haben sollte. Oder an die Hauswand, in eine windgeschützte Ecke, eng aneinandergerückt, und von oben sollte man auch sie mit Tannennadeln schützen.

Was bleibt Ihnen noch zu tun? Sammeln Sie die Gartengerätschaft ein, ziehen Sie die Lochschläuche zusammen, mit denen im Sommer die Beete gewässert werden, sorgen Sie dafür, dass die Kaninchen nicht festfrieren, die ihren Stall an der Hauswand haben. Mit einem Wort: machen Sie alles winterfest.

Und dann zieht sich das Leben in Ihrem Garten in die Erde und Sie sich ins Wohnzimmer zurück. Im Spätherbst gehen Sie noch mal raus und atmen Sie diese besondere Luft ein, die jetzt gesättigt ist mit dem Duft der Erde und der Dunkelheit. Dann machen Sie die Türen zu, damit die Kälte nicht ins Haus kommt.

Sie haben jetzt viel Zeit. Lesen Sie also ruhig noch mal nach, was Franz Biberkopf im Gefängnis aufgeschnappt hat:

Inzwischen melden sich die Jahre,
Der Mottenfrass zermuerbt die Haare
Es kracht bedenklich im Gebälke,
Die glieder werden schlapp und welke,
Die gruetze saeuert in Gehirn
Und immer duenner wird der Zwirn.
Kurzum, du merkst, es wird jetzt Herbst,
Du legst den loeffel hin und sterbst.

Winter

Es ist kleiner als der Garten meines Onkels,
aber es ist größer als der Helm meines Neffen.

Teefax, ASTERIX BEI DEN BRITEN

Teich

Mein Garten ist, wie bereits erwähnt, nicht sehr groß. Aber auch mein Garten muss groß genug sein für einen See. Finde ich. Und sei es nur ein kleiner. Ein Garten ohne Wasser ist eigentlich keiner. Wasser gehört in jeden Garten. Von Anfang an. Der erste Garten, den es überhaupt gab, war von Wasser durchzogen: die vier Flüsse Perat, Hiddekel, Ghion, Pischon haben immerhin den Garten Eden bewässert. Ich will nur einen kleinen Teich.

»Es ist kleiner als der Garten meines Onkels, aber es ist größer als der Helm meines Neffen«, wie es in ASTERIX BEI DEN BRITEN vom Ruderboot des Engländers Teefax heißt. So ein Ruderboot würde in meinen Garten auch passen. Aber ein Ausflugsdampfer, wie er die Elbe hinunter bei Willkomm-Höft vorüberfährt, schon nicht mehr. Es wird nicht leicht sein, genügend Raum zu finden für meinen locus amoenus, diesen angenehmen Ort, der in den Vorstellungen der Menschen seit jeher aus Schatten, Blumen, Gras und Wasser besteht. Und zwar sonderbarerweise ganz gleich, ob die Menschen in den Wüsten des vorderen Orients, den Hügeln des Peloponnes oder den Wäldern Britanniens zu Hause sind. Wo der Mensch zur Ruhe kommt, plätschert und gurgelt und säuselt es immer irgendwo.

Und es bricht sich da das gelbe Licht des Frühlings und das rote des Sommers und das grüne des Winters in den leisen Linien, die Wind oder Strömung über das Wasser ziehen. Es ist schon so, wie Jane Fearnley-Whittingstall, in England auch bekannt als Granny Jane, schreibt: »Anblick und Geräusch schon der kleinsten Wasserquellen oder -spiele bereitet so viel Freude, dass es in keinem Verhältnis zu den Kosten einer Schale, eines Fertigbeckens oder eines Teiches für Ihren Garten steht.« Granny Jane hat immerhin zweimal die Goldmedaille der Royal Horticultural Society gewonnen, die wieder den hervorragenden kleinen Führer WATER IN A SMALL GARDEN – SIMPLE STEPS TO SUCCESS von John Carter herausgegeben hat. Sehr empfehlenswert.

Wenn Sie große Pläne haben, und das sollte allzeit der Fall sein, dann sind die Wintermonate dafür hervorragend geeignet.

Es gibt im Garten ohnehin nichts zu tun. Also wandert man in gefütterten Stiefeln über den gefrorenen Boden und versucht, der winterlichen Dämmerung helle Bilder des Frühlings abzuringen.

Begeisterung ist etwas Wundervolles. Aber nehmen Sie sich Zeit! Sie werden mit den Folgen Ihrer Entscheidung lange leben müssen. Also wollen Lage und Form eines Gartenteiches, wie jede gärtnerische Entscheidung, wohlüberlegt sein: Erhält das Gewässer zuviel Sonne? Algenwuchs kann im Spätsommer zu einem ernsten Problem werden. Lassen blütenreiche Bäume ihre Kronen über das Wasser hängen? Herabgefallene Blätter in großen Mengen aus einem Teich zu fischen kann sehr lästig sein. Wo die große, trübe Eibe stand, die ich im Herbst gefällt habe, muss mein Teich liegen, vor der Ligusterhecke, neben dem mit Phlox bewachsenen Beet. Es gibt in meinem Garten keinen anderen Ort. Ich habe seine Form und Größe geprüft, indem ich eine rote Leine zur Hand nahm und damit die gewünschten Konturen niederlegte. Varianten lassen sich so leicht vergleichen und verwerfen. Das ist der Anfang. Der Teich ist das große Projekt des kommenden Jahres. Es soll am Ende so sein, wie im Nussknacker-Märchen von E.T.A. Hoffmann, wo es von einem Garten heißt, »darin ist ein großer See, auf dem schwimmen sehr herrliche Schwäne mit goldnen Halsbändern herum und singen die hübschesten Lieder. Dann kommt ein kleines Mädchen aus dem Garten an den See und lockt die Schwäne heran, und füttert sie mit süßem Marzipan.«

Man muss zunächst natürlich eine Grube ausheben. Überlegen Sie genau, wer das machen soll. Freunde? Familie? Kollegen? Oder Sie ganz allein, wenn Sie rechtzeitig anfangen? Es ist natürlich eine Höllenarbeit. Stellen Sie sich mal die Menge an Aushub vor. Angenommen, der Teich hätte eine Kantenlänge von vier Metern und wäre quadratisch – das ist er nicht, sollte er auch nicht sein, sähe ja furchtbar aus, dient nur der Anschauung. Nehmen wir weiter an, er hätte die Form einer umgedrehten Pyramide – das macht unbedingt Sinn, denn Sie wollen die Ränder ja vermutlich bepflanzen, steil abfallende Wände wären dafür ziemlich ungeeignet, es geht um einen Teich, nicht um einen Pool. Dann berechnet sich das Volumen nach der einfachen Formel Quadrat der Kantenlänge mal Tiefe geteilt durch drei. Da der Teich ruhig ordentlich tief sein sollte, also irgendwas zwischen 1,5 und 2 Metern, kommen Sie dabei locker auf acht bis zehn Kubikmeter Aushub. Das sagt Ihnen vermutlich nichts. Mir auch nicht, bis ich es gesehen habe. Ein Kubikmeter Erde wiegt, je nach Zusammensetzung, zwischen 1,5 und 2 Tonnen. Das bedeutet, wenn Sie die Arbeit allein machen wollen, werden Sie es mit ungefähr 15 Tonnen Erde zu tun bekommen. Dies ist also ein starkes Plädoyer dafür, diesen Job jemand anderen machen zu lassen. Es sei denn, Sie haben einen eigenen Bagger oder wollten sich schon immer mal einen leihen. Aber wie bekommen Sie den auf das Grundstück? Vermutlich zerstören Sie dabei alle Beete im ganzen Umkreis und nehmen auch noch Teile der Fassade des Hauses mit, und außerdem laufen Sie Gefahr, unterirdische Stromkabel, Wasserleitungen oder die städtische U-Bahn zu beschädigen. Mein Rat: Lassen Sie die Finger davon. Das örtliche Handwerk soll auch leben.

Grundsätzlich gibt es ja drei verschiedene Arten von Teich – in die Grube wird eine vorgeformte Schale eingebracht oder eine Teichfolie oder man gießt alles mit Beton aus. Die Schale ist sicher die einfachste Variante, aber nicht sinnvoll bei größeren Teichen und in Wahrheit auch nicht besonders schön – ganz abgesehen davon, dass diese Variante auch nicht wirklich sportlich ist. Man mogelt sich irgendwie um den eigentlichen Teichbau herum. Man will sozusagen einen Teich, ohne sich der Herausforderung zu stellen, einen Teich zu bauen. Ein Teich für Angsthasen. Beton – oder Stein – ist sicher die beste und dauerhafteste Lösung. Aber sehr teuer und außerdem technisch nicht zu unterschätzen. Ohne die Hilfe – oder die Kenntnisse – eines Fachmanns sollte man die Finger davon lassen. Stellen Sie sich vor, unter dem beträchtlichen Gewicht des Wasser käme es zur Absenkung einer mangelhaft befestigten Sohle, dann zu Rissen und schließlich liefe der Teich einfach aus. Kein Spaß. Also Folie. Man kann sie selber verlegen. Sie ist haltbar. Wenn Sie einen Sohn haben, sollten Sie allerdings darauf achten, ihn im Sommer nicht in den Teich zu werfen, solange er mit Lanze oder Schwert bewaffnet ist: auch eine durchlöcherte Teichfolie ist kein Spaß. Es dauert ewig, bis Sie das Loch gefunden haben. Es ist ja nicht so, dass da irgendwo kleine Luftblasen aufsteigen. Ein Teich ist kein Fahrradschlauch, den Sie unter Wasser halten, um die undichte Stelle zu finden. Er läuft einfach aus. Und wenn Sie es zu spät merken, unterspült er vielleicht Ihr Haus? Oder das des Nachbarn? Oder die Straße? Ein Bus fährt darüber und versinkt mit einem Mal in einem Loch, wie man es aus stillgelegten Bergbaugebieten kennt. Und Sie sind schuld. Irre, was alles passieren kann.

Also, kein Problem: Man legt die Folie über das Loch, bringt sie dann in Form und belegt den überlappenden Rand oben mit Kies oder Feldsteinen. Sorgen Sie für einen sanften Übergang zum Erdreich hin. Bepflanzen Sie den Rand mit Stauden, den Rest macht der Garten dann von allein.

Aber ich greife vor. Ganz so einfach ist es in Wahrheit leider nicht, wie man noch sehen wird. Und jetzt geht ohnehin gar nichts. Der Winter hat den Garten fest im Griff.
Dabei hatte ich vor ein paar Wochen sogar schon die ersten Schneeglöckchen gesehen. Ich habe inzwischen viele hundert davon, die übliche Art, *Galanthus nivalis*, die sich manchmal schon im Dezember zeigt und hervorragend verwildert. Mit den hohen

Arten, *G. n.* 'Viride-Apice' oder *G. elwesii* habe ich keine guten Erfahrungen gemacht. Sie widerstehen Hagel, Wind und Regen der Winterstürme zu schlecht. Meine Schneeglöckchen stehen alle im Beet. Aber man kann sie auch sehr gut im Rasen setzen, da sie sich vor der ersten Mahd schon zurückgezogen haben.

Gärtnerisch müsste es übrigens gar keinen Winter geben. Die letzten Rosen blühen bis kurz vor Weihnachten. Dann schließt sich gleich *Helleborus niger* an, die Christrose, oder auch Schwarzer Nieswurz. Und auch die *Hamamelis* strahlt schon zu Beginn des Jahres leuchtend gelb. Ich hatte bereits erwähnt, dass ich eine Abneigung gegen die Farbe Gelb habe, dass aber das Frühjahr ohne Gelb kaum zu überstehen ist. Um wievieles mehr gilt das für den Winter und die *Hamamelis.* Man muss ihr so dankbar dafür sein, dass sie im Dezember und Januar zu blühen bereit ist, dass man ihr die eigentliche unangenehme Farbe gerne verzeiht. Die amerikanische Variante, die *H. virginiana,* soll übrigens gut gegen Hämorrhoiden sein. Das ist vielleicht für ältere Gärtner ein hilfreicher Hinweis.

Der rosafarbene Winterschneeball, *Viburnum bodnantense* 'Dawn', kann im günstigen Fall von November bis April blühen. Überhaupt ist die Gattung der Schneeballsträucher sehr zu empfehlen, sehr reich in Wuchs, Blattform und Eigenschaften. Bodnantense ist eine wunderbare Pflanze. Ein schlichter, kompakter Strauch, der zwei, drei Meter hoch wird und im Sommer nicht viel Aufhebens macht. Aber im Winter, wenn alles um ihn herum grau und leer und sinnlos ist, dann sind seine zartrosa Blüten wie ein leises tröstendes Flüstern in der Dunkelheit. Wie immer Sie Ihren Garten gestalten: geben Sie dieser Pflanze die Chance, Ihnen durch den Winter zu helfen. Sie ist ein treuer Freund. Und wenn sie dann in ihrer ganzen Unscheinbarkeit den langen Sommer hindurch auch ganz verschwindet vor der Pracht, die Rosen und *Ge-ranium* und Rhododendren um sie herum entfalten, dann wissen Sie doch darum, dass *V. bodnantense* nur auf den Winter wartet, die Zeit ihrer Bestimmung. Bodnant ist übrigens eine Stadt in Nord-Wales, im County Conwy, in der Nähe von Tal-y-Cafn, gegenüber von Ty'n-y-groes. Da gibt es einen Garten, oder sagen wir einen Park, wenn man sich von dem mal Bilder ansieht, hört man auf zu rätseln, wie die Ortsnamen dort ausgesprochen werden, sondern man denkt, das hier ist vermutlich einer der schönsten Orte, die es auf dieser an schönen Orten gar nicht so armen Erde gibt. Unser Schneeball wurde dort irgendwann im neunzehnten Jahrhundert geboren und er hat die Schönheit dieses Ortes mitgenommen und Jahr für Jahr bringt er sie zur Entfaltung.

So weit so schön. Das ist die Theorie und es gibt eine Menge Gegenden, wo das auch die Praxis ist. Aber hier, wo der bedauernswerte Gärtner sein Dasein fristet, weit abgeschlagen im Nordosten des Landes, fern der temperierenden Einflüsse des Meeres, schon am Rande der weiten Ebenen Asiens, da sieht das leider ganz, ganz anders aus. Machen wir uns nichts vor: In Berlin ist von Dezember bis März Feierabend: Der Frost macht keine Gefangenen und selbst die tapfersten Durchblüher kapitulieren, wenn die Temperaturen deutlich unter dem Gefrierpunkt liegen. Und sie liegen hier regelmäßig sehr deutlich darunter:

Januar und Februar sind kalte Herrscher. Sie sind die Probe des Gärtners, sie testen seine innere Stärke.

Und es erweist sich, ob er, wie die Maus Frederick, im Sommer genügend Vorräte für die kalte Jahreszeit gesammelt hat. Wenn nicht, dann kommt die Ungeduld. Ich sitze am Fenster, gucke in die weißverschneite Ödnis hinaus und hoffe, dass es mir am Ende nicht geht wie Oscar Wildes selbstsüchtigem Riesen, von dessen Garten es heißt: »Die einzigen, denen (er) noch gefiel, waren der Schnee und der Frost. ›Der Frühling hat diesen Garten vergessen‹, riefen sie erfreut, ›wir werden das ganze Jahr über hier bleiben.‹« Und der Hagel »sauste, so schnell er konnte, quer durch den Garten. Er war ganz in Grau gekleidet und sein Atem war so kalt wie Eis.«

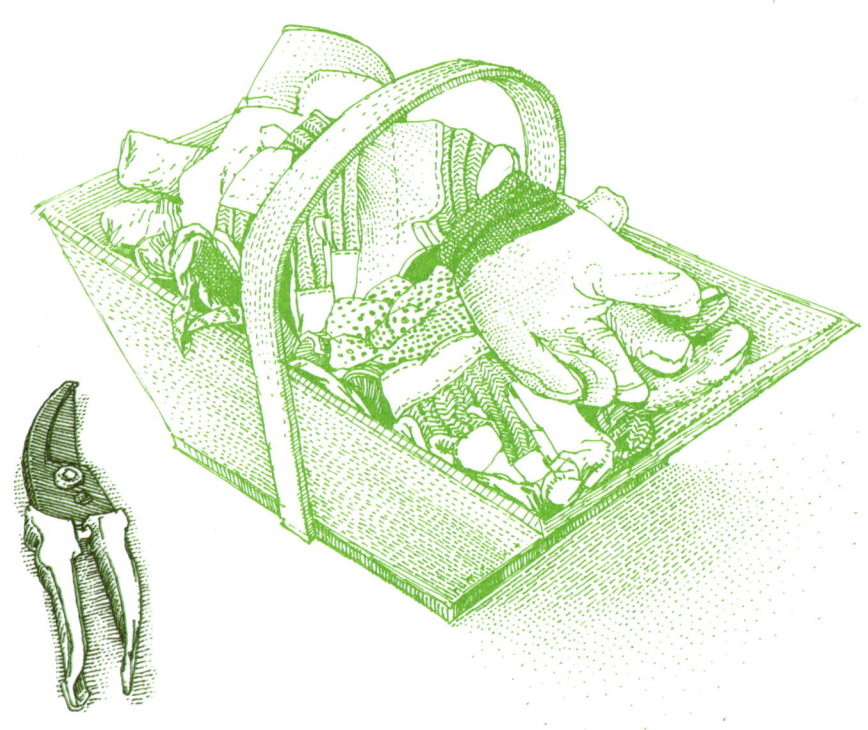

Natur

Wir wollen noch ein bisschen beim SELBSTSÜCHTIGEN RIESEN verweilen. Draußen liegt Schnee, Weihnachten ist in der Luft. Eine gute Zeit für Geschichten. Der SELBSTSÜCHTIGE RIESE ist im Jahr 1888 erschienen. Natürlich gehört das unbedingt hierher: Es geht um einen Garten, eine Mauer, es geht um Bäume, die blühen, und solche, die kahl sind, es geht um die Kälte und um die Liebe. Ein Märchen. Ein religiöses Gleichnis.

Der Riese ist sieben Jahre lang fort, zu Besuch beim Menschenfresser von Cornwall, der im Original »cornish ogre« heißt und in einer Übersetzung auch der »cornische Oger« genannt wird, was ganz hübsch ist, aber vielleicht weniger verständlich. Das Wort Oger, vom Englischen und Französischen Ogre, ist im Deutschen eigentlich erst so richtig mit dem Erfolg der Trickfilmfigur Shrek angekommen. Jedenfalls haben die Kinder den Garten des Riesen in seiner Abwesenheit erobert. Sie spielen und sind da, so heißt es, glücklich. Aber irgendwann kommt der Riese zurück: »Als die sieben Jahre um waren, hatte er alles gesagt, was er zu sagen hatte, denn seine Konversation war begrenzt.« Er trifft auf die Kinder und ist furchtbar zornig. »Mein Garten ist mein eigener Garten«, sagt der Riese. Er baut eine Mauer, und die Kinder bleiben ausgesperrt. Aber nicht nur sie. Von nun an geht der Frühling am Garten des selbstsüchtigen Riesen vorüber, die Blumen und Bäume blühen nicht mehr. Nur der Schnee und der Frost bleiben. Die beiden laden auch noch den Nordwind ein, bei ihnen zu wohnen. »Dies ist ein entzückendes Fleckchen«, sagt der Nordwind. »Wir müssen den Hagel zu Besuch bitten.« Zu viert hausen von nun an der Nordwind und der Hagel, der Schnee und der Frost in diesem Garten.

Als auch der Sommer ausbleibt und der Herbst sowieso, wird es dem Riesen ziemlich mulmig. Irgendwann hört er aber doch wieder Vogelgesang, blickt aus dem Fenster und sieht, dass durch ein Loch in der Mauer die Kinder in den Garten zurückgekommen sind. In jedem Baum sitzt ein Kind, und die Bäume blühen wieder.

Bis hierhin ist es eine ganz hübsche Geschichte. Aber wer sich leicht zu Tränen rühren lässt, muss sich jetzt auf einiges gefasst machen:

Auf einem Baum liegt noch der Schnee. Darunter steht ein kleines Kind. Zu klein, um hinaufzuklettern. Der Baum versucht, sich hinabzubeugen, vergeblich. »Und das Herz des Riesen schmolz, als er dies sah. ›Wie selbstsüchtig bin ich gewesen‹, sagte er, ›jetzt weiß ich, warum der Frühling nicht kommen wollte.‹« Er geht also hinunter und hebt den kleinen Jungen behutsam auf den Baum, der sich sogleich mit Blüten bedeckt. »Und der kleine Junge streckte seine beiden Arme aus und schlang sie um den Hals des Riesen und küsste ihn.«

Der Riese reißt die Mauer ein und wird der beste Freund der Kinder. »Ich habe sehr viele schöne Blumen«, sagt er. »Aber die Kinder sind die schönsten Blumen von allen.«

Der Riese wird nun alt. Aber der kleine Junge, der ihn geküsst hat, den er liebt, der kommt nicht wieder, solange der Riese auch auf ihn wartet.

Eines Tages, es ist wieder Winter, die Geschichte nähert sich ihrem Ende, alles liegt unter hohem Schnee, sieht der Riese in seinem Garten einen Baum, der voller Blüten ist. Darunter steht der kleine Junge. Der Riese rennt voll Freude hinab – und voll Entsetzen erkennt er, dass Hände und Füße des Kindes die Wundmale von Nägeln tragen. »Wer hat es gewagt, dich zu verletzen, auf dass ich mein großes Schwert nehme und ihn erschlage«, ruft der

Riese. »Nein!«, antwortet das Kind, »denn dies sind die Wunden der Liebe.« Dann sagt das Kind noch, dass der Riese es einst in dessen Garten spielen ließ und dass es ihn nun in seinen eigenen Garten mitnehmen werde, »der das Paradies ist«. Die Kinder finden den Riesen später tot unter dem Baum liegen.

Das war die Geschichte vom selbstsüchtigen Riesen, dem sein kostbarster Besitz genommen wurde, weil er ihn nicht teilen will – sein Garten –, und der durch die Liebe von der Sünde des Eigennutzes erlöst wird. Man kann das als halbwegs normaler Mensch ja gar nicht lesen, ohne ganz verwaschene Augen zu bekommen.

Es gibt dazu einen wunderschönen Zeichentrickfilm, den Traudl und Walter Reiner 1962 gemacht haben, in schwarz-weiß, mit Bildern von liebevoller und stiller Schlichtheit. Die Eheleute Reiner, die seinerzeit in Fischbachau im Leitzachtal lebten und arbeiteten und dort ein Trickfilmstudio unterhielten, haben übrigens nicht nur dem selbstsüchtigen Riesen ein Gesicht gegeben, sondern auch dem Grantler Aloisius, der ja zum schönen Oberbayern vielleicht auch besser passt als der Cornische Oger. Ludwig Thoma hat sich den Dienstmann Alois Hingerl ausgedacht, der am Münchner Hauptbahnhof dem Schlag erliegt und über einen kurzen Umweg in den Himmel noch heute als Engel im Hofbräuhaus sitzt, über einer Maß nach der anderen, anstatt der bayerischen Staatsregierung jene göttlichen Ratschläge zu übermitteln, auf die sie bis heute vergeblich wartet.

Aber zurück zum Riesen. Die Mauer, die er da baut, muss offenbar überwunden werden. Sie gehört eigentlich eingerissen. Da sind wir uns alle einig als Leser der Geschichte. Und überhaupt nicht nur dieser Geschichte: alle Mauern gehören eingerissen, weil sie die Menschen trennen. Und die Zäune auch. DON'T FENCE ME IN, heißt es in dem Cole Porter Song.

Oh, give me land, lots of land under starry skies above,
Don't fence me in.
Let me ride through the wide open country that I love,
Don't fence me in.
Let me be by myself in the evenin' breeze,
And listen to the murmur of the cottonwood trees,
Send me off forever but I ask you please,
Don't fence me in.

Also nieder mit den Mauern und den Zäunen, die uns voneinander fernhalten und uns selbst entfremden. Aber das ist leider Quatsch. Weil die große Kulturleistung des Menschen darin besteht, einen Zaun zu errichten, eine Grenze zu ziehen, drinnen und draußen voneinander zu trennen. Um die Hütte, die Höhle, was auch immer. Diesseits ist mein, ist Schutz, Ordnung, Schönheit. Jenseits ist der Rest, draußen, die anderen, die Unordnung, der Feind, das Chaos. Drinnen gilt das Prinzip Verantwortung. Nach draußen gilt das Prinzip Abwehr. Ein Garten ist ohne Grenze nicht denkbar. Als der Mensch sesshaft wurde, hat er als erstes einen Garten angelegt. Und als er das tat, hat er eine Grenze gezogen. Daran sollte man denken, wenn man sich über Jägerzaun und Maschendrahtzaun lustig macht.

Der Zaun bedeutet Kultur. Er grenzt eine Fläche ab und schafft einen Raum der Verantwortung, der Gestaltung. Einen Raum der Ordnung. »Die Menschheit stammt aus einem Garten«, hat Rudolf Borchardt geschrieben. Und sie versucht, sich die Welt wieder zu dem Garten zu machen, aus dem sie einst vertrieben wurde. Und die Natur bietet sich dafür an. Sie will sich unterwerfen. »Was aber die Liebe giebt und der Geist, das lässt sich nicht erzwingen«, sagt Hölderlin. Für die Natur gilt das nicht: Sie lässt sich züchten, binden, schneiden. Es war der schlimme Irrtum der frühen Erziehungswissenschaft, zwischen Mensch und Natur eine Analogie herzustellen und das Kind für ein Stück Natur zu halten, das man darum ebenso in jede gewünschte Form zwingen könne, wie man es mit dem Spalierobst oder der Rebe macht. Aber der Mensch gehört in diesem Sinne nicht mehr zur Natur. Darum hat Gott auch zu ihm gesagt: »Seid fruchtbar und mehret euch und füllet die Erde und machet sie euch untertan und herrschet über die Fische im Meer und über die Vögel unter dem Himmel und über das Vieh und über alles Getier, das auf Erden kriecht.« Vom Leben »im Einklang mit der Natur« ist in der Bibel nicht die Rede. Gott wird schon gewusst haben warum. Im Einklang mit der Natur zu leben bedeutet vor allem, im Einklang mit ihr zu sterben. Krankheit und Tod herrschen im Einklang mit der Natur. Für den Menschen liegt darin keine Hoffnung, sondern eine Bedrohung.

Herrschaft über die Natur, das ist eine Mission, die wir niemals erfüllen können.

Erst seit ganz kurzer Zeit sind wir da überhaupt ein Stück nach vorne gekommen, *for better or for worse*, wie man sagen kann. Wie lange dauert jetzt unsere Zivilisation? Zehntausend Jahre, ein bisschen mehr, ein bisschen weniger. Erst seit hundertfünfzig Jahren können wir überhaupt anfangen davon zu sprechen, dass wir der Natur nicht mehr völlig hilflos ausgeliefert sind. Von Beherrschung ist da noch keine Rede. Wie stand der Mensch in der Welt, viele Tausende von Jahren hindurch? Lesen wir nach, wie Georges Duby in seiner ZEIT DER KATHEDRALEN das Europa um das Jahr 1000 herum beschreibt:

»Sehr wenig Menschen – einsame Gegenden, die sich nach Westen, nach Norden und nach Osten erstrecken, unüberschaubar werden und schließlich alles bedecken – Brachland, Sümpfe, unstete Flussläufe, die Heide, das Dickicht und die Weiden, alle Arten verkümmerten Waldes als Hinterlassenschaft von Buschbränden und den flüchtigen Einsaaten der Brandroder – hier und dort Lichtungen, einmal erobertes, doch nur halbwegs gezähmtes Land, leicht kümmerliche Furchen, die die von mageren Ochsen gezogenen Holzgeräte auf dem widerspenstigen Boden hinterlassen haben; innerhalb dieses nahrungsspendenden Raums noch riesige Leerstellen, all die Felder, die man ein Jahr, zwei Jahre, drei und manchmal gar zehn Jahre brachliegen lässt, damit sich die Bedingungen ihrer Fruchtbarkeit im Ruhezustand auf natürliche Weise wiederherstellen – bescheidene, zu Weilern versammelte Wohnstätten aus Stein, Lehm oder Zweigwerk, umgeben von dornigen Hecken und einem Ring aus Gärten – gelegentlich inmitten schützender Palisaden der Wohnsitz eines Oberhaupts, ein offener Holzbau, Kornspeicher, Verschläge für die Sklaven, und, etwas abseits, die Feuerstelle der Küchen – ab und an, auf große Entfernungen, eine städtische Siedlung, die in Wirklichkeit nur noch ein von der ländlichen Natur durchdrungenes, verblichenes Skelett der römischen Stadt ist; von Pflugland umgebene Ruinenviertel, eine recht und schlecht ausgebesserte Einfriedung, Steinbauten aus der Zeit des Imperiums, die in Kirchen oder Zitadellen verwandelt worden sind; in ihrer Nähe ein paar Dutzend Hütten, in denen Weinbauern, Weber und Schmiede wohnen, jene Handwerker, die als Dienstmannen Schmuck und Waffen für den hochwürdigen Bischof und die Garnison fabrizieren; und schließlich zwei oder drei jüdische Familien, die gegen Pfand etwas Geld verleihen – schmale Pfade, die langen Züge frondienstleistender Lastenträger und kleine Barkenverbände auf allen Wasserläufen: das ist das Abendland im Jahre tausend.«

Jahrhunderte davor und danach sah das Leben des Menschen in der Natur nicht viel anders aus. Wenn man also die Zeilen aus der Genesis liest, die irgendwann zwischen 500 und 1500 Jahre vor unserer Zeitrechnung formuliert wurden, in einem abgelegenen trockenen Land, das seinen Bewohnern das Leben nicht eben leichtmachte, dann kann man sich wieder und wieder nicht genug wundern über diesen sonderbaren Auftrag, den der Mensch in der Morgendämmerung seiner Existenz von seinem Schöpfer erhalten hat: Herrschaft über die Natur lag damals in unvorstellbarer Ferne und dennoch klar vor Augen.

Im Garten kommen wir diesem Ziel noch am nächsten: Herrschaft, Kontrolle, Ordnung.

Wir können, im besten Fall, die Natur in unserem Garten einigermaßen kontrollieren, weil wir uns hier eine künstliche Natur schaffen. Ein Abbild von Natur, das der Gärtner mühsam herstellen und unterhalten muss. Wir finden Gärten schön, weil sie künstlich sind. Ich finde meinen Garten schön. Wenn der Frühling Einzug gehalten hat, wenn der Sommer gekommen ist, wenn der Herbst hindurchgeht. Ich liebe die Schönheit meines Gartens. Aber die Natur selbst ist ja nicht schön und sie ist auch nicht gut. Wir haben allen Grund, innezuhalten und diesen Gedanken zu wägen: In dem Maße, in dem wir glauben, sie besiegt zu haben, leisten wir es uns, die Natur zu beschönigen. Erst indem wir sie beherrschen, machen wir sie uns schön. Es ist ein Zeichen des menschlichen Fortschritts, die Natur schön zu finden. Wenn man in der Ebene des Vaucluse sein hartes Brot verdient, kommt man nicht auf die Idee, den Mont Ventoux zu besteigen. Das fällt erst einem Mann wie Petrarca ein, dem Intellektuellen, der in den großen Städten gelebt hat, in Florenz und Avignon – der dann allerdings, oben angekommen, nichts Besseres zu tun hat, als sich für seine Natur-Ergriffenheit zu schämen und aus lauter schlechtem Gewissen Augustinus zu lesen. Viel später hat Paul Cézanne mit Blick auf die provenzalischen Bauern geschrieben, wie unterschiedlich sich das Äußere der Welt den Menschen darstellt, je nachdem wie ihr Verhältnis dazu gestaltet ist: »Bei den Landleuten habe ich zuweilen gezweifelt, ob sie wissen, was eine Landschaft ist, was ein Baum ist ... Ich bin manchmal spazierengegangen, ich habe einen Bauern hinter seinem Karren begleitet, der Kartoffeln auf dem Markt verkaufen fuhr. Er hatte den Sainte-Victoire niemals wirklich gesehen. Sie wissen, was hier und dort am Weg entlang gesät ist und wie morgen das Wetter sein wird ..., aber dass die Bäume grün sind, und dass dieses Grün ein Baum ist, dass diese Erde rot ist, und dass dieses rote Geröll Hügel sind, ich glaube wirklich, dass die meisten es nicht fühlen, dass sie es nicht wissen, außerhalb ihres Gefühls für das Nützliche.«

Wir erfinden also die Natur, wir erfinden die Landschaft. Ohne uns gäbe es all das nicht. Da wäre der Wald und eine Ebene und ein Berg und ein Fluss. Aber das hätte keinen Zusammenhang. Es wäre alles einfach da. Aber es wäre da keine Landschaft und es wäre nicht schön. Wir haben Bilder im Kopf und formen die Landschaft nach ihnen, die reale und die imaginäre. Nicht nur, was wir schaffen, auch das, was wir sehen, hängt davon ab, was wir sehen wollen.

Der Dramatiker Fritz Kater, der im echten Leben Armin Petras heißt und ein Regisseur und Theater-Chef ist, hat ein Stück geschrieben, WE ARE BLOOD, das von der Natur handelt und von der Natur des Menschen, von den Verletzungen, den inneren und äußeren, und ob sie heilbar seien. Nach der Premiere des Stückes im Berliner Gorki-Theater fand ein öffentliches Gespräch statt, zu dem zwei Experten geladen waren. Ein Biologe und ein Psychiater. Das schien sinnvoll, da sich beide Männer mit Versuchen der Heilung befassen. Der Biologe hatte an der Elbe den Verlauf eines Deiches verändert und dem Wasser mehr Raum gegeben. Der Psychiater war im Osten Berlins mit Kindern und Jugendlichen befasst und arbeitete an ihren deformierten Seelen.

Das war ungewöhnlich spannend: zwei Fachleute, die es, jeder für sich auf seinem Gebiet, mit aus dem Lot geratenen Systemen zu tun haben und die dort Ordnung bringen wollen. Aber die Ordnung soll eine natürliche sein. Es geht beiden um die Wiederherstellung von Natur, an der Elbe ebenso wie in der Seele. Sie haben beide ein Bild dieser Natur im Kopf, ein Vorbild, nach dem sie tätig werden. Der Biologe träumt von Auwäldern, wo Flatterulmen, Schwarzerlen und Bruchweiden ein kaum zu durchdringendes Dickicht ergeben. Der Psychiater wünscht sich lebensfrohe Kinder, in deren Köpfen Überzeugungen und Gefühle und Hoffnungen zu neuen Taten reifen. Aber beide wissen um die Hürden und Grenzen ihres Tuns: »Es ist Natur aus zweiter Hand, was wir hier machen«, sagt der Biologe. »Wir sind hier ein Reparaturbetrieb«, sagt der Psychiater.

Es gibt nämlich in Deutschland schon lange keine Auwälder mehr, wie sie dem Biologen vorschweben. Generationen von Ingenieuren haben Donau, Rhein und Elbe in immer engere Betten gezwängt, so dass die Flüsse, die sie einst waren, zu dem wurden, was im Behördendeutsch ganz richtig Wasserstraße heißt. Der Wasserbauer Johann Gottfried Tulla, der 1828 starb und nach seinem Tode hoch geehrt wurde, hat da Bahnbrechendes geleistet. Der Rhein war danach nicht mehr derselbe, die Lachse waren verschwunden und das Rheingold auch. »Tulla war der große Verbrecher am Rhein«, sagt der Biologe, der heute die Wasserbaukunst anwendet für das, was man »Renaturierung« nennt.

Und die Erlebnis- und Empfindungsarmut der Jugendlichen in den sozial benachteiligten Vierteln ist ein lange bekanntes Phänomen, ebenso der Umstand, dass die Verschreibung von Ritalin in den vergangenen Jahren zugenommen hat. Natürlich sei die Vernachlässigung ein Problem und das Fernsehen, sagt der Psychiater. Er kommt aus Dresden und da gab es früher zwei Fernsehprogramme und die Eltern hatten Zeit für ihre Kinder und alle sind zusammen in den Wald gegangen.

Wir haben alle solche Bilder vom natürlichen Zustand im Kopf. Das unbeherrschbare Dickicht der Auwälder oder seelisch unbedenkliche Fernsehlandschaften mit nur zwei Programmen. Das sind so Ideale von Gleichgewichtszuständen. Es ist notwendig, solche Ideale zu haben. Der Biologe und der Arzt tun eine wichtige Arbeit und sie brauchen dafür ihre Leitbilder. Aber es ist darauf hinzuweisen, dass die Natur kein Gleichgewicht kennt und es strenggenommen gar keinen Naturzustand gibt. Wir erzeugen ihn in unserer Vorstellung.

Der Biologe tut das, wenn er an der Elbe nach seinen Vorstellungen einen Auwald anlegt, auf 6 von 1091 Flusskilometern. Weil er das für angemessener hält als den in Beton gepferchten Fluss – und weil der Auwald nebenbei vor den Gefahren des Hochwassers schützt. Und der Arzt tut das auch, wenn er seinen Patienten eine Kindheit vor dem Fernseher ersparen will, weil das nicht nur glücklicher macht, sondern sowohl gesundheitsprognostisch als auch kriminalpräventiv angeraten scheint. Wir sind eben allesamt Ingenieure, jeder in seinem Bereich, und was wir für Natur halten, entsteht in unserem Kopf.

Als Goethe nach Italien reiste, brachte er die Natur, die er suchte, mit sich: Er hatte sie daheim auf den Bildern gesehen und wollte sie nun nur noch wiederfinden. Endlich notierte er am 1. November 1786 erleichtert in Rom: »alles was ich in Gemälden

und Zeichnungen … schon lange gekannt, steht nun beisammen
vor mir …; es ist alles wie ich mir's dachte.«

Immergrün

Das gehört jetzt nicht hierher, aber 1968 hat der Songwriter
Jimmy Webb für den Country-Sänger Glen Campbell die Ballade
vom WICHITA LINEMAN geschrieben. Ein wirklich schönes Stück.
Es erzählt von der Einsamkeit des Streckengehers. Der Mann
läuft für die Telefongesellschaft auf endlosen Wanderungen die
Überlandleitungen entlang. Über ihm summen die Drähte und er
hört darin die Stimme seiner fernen Liebsten. Er kommt dabei
zu wirklich bemerkenswerten Einsichten:»And I need you more
than want you«, singt er. Jemanden mehr brauchen als wollen –
das ist ein Gedanke, mit dem kann man sich schon mal ein paar
Meilen lang in der Gegend von Witchita, mitten im Herzen Ame-
rikas, herumschlagen.

Er macht sich natürlich auch seine Gedanken über das
Wetter, der Streckenmann:»And if it snows that stretch down
south won't ever stand the strain …« Daran muss ich immer denken, wenn es schneit. Und jetzt hat es geschneit! Wie selten zuvor. Ich habe es verfolgt vom Fenster aus, mit wachsender Sorge.
Der Schnee liegt bei mir aber nicht auf den Telefonleitungen, die
sind hier irgendwo in der Erde vergraben. Aber er lastet auf den
Pflanzen.

Kirschlorbeer und Rhododendren tragen schwer an der
Schneelast, niedergedrückt und jämmerlich verkrümmt. Ich wage
kaum, ihnen den Schnee aus dem Geäst zu schütteln, da der Frost
die Äste spröde gemacht hat wie Glas und ich nicht das Wachstum
von Monaten und Jahren mit einer ungeschickten Bewegung ver-

nichten will. Am schlimmsten aber hat es die Hortensien erwischt. Sieben herrliche Sträucher hatte ich im Herbst gepflanzt, in einer Reihe die Mauer entlang. Nun sind die einen gespalten, die anderen zerquetscht.

Ich habe dagegen kein zuverlässiges Rezept. Gehen Sie regelmäßig mit dem Besen raus und versuchen Sie vorsichtig den Schnee aus den Ästen zu bürsten. Aber die Wahrscheinlichkeit, dass Sie dabei mehr Schaden als Nutzen anrichten, ist so groß, dass Sie es vielleicht doch besser bleibenlassen sollten. Es tut nur so schrecklich weh, den buchstäblichen Niedergang einer geliebten und geachteten Pflanze mitzuerleben.

Um den Kirschlorbeer ist es nicht schade. Dessen Tage sind ohnehin gezählt. Aber um die Rhododendren tut es mir leid. Und um die Hortensien. Die Hortensien gehören zu meinen liebsten Pflanzen.

Wenn Sie nur drei Pflanzensorten in Ihrem Garten setzen dürften, müssten Sie sich für Geranium, Hortensien und Funkien entscheiden.

Unter diesen dreien findet sich eine solche Fülle an Farben und Größen und Wuchsformen und Charakteren und Stilen, dass sich damit ein langes Gartenleben locker füllen lässt. Darum werden wir uns später noch gründlicher mit den Hortensien beschäftigen.

Mit dem Kirschlorbeer allerdings nicht mehr. Es ist in jedem Winter dasselbe: Der Frost geht nachts an die Pflanze, tagsüber setzt ihr die Sonne zu und sie verträgt das alles einfach nicht. Hilft nichts, der Kirschlorbeer ist nicht für dieses Klima gemacht.

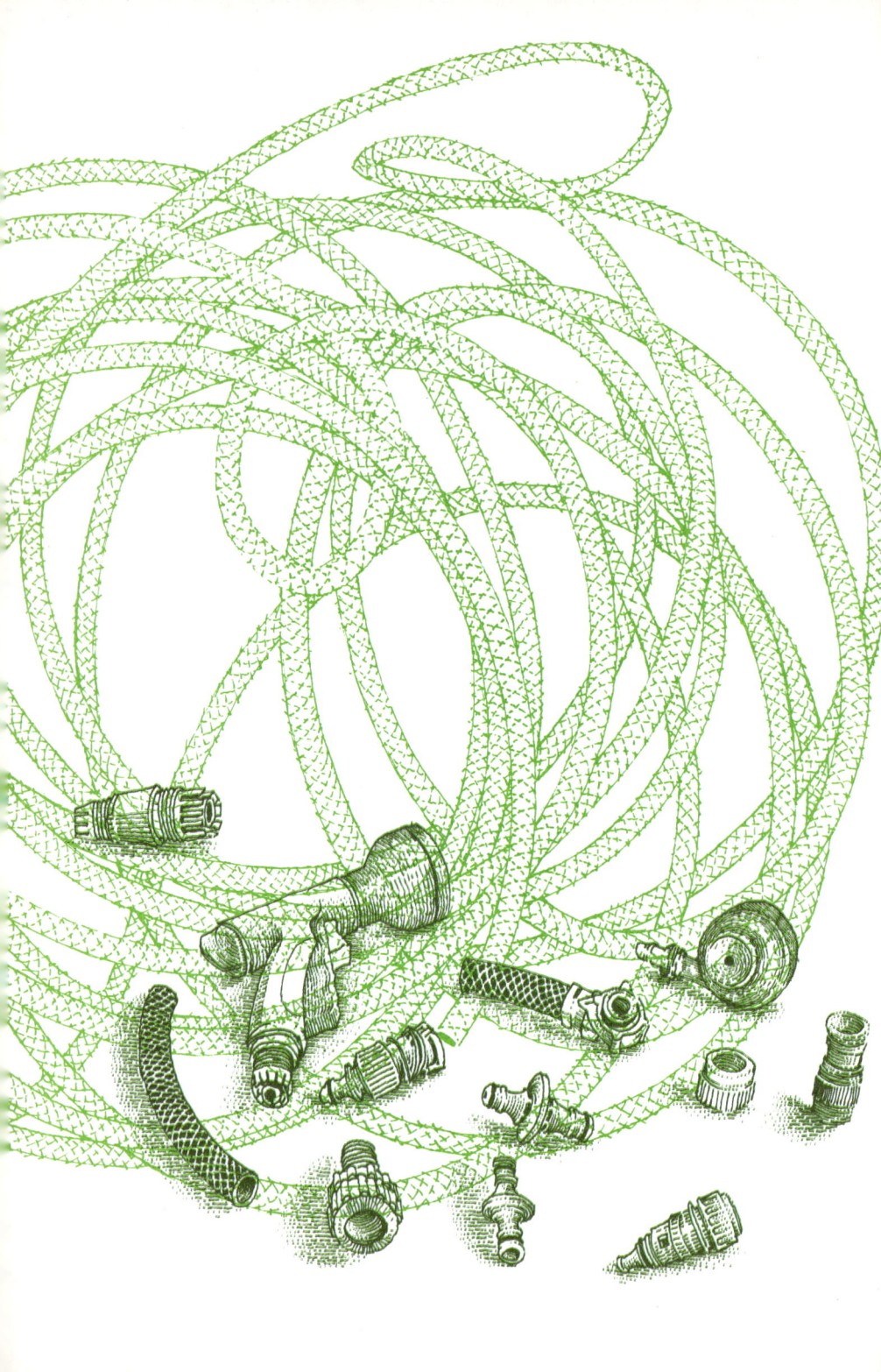

Dabei kann die Lorbeerkirsche wirklich ein wunderschöner immergrüner Strauch sein, mit kräftigen, wohlgeformten schlanken Blättern von frischer Farbe. Sie ist sehr wüchsig und sie kostet nicht viel. Jedenfalls weniger als der Rhododendron, der im Ganzen ohne Zweifel wertvoller ist, wenn auch ernster, dunkler, schwerer. Aber eben eleganter. Die Lorbeerkirsche wirkt frischer und jünger als der Rhododendron. Aber sie ist viel empfindlicher. Jahr für Jahr musste ich die Winterschäden aus den Sträuchern schneiden, in manchem Jahr fiel auf diese Weise mehr als der Zugewinn des Sommers dem Rückschnitt zum Opfer. Ich mag keine Pflanzen, deren Wachstum derart unberechenbar ist und die sich so heikel geben, dass sie, über die Zeit gesehen, vor meinem Fenster auf und ab tanzen. Es sollte mit so einem Strauch schon nach oben gehen. Nun ist Schluss damit.

Der Gärtner steht am Fenster, blickt hinaus in den Schnee, sieht die niedergedrückten Äste und kann sich schon vorstellen, was im Frühling auf ihn wartet.

Und er beschließt, sich nun von dieser Pflanze zu trennen. Kein leichter Schritt. Man nimmt eine Pflanze bei sich auf und lernt sie kennen. Man kommt sich näher, die Pflanze und der Gärtner. Man kommt ins Gespräch. Die Pflanze spricht nicht eben viel, schon klar, aber sie reagiert, sie zeigt dem Gärtner, ob sie sich wohlfühlt, ob er es versteht, mit ihr umzugehen. Sie reckt sich im Frühling straff in die Höhe, wenn der Gärtner ihr zärtlich den Weg ins Jahr bereitet hat, sie breitet sich im Sommer wohlig aus, wenn er sie gut pflegt, und sie lehnt sich im Herbst lässig zurück, weil sie weiß, dass der Winter ihr kein Leid zufügen wird. Denn der Gärtner wacht über sie. So kann es sein, wenn zwischen Gärtner und

Pflanze das liebevoll-freundliche Verhältnis erwachsen ist, von dem wir träumen. Wir kehren ja nie zur Natur zurück. Das Tor ist verschlossen und von einem Engel bewacht. Aber wir können zärtlich mit der Natur sein und sie neigt sich uns zu.

Das ist schon viel. Es fällt darum nicht leicht, sich einzugestehen, dass die Liebe vergebens war. Die Mühe umsonst. Dass daraus nichts mehr wachsen wird. Dass die abgestorbenen Triebe nicht mehr zum Leben erwachen werden, das Niedergedrückte nicht mehr nach oben sich wenden wird. Man kann es noch und noch versuchen. Und dann ist irgendwann Schluss. Mit dem Kirschlorbeer. Sparen Sie sich diese traurige Erfahrung. Pflanzen Sie das Zeug bei sich gar nicht erst ein! Zumindest wenn Sie, wie der bedauernswerte Gärtner, irgendwo kurz vor Sibirien im abgeschlagenen Nordosten leben müssen, wo die Kälte des Winters ohne Mitleid ist. Der *Prunus laurocerasus* mag das nicht. Ich habe es jetzt ein paar Jahre lang versucht. Ich hätte gleich überall Rhododendren nehmen sollen.

Aber ich sehe jetzt ein, dass ich am falschen Ende gespart habe. Das ist eine Sache, man kann es nicht oft genug sagen, vor der unbedingt zu warnen ist: Überlegen Sie sich, was Sie wollen und was Sie sich leisten können. Wenn das nicht miteinander in Einklang zu bringen ist, verhalten Sie sich wie ein erwachsener Mensch und leisten Sie Verzicht! Aber machen Sie keine Kompromisse.

Als Gärtner — und vielleicht auch sonst im Leben — ist es empfehlenswert, eine Sache zu tun oder sie zu lassen. Dazwischen gibt es nichts.

Versuchen Sie nicht, sich um Fakten und Determinanten des gärtnerischen Lebens herumzumogeln. Wenn Sie eine stattliche immergrüne Randbepflanzung wollen und sich dafür nicht an dem Grünstreifen unter dem Fenster des örtlichen Bezirksamtes orientieren mögen, haben Sie nur eine anständige Wahl: Rhododendren. Immergrün, wohlgemerkt. Wenn Sie mit wintergrün vorliebnehmen können, gibt es natürlich eine Fülle wunderschöner Hecken- und Randpflanzen: *Liguster*, den ich über alles schätze, verschiedene *Viburnum*-Arten, und es gibt auch eine besondere Eichen-Art, die ihre kleinen, ledrigen Blätter im Herbst nicht abwirft und die sich sehr schön zur Hecke schneiden lässt, *Quercus* x *turneri* 'Pseudoturneri'. Aber bitte, bleiben Sie mir weg mit *Ilex*, Zypresse, *Taxus* – das ist alles höchst praktisch und ausgesprochen scheußlich und das kommt mir nicht in den Garten.

Meine tiefsitzende Abneigung gegenüber Nadelgehölzen ist ja bereits bekannt: sie sind einfach zu praktisch, zu bedürfnislos, zu trübsinnig.

> O Tannebaum, O Tannebaum
> Wie treu sind deine Blätter
> Du grünst nicht nur zur Sommerzeit
> Nein, auch im Winter, wenn es schneit
> O Tannebaum, O Tannebaum.

Ja, das ist wohl so. Und weil Winter ist, sei ein kleiner immergrüner Exkurs zum Tannebaum erlaubt. An ihm zeigt sich das ganze spießige Elend der Nadelgehölze. Der Weihnachtsbaum ist ja am Ende auch nur ein Baum, also eine Pflanze, und fällt damit in die Zuständigkeit des Gärtners. Auch wenn wir das Baumhafte am Tannenbaum kaum noch erkennen können. So hat der Mensch ihn zugerichtet, ihn hingerichtet, ihn abgerichtet: gefällt, aufs Kreuz gebracht, in die trockene Luft der Stube geholt und dann mit unsinnigem Zierat behängt. Was für ein Schicksal für einen Baum!

Erste bedeutende literarische Erwähnung findet der Tannenbaum im Jahr 1816 in Ernst Theodor Amadeus Hoffmanns NUSSKNACKER UND MAUSEKÖNIG: »Der große Tannenbaum in der Mitte trug viele goldne und silberne Äpfel, und wie Knospen und Blüten keimten Zuckermandeln und bunte Bonbons und was es sonst noch für schönes Naschwerk gibt, aus allen Ästen. Als das Schönste an dem Wunderbaum musste aber wohl gerühmt werden, dass in seinen dunkeln Zweigen hundert kleine Lichter wie Sternlein funkelten und er selbst in sich hinein- und herausleuchtend die Kinder freundlich einlud, seine Blüten und Früchte zu pflücken. Um den Baum umher glänzte alles sehr bunt und herrlich – was es da alles für schöne Sachen gab – ja, wer das zu beschreiben vermöchte!« Das war der Beginn des Biedermeiers, jener Zeit, die Jean Paul das »Vollglück in der Beschränkung« nennt, und es ist einleuchtend, dass der Weihnachtsbaum in seiner ganzen Perversion eine deutsche Erfindung ist. Er trat seit dem frühen 19. Jahrhundert, aus Deutschland kommend, seinen Siegeszug um die Welt an. Man könnte fast hinzufügen, so wie hundert Jahre später die deutschen Armeen ihren Siegeszug um die Welt antraten. Man kann ja beim Tannenbaum auch an die Familie des Sturmbannführers Erik Dorf denken, wie sie in weihnachtlichdeutscher Ordnung die »Stille Nacht, Heilige Nacht« besingt. Aber wohin würde uns das führen?

Wir nutzen als Weihnachtsbaum üblicherweise die Nordmanntanne *Abies nordmanniana*, die zur Familie der Kieferngewächse zählt. Was wir diesen Bäumen Jahr für Jahr antun, wird vielleicht deutlich, wenn man sich vor Augen führt, dass eine Nordmanntanne, die man einfach in Ruhe an den Hängen des

Kaukasus stehen lässt – denn da ist sie zu Hause –, gut und gerne 50 Meter hoch und 500 Jahre alt wird. Statt dessen schlagen wir den Baum nach acht Jahren bei zwei Meter Höhe und führen ihn seinem traurigen Schicksal zu.

Eine wahre Entfremdung ist es, dass ausgerechnet die dunkle Nordmanntanne als Weihnachtsbaum herhalten muss: Sie mag es überhaupt nicht kalt! Strenge Winter sind gar nichts für sie! Sie ist frostgefährdet! Sie friert!

Die Dänen kümmern sich darum gar nicht: Sie sind die größten Züchter von Nordmanntannen und verdienen damit Jahr für Jahr mehr. Denn die Preise steigen. Die Globalisierung ist schuld. Jetzt wollen die Chinesen auch noch Weihnachten feiern wie wir. Vor ein paar Jahren haben sie 500 Hektar Wald bei Celle gekauft. Der Vorsitzende des Bundes Deutscher Forstleute sagte damals: »Das beunruhigt mich.« Förster sind schweigsame Menschen. Sie machen nicht viele Worte. Aus diesem Zitat spricht blanke Panik. Denken Sie noch mal in Ruhe nach: Muss ein Tannenbaum sein? Nein.

Nehmen Sie statt dessen einen Rhododendron, denn mit denen wollten wir uns ja wegen der Randbepflanzung befassen. Ich übertreibe nur ein wenig, wenn ich sage, dass der Rhododendron sozusagen der Anfang des Gartens ist. Rosenbaum heißt er auch, oder Alpenrose, eine Pflanze aus den Bergen. Und in den Alpen kann man tatsächlich, wenn man weiß, wohin man geht, im Frühsommer ganze Hänge vom Rot einer Azalee leuchten sehen, denn auch diese Pflanzen zählen zu den Rhododendren. Es gibt über 1000 Arten von Rhododendren und sicher zehnmal so viele Sorten und Züchtungen und die Klassifizierung und Neuklassifizierung dieser Arten ist ein Spaß, dem sich die Botaniker seit dem 19. Jahrhundert hingeben, als die Pflanze in England, dann in Deutschland für den Garten durch Züchtungen und Kreuzungen immer weiter entwickelt wurde. Für unsere Zwecke reicht eine Handvoll. Denn die meisten Rhododendren sind sehr kleinwüchsig und eignen sich sehr schön für kleine Hänge und Terrassen im Garten, aber nicht für den Rand. Wenn wir hier von Rhododendren sprechen, denken wir an die Sorten, die im Hamburger Hirschpark stehen, oder auf dem Friedhof in Ohlsdorf, vier, fünf, sechs Meter hohe Gebirge aus Blättern, die für kurze, aber wunderbare vier Wochen im Jahr über und über mit Blüten besät sind, vor allem die weiße Hybride 'Cunninghams White' und die rosafarbene 'Catawbiense Grandiflorum'.

Der Rhododendron ist aus den Bergen, aus denen er stammt, einiges gewohnt. Man kann nicht sehr viel falsch machen – außer bei der Pflanzung. Achten Sie vor allem auf den richtigen Boden: was Sie bei der Pflanzung versäumen, werden Sie später nie mehr richten können. Unter tiefwurzelnden Bäumen wie Eichen stehen Rhododendren sehr gut: ihr dichtes Wurzelgeflecht reicht nur wenige Zentimeter tief in die Erde. Aber versuchen Sie gar nicht erst, einen Rhododendron unter eine Kiefer zu setzen. Die Kiefer wird den Boden bis dicht unter die Oberfläche mit ihrem zähen, überaus feingewirkten Wurzelwerk durchziehen und dem Boden jede Feuchtigkeit entziehen. Der Rhododendron kann in dieser Nachbarschaft nicht gedeihen, ganz gleich wie sehr sich der Gärtner um ihn bemüht. Offenen, torfartigen Boden braucht diese Pflanze, und in den meisten Lagen ist es sinnvoll, spezielle, saure Rhododendron-Erde hinzuzufügen. Vor allem aber braucht der Rhododendron sehr viel Wasser.

Der Klimawandel ist eine Wirklichkeit, die sich im Garten ganz eindrucksvoll feststellen lässt.

Wenn im Sommer die Temperatur 30, 35 Grad erreicht, leidet der Rhododendron, es sei denn, er steht im absoluten Schatten. Geben Sie der Pflanze zu trinken. Nicht ein bisschen, sondern sehr, sehr viel. Zu viel Trockenheit nimmt dem Rhododendron seinen klaren und kräftigen Charakter, macht ihn fadenscheinig und blass und sein vornehmes Grün beginnt zu schwächeln.

Und beim Rhododendron geht es ja vor allem um das Grün. Die Blüten sind wunderbar. Aber kurzlebig. Es gibt Leute, die werfen dem Rhododendron das schnelle Vergehen seiner Blüten vor, seine Kurzblütigkeit, und dass er den Rest des Jahres dunkel und trübe tropfend im Garten herumsteht und nur Platz wegnimmt. Aber es ist dieses dunkle, vornehme Grün, vor dem jede andere Pflanze um so besser zur Geltung kommt. Der Rhododendron ist der Rahmen, den ein Garten braucht, das Fundament, auf dem er gründet. Einem Garten ohne Rhododendron fehlt der Halt. Ein Garten ohne Rhododendron ist eine traurige Sache. Übrigens die Blüten: Es ist absolut empfehlenswert, die Blütenstände nach dem Verblühen abzubrechen. Das ist eine aufwendige Sache. Aber es lohnt sich unbedingt, da die vertrocknenden Stengel nicht eben schön aussehen und der Pflanze einen Gutteil ihrer Eleganz nehmen. Da der Rhododendron immer am Ende eines Triebes blüht, sind die alten Blüten dem Wachstum der Pflanze ein bisschen im Weg, das also durch Ihre Entfernung befördert wird. Am besten lassen Sie die Kinder diese Arbeit machen und begründen das damit, dass auch der Garten zum Teil der häuslichen Pflichten gehört, an denen sich auch die jüngsten Mitglieder der Familie im Interesse des Ganzen zu beteiligen haben. Andererseits muss man im Umgang mit den nicht sehr flexiblen Trieben aufpassen, die rechts und links der Blüten schon hervorschauen und die allzu leicht mit den Blütenresten abgebrochen werden können. Da hätten Sie dann schon mal einen Trieb, der in diesem Jahr nicht mehr wachsen wird. Wahrscheinlich ist es doch besser, Sie machen das selber.

Da der Rhododendron eine tragende Rolle spielt und da er mit dieser Blütenzupferei eine Menge Arbeit macht, ist er sozusagen meine kostbarste Pflanze. Übrigens auch, weil er wirklich ziemlich teuer ist, vor allem, wenn man größere Exemplare ersteht. 'Cunninghams White', sicher eine der häufigsten, zuverlässigsten und schönsten Sorten, die sich denken lassen, blüht im April und Mai weiß und prächtig und das Leuchten der trotz ihrer Größe lieblichen und zarten Blüten steht in einem fröhlichen Widerspruch zum Dunkel seiner Blätter. 'Cunninghams White' ist eine alte Sorte und wächst für einen Rhododendron ziemlich schnell, Sie können mit zehn Zentimetern im Jahr rechnen. Dennoch, wollen Sie buchstäblich Jahre warten, bis die weißen Kunststoffprofile des Wintergartens, den der Nachbar in den 80 Jahren seinem Jahrhundertwendehaus zugefügt hat, wie eine nicht heilende Wunde endlich hinter dem gnädigen Grün einer Wand aus Rhododendren verschwinden? Mal angenommen, Sie wollen nicht, dann zahlen Sie für einen Solitär mit Ballen, 140 Zentimeter breit und ebenso hoch, bei Lorenz von Ehren etwa 1000 Euro. Schon bei 160 mal 160 geht der Preis gegen 1700 Euro. Und wenn Sie Ihrem Grundstück den Anschein geben wollen, als wohnten Sie bereits seit Jahren dort, zahlen Sie für einen Zweieinhalb-Meter-Busch knapp 5000 Euro. Ohne Pflanzkosten. Das sind keine Kleinigkeiten, weil Sie mit einem Rhododendron ja nicht sehr weit kommen.

Es ist angesichts dieser Preise vielleicht doch besser, mit kleinen Rhododendren anzufangen und ihnen beim Wachsen zuzusehen. Aber machen Sie bloß nicht den Fehler, diesem Problem durch die Wahl billigerer Lieferanten zu entkommen. Da wäre es allemal besser, auf die Pflanze zu verzichten. Fahren Sie mal zu von Ehren, im Süden von Hamburg, jenseits der Elbe, und schauen Sie sich an, wie dort die Rhododendren gezogen und gepflegt werden – und die anderen Bäume und Büsche und Sträucher, die man dort bekommt. Ausgedehnte Ländereien liegen da zwischen Appelbüttel und Lürade. Sicher die beste Baumschule, die ich kenne.

Ordnung

William Wordsworth hat ein berühmtes Gedicht über Narzissen geschrieben und das beginnt so:

> I wandered lonely as a cloud
> That floats on high o'er vales and hills,
> When all at once I saw a crowd,
> A host, of golden daffodils;

Übersetzt klingt es immer noch sehr hübsch, allerdings ein bisschen ringelnatzig:

> Der Wolke gleich, zog ich einher,
> die einsam zieht hoch übers Land,
> als unverhofft vor mir ein Meer
> von goldenen Narzissen stand.
> Am See, dort wo die Bäume sind,
> flatterten, tanzten sie im Wind.
>
> So stetig wie der Sterne Schein
> und Funkeln hoch am Himmelszelt,
> war'n sie in endlos langen Reih'n
> am Saum der Bucht entlang gestellt.
> Zehntausende, auf einen Blick,
> bogen im Tanz den Kopf zurück.

Es ist eine hübsche Idee, gerade die vergängliche Blume, die sich nur für wenige Wochen im Jahr über die Erde traut, neben die ewigen Sterne zu setzen. Man kann sich das ja gar nicht so richtig vorstellen, was Wordsworth' Wanderer da unverhofft vorfindet, eine Wiese am Meer, vielleicht einen Abhang, über und über mit gelben Narzissen besetzt. Aber in England wachsen Narzissen wild. Die Narzissen sind mal eine Zwiebelpflanze, die nicht aus Kleinasien stammt oder aus noch weiterer Ferne. Sie kommen einfach aus Spanien. Und von dort aus sind sie gewandert. So steht es wenigstens im Standardwerk des bedeutenden Kulmbacher Narzissenexperten Walter Erhardt, was jetzt nicht so viel heißen will, weil es so furchtbar viele bedeutende Narzissenexperten in Deutschland gar nicht gibt und in Kulmbach vermutlich noch weniger. Erhardt schreibt jedenfalls, es sei »interessant, dass sich diese Pflanzen das heutige Verbreitungsgebiet vor allem durch Wanderschaft erschlossen haben«. Interessant schon, aber schwer vorstellbar: Hat also eines Abends die eine Narzisse auf der iberischen Halbinsel zur anderen gesagt, es muss im Leben mehr als Spanien geben, und sich einfach auf den Weg gemacht? Und sind ihr dann andere gefolgt? So muss es sich zugetragen haben: in einem langen Strom haben die wandernden Zwiebeln zunächst die Pyrenäen überwunden, dann Frankreich und Belgien hinter sich gelassen, um dann zu ihrer phänomenalsten Leistung anzusetzen: der Überquerung des Ärmelkanals. Wunderbare Natur!

Narcissus pseudonarcissus hat also den Weg nach Norden gesucht, während es *Narcissus poeticus* nach Osten gezogen hat, über Griechenland bis zum Schwarzen Meer. Unwillkürlich fragt man sich, was aus der englischen Narzissendichtung über Wordsworth hinaus hätte werden können, wenn es umgekehrt gekommen wäre und es die Dichternarzisse gewesen wäre, die den Weg nach Britannien gefunden hätte?

Es müssen auf dieser Wanderung eine Menge merkwürdiger Dinge passiert sein, denn heute gibt es ungefähr 26 000 verschiedene Kulturformen der Narzisse. Das ist – auch im Pflanzenreich, das an Variationsmöglichkeiten wirklich nicht arm ist – eine ziemliche Menge. Gerade die Narzisse fordert also den Gärtner sozusagen dazu auf, sich der mühevollen, aber notwendigen Aufgabe ihrer Ordnung und Klassifikation zu stellen. Sonst dreht man ja durch, angesichts von 26 000 Arten.

Die Narzissen werden also, davon war anlässlich der Beschäftigung mit den Zwiebeln bereits kurz die Rede, in zwölf Klassen eingeteilt. Sie müssen sich die nicht merken, aber die Namen sind einfach so schön:

Trompetennarzissen	Großkronige Narzissen
Gefülltblühende Narzissen	Engelstränen-Narzissen
Alpenveilchen-Narzissen	Jonquillen
Tazetten	Dichternarzissen
Wildarten	Geschlitztkronige
Sonstige Narzissen	

Gerade diese letzte Klasse darf in keiner Reihung fehlen. Sie ist das taxonomische Äquivalent zum französischen Straßenschild »Toutes Directions«, das auf den Betrachter immer eine ungeheuer beruhigende Wirkung hat: wer hier langfährt, kann sich nicht irren. So ist das mit der Klasse der Sonstigen: hier findet alles seinen Platz, es bleibt keine Narzisse ungruppiert und unerfasst.

Jedes Ordnungssystem, das etwas auf sich hält, was bedeutet, das es den Anspruch auf Vollständigkeit hat, verfügt als letzte Kategorie über jene der »Sonstigen«.

Die Menschen lieben die Vielfalt der Natur. Und sie tragen durch Züchtung und Kreuzung zu ihr noch bei. Aber sie geben sich viel Mühe, diese Vielfalt zu reduzieren durch die Feststellung von Verwandtschaft und Ähnlichkeit. Erfassen lassen sich die Dinge nur in der Reduktion und in der Abstraktion, also in der Ordnung.

Das Leben des Gärtners ist der Ordnung gewidmet.
Und ohne Ordnung ist der ganze Garten nichts.
Das ist die Wahrheit.

Sie gilt für den Gärtner, der seinen je nach Jahreszeiten und Wetter wechselnden Pflichten nachkommen muss, wenn der Garten gelingen soll. Und es wäre toll, würde sie auch für die Pflanzen gelten, derer man ohne eine gewisse Ordnung und Einordnung ja gar nicht Herr werden könnte. Ohne Namen und Zusammenhänge wäre das da draußen nichts als Grünzeug. Nun ist aber die Pflanze ein Stück Natur und der Mensch mit seiner Ordnung ist es nicht. Darum entzieht sich die Pflanze leider dem menschlichen Bedürfnis nach Strukturierung. Das Vorhaben, verwandtschaftliche Beziehungen zwischen den Pflanzen herzustellen, Hierarchisierungen, Abstammungen, Gemeinsamkeiten, also Ordnungen, Strukturen, ja Sinn – das ist den Pflanzen ganz und gar gleichgültig, so wie der Natur der Mensch ja ohnehin ganz gleichgültig ist. Das ist es, was an der Natur so nervt: dass sie sich für uns nicht interessiert. Wir gehen in die Natur mit all unserer Sehnsucht und unserem Verlangen. Aber die Natur schweigt.

Und dann ist man noch gut weggekommen, wenn die Natur uns nur anschweigt. Denken wir an Simon Treadwell, den Bärenmann, der Jahre bei den Grizzlys in Alaska verbrachte und Filme drehte, die ihrem Schutz dienen sollten. Treadwell sagte, er liebe die Bären und dass die Bären auch ihn liebten. Bis er eines Tages von einem großen männlichen Grizzly gefressen wurde, Bär 141, wie die Wildhüter ihn nannten. Sie haben den Bären dann erschossen und aus seinem Leib einige Teile Treadwells und dessen Freundin geschnitten. Werner Herzog hat darüber einen Dokumentarfilm gedreht. Darin kommen auch ein paar Indianer zu Wort, die sagen, Treadwell sei ein Idiot gewesen, weil er den Bären all die Jahre hindurch so auf die Pelle gerückt sei. Bären seien nämlich tatsächlich sehr gefährliche Tiere. Wie gesagt: Die Natur kümmert sich nicht um uns. Oder wie es bei Didi und Stulle heißt, den Comicfiguren aus Berlin: »Du sagst Aua, aber dit Universum fragt: War wat?«

Bei dem Thema Ordnung kommt man um Foucault nicht herum. Er hat ja sozusagen ein Buch darüber geschrieben. DIE ORDNUNG DER DINGE beginnt mit einer kurzen Vorrede:
»Dieses Buch hat seine Entstehung einem Text von Borges zu verdanken. Dem Lachen, das bei seiner Lektüre alle Vertrautheiten unseres Denkens aufrüttelt, des Denkens unserer Zeit und unseres Raumes, das alle geordneten Oberflächen und alle Pläne erschüttert, die für uns die zahlenmäßige Zunahme der Lebewesen klug erscheinen lassen und unsere tausendjährige Handhabung des Gleichen und des Anderen (du Même de l'Autre) schwanken lässt und in Unruhe versetzt. Dieser Text zitiert ›eine gewisse chinesische Enzyklopädie‹, in der es heißt, dass ›die Tiere sich wie folgt gruppieren: a) Tiere, die dem Kaiser gehören, b) einbalsamierte Tiere, c) gezähmte, d) Milchschweine, e) Sirenen, f) Fabeltiere, g) herrenlose Hunde, h) in diese Gruppierung gehörige, i) die sich wie Tolle gebärden, k) die mit einem ganz feinen Pinsel aus Kamelhaar gezeichnet sind, l) und so weiter, m) die den Wasserkrug zerbrochen haben, n) die von weitem wie Fliegen aussehen‹. Bei dem Erstaunen über diese Taxonomie erreicht man mit einem Sprung, was in dieser Aufzählung uns als der exotische Zauber eines anderen Denkens bezeichnet wird – die Grenze unseres Denkens: die schiere Unmöglichkeit, das zu denken.« Foucault zitiert Borges, der in seinem Text Franz Kuhn zitiert, von dem er den Hinweis auf »eine gewisse chinesische Enzyklopädie« habe. Das erste Zitat ist echt, das zweite nicht. Kuhn, den es gab und der ein Über-

setzer aus dem Chinesischen war, hat mit keiner chinesischen Enzyklopädie zu tun gehabt. Borges macht ein kleines Spiel mit dem Leser. Der Sinn ist klar: Unsere Ordnungen sind ein Trugbild, sie setzen Rätsel an die Stelle von Rätseln. Die Dinge werden uns ihr Geheimnis nicht offenbaren.

Borges' fiktionaler enzyklopädischer Eintrag bricht ungefähr jede Regel, an die sich eine Taxonomie halten muss, um den Ordnung suchenden Menschen zu beruhigen. Diese Sehnsucht ist ja alt. Die Vorsokratiker haben das Forschen angefangen. Empedokles glaubte, das Leben habe damit begonnen, dass Gliedmaßen ohne Zusammenhang durch die Welt gewandert seien und sich wahllos zu Lebewesen zusammengefügt hätten. Die meisten seien gestorben, einige hätten überlebt. Und wir sind die Nachkommen. Wenn man heute, 2500 Jahre später, Kinder fragt, wie sie Ordnung in die belebte Welt bringen würden, dann erhält man nicht weniger überraschende Antworten. Es gibt dazu Untersuchungen[1]. Kinder ordnen zum Beispiel Tiere vor allem nach der Art, sich zu bewegen, und dem Lebensraum. Darin zeige sich, sagen die Forscher, eine »implizite Theorie von der natürlichen Verwandtschaft der Tiere«.

Das Lehrreiche an der chinesischen Enzyklopädie ist ihre umgekehrte Relevanz: Sie ist genau das Gegenteil einer funktionierenden Taxonomie.

Der Rostocker Doktor der Philosophie Ludger Jansen hat in einem kleinen Aufsatz über CHINESISCHE TIERE UND BIOMEDIZINISCHE DATENBANKEN. LOGISCHE UND TECHNISCHE BEDINGUNGEN WISSENSCHAFTLICHER KLASSIFIKATIONEN in Umkehrung von Borges' Liste die Eigenschaften gesammelt, die eine gute Taxonomie haben muss:

1 Kattmann, Ulrich; Schmitt, Annette: ELEMENTARES ORDNEN: WIE SCHÜLER TIERE KLASSIFIZIEREN. In: *Zeitschrift für Didaktik der Naturwissenschaften 2* (1996), S. 21–38

1. Strukturiertheit
2. Disjunktivität
3. Exhaustivität
4. Verzicht auf Ambiguität
5. Einheitlichkeit
6. Keine Meta-Kategorien
7. Explizitheit und Präzision
8. Ontologische Fundierung

Wenn Sie wissen wollen, was das bedeutet, empfehle ich Ihnen, sich den Text zu besorgen und nachzulesen. Das ist hier wirklich nicht der Ort, um darzulegen, dass Tiere, die dem Kaiser gehören, auch gezähmt sein können und ihre Nebeneinanderstellung darum dem Prinzip der Disjunktivität widerspricht.

In der Biologie, und für die interessieren wir uns ja hier, gilt diese Taxonomie:

Regnum
Diviso / Phylum
Subphylum
Classis
Ordo
Superfamilia
Familia
Subfamilia
Tribus
Genus
Species
Subspecies

Nehmen wir mal das Leberblümchen. Ein bescheidener Frühjahrsblüher, zwischen zehn und zwanzig Zentimeter hoch, mit einer
auffallend hübschen kleinen Blüte. Es gibt Leberblümchen in
einer fast unvorstellbar großen Zahl von Varianten. Die meisten
stammen aus Japan. Von 'Akafuku' bis 'Yukikomachi' gibt es über
tausend verschiedene Leberblümchen. Die deutschen Züchtungen
tragen prosaischere Namen wie 'Roter Spätzünder', 'Weiße Un-
schuld' oder 'Wunschpunsch'. Aber egal, wie sie heißen, die Blüten
sind wirklich bemerkenswert schön. Und die Vielfalt der Formen
und Farben ist geradezu überwältigend. Leberblümchen haben
nur zwei Nachteile: sie sind, wie bereits erwähnt, sehr, sehr klein
und dafür sind sie dann sehr, sehr teuer. Die Sorte 'Momosan-
go', die entzückende rosafarbene Blüten mit einem überraschend
grünen Auge in der Mitte trägt, kostet 200 Euro. Das ist für eine
fünfzehn Zentimeter große Blume nicht gerade ein Schnäppchen.
Und die Sorte 'Unshin' kostet sogar 250 Euro, sieht dafür allerdings auch aus wie ein kostbares Kleinod aus der Schatulle eines
Prinzen des untergegangenen Mogulreichs. So ungefähr.

Also, das Leberblümchen gehört zum Reich der mehrzel-
ligen Pflanzen, zur Divisio der *Magnoliophyta*, Subdivisio *Magno-
liophytina*, zur Classis der *Ranunculopsida*, Subclassis *Ranunculidae*,
zur Superordo der *Ranunculanae*, Ordo *Ranunculales*, Subordo *Ra-
nunculineae*, zur Familia der *Ranunculaceae*, Subfamilia *Ranuncu-
loideae*, zum Tribus der *Anemoneae*, zum Genus der *Anemone*. Und
erst jetzt, da wir zur Art kommen, zur Species, heißt das Ding
so, wie wir es kennen, wenn wir uns die Mühe gemacht haben,
uns auch die lateinischen Namen zu merken: *Hepatica*, Leberblümchen. Danach beginnt dann das weite Feld der Varietäten und
Züchtungen und Hybriden.

Das bisher Gesagte ist schon kompliziert genug, klingt aber wenigstens so, als hätten die Botaniker die Sache einigermaßen im Griff. Leider stimmt das nicht.

Die Zuordnungen und Benennungen der Pflanzen sind ein ständiger Punkt des Disputs zwischen den Fachleuten, sie werden in den verschiedenen Ländern verschieden gehandhabt und sind im Lauf der Zeit veränderlich. Und dann kommt noch hinzu, dass der gärtnerische Namensgebrauch mit dem botanischen nicht immer übereinstimmt. Die Namen der Pflanzen, mit denen wir zu tun haben, sind wie die Namen von Geistern.

Nehmen wir mal eine wirklich bemerkenswert schöne Pflanze wie den Purpurdost. Ihr korrekter Name lautet *Eutrochium purpureum*. Das klingt nach unscheinbaren Wimpertierchen. In Wahrheit handelt es sich um eine denkbar prächtige Staude, die im Verlauf des Gartenjahres auf beachtliche zwei bis drei Meter Höhe wächst, auf kräftigen, biegsamen Stengeln steht, die spitzen, wohlgeformten Blätter von dunklem Grün, mit beeindruckenden rundlichen Fruchtköpfen geschmückt, die ein jeder aus Hunderten kleiner, blasslilafarbener Blüten bestehen. Man sieht da im Sommer die Bienen und andere Honigsammler ein- und ausgehen, weil der Purpurdost so reich an Nektar ist. Es sieht wunderbar aus, wenn Sie einen ganzen Armvoll von den langen Trieben mit ihren prächtigen purpurfarbenen Blüten schneiden und in eine hohe Vase auf den Fußboden stellen. Dem botanischen Namen *Eutrochium purpureum* steht die gärtnerische Bezeichnung Eupatorium purpureum gegenüber – obwohl das *Eutrochium* eigentlich die Tribus bezeichnet, *Eupatorium* das Genus. *Purpureum* wiederum ist nur die Species. In meinem Garten kommt sie übrigens in der Subspecies *maculatum* 'Atropurpureum' vor.

Es gibt natürlich andere Systeme der Ordnung als die botanischen. Darauf verweist ja auch Borges' fiktive Enzyklopädie. Das homöopathische System etwa. Es beruht auf dem Prinzip der Ähnlichkeit. Medizinisch überzeugt mich das nicht so sehr. Aber abgesehen davon, finde ich es eine großartige Idee, zwischen der Pflanze und der Krankheit eine Beziehung aufgrund der Ähnlichkeit herzustellen. Die Homöopathie schreibt dem Purpurdost heilsame Wirkung bei Nieren- und Blasenleiden zu. Also bei Krankheit und Leiden, die mit dem Flüssigkeitshaushalt des Körpers zu tun haben. »Menschen, die Eupatorium purpureum brauchen, wirken oft krank, zerschlagen und durstig«, sagt der Homöopathische Ratgeber. Ganz klar, weil das Eupatorium eine Pflanze ist, die selber viel Wasser braucht und auf Mangel daran sehr rasch mit einem entsprechend schlappen Gesamteindruck reagiert.

Aber mal Spaß beiseite: Wenn Sie sich im Lexikon anschauen, in wieviel verschiedenen Species der Dost vorkommt, werden Sie sehen, dass es ziemlich sinnlos ist, in eine Gärtnerei zu gehen und zu sagen: Einmal Dost bitte. Das wäre so, als würde man auf die Frage, was für ein Auto man fahre, einfach nur sagen: einen Mercedes. Oder, noch besser, einen Kombi. Oder, eines mit vier Rädern. Das sagt alles gar nichts aus. Ein bisschen genauer brauchen wir es schon. Leider leben wir in einer Zeit, die es mit der Genauigkeit nicht so genau nimmt. Die uns Zumutungen ersparen will. Aber ohne Zumuten keine Erkenntnis.

Und es ist ohne Zweifel eine Zumutung, die korrekten Namen der Pflanzen zu lernen und ihre Schreibweise. Trauen Sie den Gärtnereien nicht. Die wollen Ihnen das Leben leichtmachen und verkaufen Ihnen glatt eine Funkie macrophylla, dabei lautet ihr botanisch korrekter Name *Hosta montana* f. *macrophylla* Schmid, und zwar bitte auch genau in dieser Schreibweise. Die

Pflanze kann durchaus auch als *H. montana* f. *macrophylla* verkauft werden. Und weil die American Hosta Society (AHS), die da in Namensdingen maßgebend ist, den Leuten ein bisschen Leine lässt und Verständnis für die Geschäfte hat, die auf ihren Etiketten auch nicht unbegrenzt Platz haben, wird auch noch die Bezeichnung *H. montana macrophylla* geduldet. Aber nur Funkie macrophylla? Das ist dann doch ein bisschen sehr knapp.

Da wir uns später im Buch noch mit den Funkien beschäftigen werden, bietet es sich an, die Regeln der korrekten Namensgebung und Schreibweise am Beispiel dieser großartigen Pflanze einzuüben. Wir richten uns dabei nach den Regeln, die W. George Schmid vor ein paar Jahren als Vorsitzender des Komitees für Klassifikation und Nomenklatur der AHS festgelegt hat.

Ein Wort zu Schmid: Er genießt den Ruf, der weltweite Experte für Schattenpflanzen zu sein, und ist Verfasser mehrerer Bücher über Funkien sowie Herausgeber des unverzichtbaren Standardwerks für schwierige Standorte AN ENCYCLOPEDIA OF SHADE PERENNIALS, das vielleicht nicht in jedem Gärtnerhaushalt vorhanden sein muss. Aber schaden kann es auch nicht. Es gibt in einem seiner Bücher eine Fotografie von Schmid. Er trägt darauf ein weißes T-Shirt mit Ärmeln, die bis zu den Ellenbogen reichen, das er tief in die hellblaue Hose gesteckt hat, die möglichst weit nach oben gezogen ist und durch einen schwarzen Gürtel eng gehalten wird. Das rechte Standbein ist lässig vorgestellt, eine Hand ruht auf dem Oberschenkel, der Daumen der anderen ist in den Hosenbund eingehängt, der Ellenbogen leicht abgewinkelt. Schmid wirkt auf diese Weise wie ein Afrikaforscher, der soeben mehrere größere Wildtiere zur Strecke gebracht hat, in seinem Fall eher Schattenpflanzen, von denen er naturgemäß umgeben ist, und es fallen auch Schatten auf Schmids Hemd und Hose. Schmids Ent-

schlossenheit in der Erforschung der Schattenpflanzen wird noch unterstrichen durch den khakifarbenen Expeditionshut, den er auf dem Kopf trägt, sowie durch den weißen Backenbart, der darauf schließen lässt, dass er zur Eroberung des Schattenreichs zuvor eine längere Seereise hinter sich bringen musste. Und dann sind da natürlich noch der gerade, klare Blick und die tatkräftig zusammengepressten Lippen. Man sieht heute nicht mehr oft Botaniker, die aussehen, wie man sich Botaniker vorstellt.

Also, die Schreibweise. Beim ersten Vorkommen eines Namens in einem Text muss die Gattung ausgeschrieben werden, und zwar kursiv, die Art wird klein geschrieben, die Züchtung wird in normaler Schrift groß geschrieben und in einfache Anführungszeichen gesetzt. Also *Hosta* 'Francee' und *Hosta sieboldiana*. Wenn der Name einmal eingeführt ist, kann die Gattung abgekürzt werden, *H.* 'Francee', aber 'Francee' darf nicht allein stehen.

Artnamen müssen mit dem abgekürzten oder ausgeschriebenen Gattungsnamen verbunden sein. Die Namen von Züchtungen dürfen einzeln stehen: *H. sieboldiana* – aber 'Francee'. Taucht in einem Text eine andere Gattung auf, muss auch der einmal abgekürzte Gattungsname wieder ausgeschrieben werden. Interessant wird es, wenn bestimmte Arten auf den Rang einer Züchtung zurückgestuft werden, so wie es Schmid für einige Funkien zu Beginn der neunziger Jahre getan hat. So wurde aus *H. crispula* nun *H.* 'Crispula'.

Die Namensregeln sind damit aber noch nicht am Ende: Ein Botaniker, dem es gelungen ist, eine Pflanze siegreich einzuordnen, der sich dabei also nicht nur gegen die schiere Unüberschaubarkeit der Natur, sondern auch gegen Neid und Eifersucht anderer Botaniker durchsetzen konnte, darf, gleichsam als Zeichen des Triumphes, seinen Namen dem Namen der Pflanze hinzufügen.

Das beste Beispiel dafür, warum schon die Bibel wusste, dass den Dingen einen Namen zu geben bedeutet, die Dinge zu beherrschen.

So heißt die *H. alismifolia* Maekawa nach dem eminenten japanischen Botaniker Fumio Maekawa, der sein Leben den Funkien widmete. Hin und wieder wird noch die Jahreszahl dazugeschrieben, in der es gelang, die Natur der menschlichen Ordnung einzuverleiben: *H.* 'Decorata Normalis' Schmid 1991. Gar nicht so selten kommt es vor, dass der Botaniker, der eine Pflanze zuerst korrekt beschrieben hat, sich in der Einordnung irrte – oder dass sich die Einordnung im Laufe der Zeit geändert hat. Dann wird der Name dieses Forschers in Klammern gesetzt und um den Namen des Kollegen ergänzt, der in diesem für die Wissenschaft so bedeutsamen Kampf um die Nennungs-Hoheit die Oberhand behalten hat: *H. fortunei* (Baker) Bailey. Manche Pflanzen sind sich in fast allem ähnlich, und doch gibt es Unterschiede, die für die gärtnerische Verwendung von überaus großer Bedeutung sein können: die Farbe der Blüten zum Beispiel. Man spricht dann von Varietäten. Der Name der Varietät wird hinter der Abkürzung var. dem Pflanzennamen angehängt: *H. clausa* var. *ensata* (Maekawa) Schmid.

Das reicht erst mal. Und das ist ja schon eine Menge. Nur noch so viel: Wenn Ihnen einer eine Elegans-Funkie verkauft, dann lassen Sie ihn ruhig gewähren. Sie wollen ja in Ihrem Gartenmarkt nicht als Pedant und Rechthaber dastehen. Aber im Stillen genießen Sie Ihr Wissen, dass es sich in Wahrheit um eine *Hosta sieboldiana* var. *elegans* Hylander handelt.

Warten

Der Winter und Berlin haben ja viel gemeinsam:
Beide sind groß und grau und schwer zu ertragen.

Aber es gibt etwas, das ohne jede Frage für beide spricht, für Berlin und für den Winter. Und das ist die Grüne Woche. Die Grüne Woche ist wirklich beeindruckend, völlig unersetzbar und sehr, sehr eigenartig, und weil man da auch Pflanzenzwiebeln kaufen kann, wovon ich allerdings abraten würde, müssen wir uns hier dringend mit der Grünen Woche befassen.

Ich stelle mir vor, dass die Menschen des Mittelalters mit einer ähnlichen Mischung aus ungläubigem Staunen und fröhlicher Neugier über die Jahrmärkte gegangen sind, wie ich jedes Jahr über die Grüne Woche gehe. Mein Vorwand für den Besuch sind natürlich die Kinder. Ihnen macht es Spaß. Aber in Wahrheit würde ich auch allein gehen. Man kann dort sonderbare Tiere sehen, von deren Existenz man keine Ahnung hatte und deren Namen und Eigenschaften sich als kostbare Fundstücke im Gedächtnis einprägen: Ich denke etwa an das Axolotl, den viel zu wenig beachteten mexikanischen Schwanzlurch, der in der Literatur durch ein gleichnamiges Buch gleichsam ein kurzes, kometenhaftes Aufglühen erlebte, wenn man das von einem Schwanzlurch sagen darf, der aber in der Biologie schon seit langem dadurch auffällig ist, dass er nie erwachsen wird. Oder an die Gespenstschrecke, die ein zugleich furchterregendes und wunderschönes Insekt ist, das ich eine junge Frau auf ihrem Arm tragen sah wie ein prächtiges Schmuckstück.

Oder eben an das Edelschwein Paula, das – ausweislich seiner Beschilderung – zuletzt am Heiligen Abend geferkelt hat und dessen »Standort«, so war da zu lesen, der »MAFZ Erlebnispark Paaren« ist. Es handelt sich da, falls das nicht allgemein bekannt ist, um das »Märkische Ausstellungs- und Freizeitzentrum, das im Jahr 1990 gegründet wurde und im Jahr 2008 in »MAFZ Erlebnispark Paaren« umbenannt wurde und das vermutlich ein sehr anschauliches Beispiel für die Verwendung des Solidaritätszuschlages ist. Jedenfalls finden im havelländischen Paaren Landesmeisterschaften für Gebrauchshunde statt und Nachtflohmärkte, und außerdem werden für den Herbst die Brandenburger Kreativtage angedroht.

Die Grüne Woche lockt mit allen Herrlichkeiten des Landlebens. Ich denke nur an die prächtigen Bullen bei der Bundesschau »Schwarz Rot Gold Robust«, die von ihren stolzen Züchtern in prallen Lederhosen am geschwungenen Horn in einer großartigen Parade unter den ungläubigen Blicken einer der Natur und ihren Wundern weitgehend entwöhnten Städterschaft aus der Halle geführt werden! Ich staune über das herrliche Skandinavien, für das kräftige blonde Frauen sonderbare Süßigkeiten, Stockfische und Smörrebröd feilbieten! Und ich verneige mich natürlich in Ehrfurcht vor der endlosen Russischen Föderation, die ebenso groß ist wie die Vielfalt ihrer Republiken, Gebiete, Autonomen Kreise und Regionen unüberschaubar.

Jedes Jahr entdeckt man hier in Berlin einen neuen Staat, eine neue Nation, deren Namen und Landestracht aus einem Tim-und-Struppi-Abenteuer zu stammen scheinen. Borschowistan? Nein, so hieß der Landstrich nicht. Aber so ähnlich. Mein Wort drauf! Und es sind immer untersetzte, fröhliche Männer mit Kunstlederjacken, die an diesen Ständen Wodka und Würste anbieten. Überhaupt gewinnt man den Eindruck, die Produktion der Russischen Föderation bestehe vornehmlich aus Wodka und Würsten, und das sei auch die übliche Ernährung aller dort lebenden Menschen. Die Hallenwände sind bedeckt von riesigen stalinesken Bildern endloser Weizenfelder, auf denen junge, glückliche Traktoristen ihre Komsomolpflicht erfüllen.

Auch wenn Sie nur als Gartenfreund die Grüne Woche besuchen, werden Sie auf Ihre Kosten kommen. Wobei ich selbst davon Abstand genommen habe, in den Blumen- und Zwiebelhallen Geschäfte zu machen: Die Amaryllisknollen, die ich gesehen habe, schienen alt und trocken zu sein.

Aber das sind Kleinigkeiten. Man verlässt die Hallen unter dem Funkturm, die Beine müde, der Geist hellwach und voller Bilder und Sehnsüchte. Und schaut gleich zu Hause in Hans Haases unverzichtbarem Ratgeber für den praktischen Landwirt nach, der den Stand agrarökonomischen Wissens wenigstens bis zum Jahr 1960 umfassend widerspiegelt. Vom Dungausfahren bis zum Einspritzen von Zottelwicke findet man darin alles, was man wissen muss, wenn man sich als Landwirt selbständig machen will – oder davon zumindest träumt.

Denn der Winter ist ja, wir hatten es bereits erwähnt, vor allem die Zeit der Träume. Und es kann darum sein, dass in Wahrheit der Winter die schönste Zeit des Gärtners ist. Ich habe noch ein anderes Buch gefunden. Es liegt hier vor mir. Groß und eindrucksvoll. Während draußen graues Schneetreiben jeden Gedanken an den Frühling erfrieren lässt, lese ich mit wohligem Schaudern diese ersten Worte: »Selbstversorgung ist nicht die Rückkehr zu einer idealisierten Vergangenheit, in der die Menschen nach Nahrung mit primitiven Werkzeugen wühlten und sich gegenseitig wegen Hexerei verbrannten. Sie ist ein Vorstoß zu einer neuen und besseren Lebensweise, einem Leben mit mehr Freude als dem überspezialisierten Kreislauf des Büros oder der Fabrik.« Ja. Wie wahr!

Selbstversorgung als Rezept gegen Überspezialisierung! Eine großartige Idee. Leiden wir nicht alle an der Überspezialisierung unserer Leben?

Die Telefondesinfizierer, von denen Douglas Adams schreibt, das sind wir. Wie willkommen ist uns da die Botschaft: Autarkie ist machbar, Herr Nachbar. Auch wenn das natürlich in Wahrheit völliger Blödsinn ist. Wenn ich mich auf den 1200 Quadratmetern, die mir zur Verfügung stehen, selbst versorgen wollte, wäre das eine karge Diät. Und für die Kinder wäre gar nichts übrig. Und meine Schuhe kann ich mir dann immer noch nicht selber machen. Und mein Fernsehprogramm auch nicht. Aber das ist viel zu konkretistisch gedacht. Es ist die Idee, die zählt. Und als Idee ist Selbstversorgung toll.

Blättern wir also ein bisschen in diesem großartigen, sehr praktischen Buch, in dem einfach alles steht, was man wissen muss, wenn mal die Lichter ausgehen. Über Haus und Hof und Land und Tier, da wusste der Autor John Seymour Bescheid. Er war in den siebziger Jahren sehr berühmt. Und schrieb über alles, was wichtig ist, wenn man Schluss gemacht hat mit der Zivilisation, mit der Gesellschaft, wenn man alles hinter sich gelassen hat. Die mutigen Glücklichen, die das wagen! Seymour hat über Feldfrüchte und ihre Folge geschrieben, über die Kräuter und das Gemüse und die Gewächshäuser, über das Vieh, von Kalbung bis Zerlegung, über die Arbeiten, das Töpfern, Körbeflechten, Ziegelmachen, Häuserbauen. Ein Rausch aus einfachem Leben, eins mit der Natur, lass nichts zurück als deine Spuren, nimm nichts mit als deine Eindrücke. Von dieser Art. »Nichts wird verschwendet – es gibt keinen Abfall!« Noch so ein prä-grünes Motto.

Seymour arbeitete nach dem Studium der Agrarwissenschaften zwei Jahre auf englischen Bauernhöfen und danach zehn Jahre lang in Afrika, wo er eine Schaf- und Rinderfarm leitete, in Kupferminen beschäftigt war und als Tierarzt praktizierte. Er kämpfte, auch das sei noch erwähnt, als Offizier im britischen Regiment »King's African Rifles« in Abessinien, Ceylon und Burma, als alle diese Länder noch so hießen. Das alles ist also schon eine Weile her. Nach dem Krieg hatte er sich ein holländisches Fischerboot gekauft und war damit über englische und holländische Kanäle geschippert. Er heiratete und zog dann mit seiner Frau endgültig aufs Land, zunächst in die ostenglische Grafschaft Suffolk, später an die Küste der irischen See in der Grafschaft Pembrokeshire. Dort unterzogen Seymour und seine Frau ihre Thesen zur Selbstversorgung der Überprüfung am eigenen Leib. Zwei echte Aussteiger avant la lettre.

Auf einem Morgen Land glücklich werden. Darum ging es.

Ein Morgen kann übrigens alles Mögliche heißen. Ursprünglich war damit die Fläche gemeint, die man an einem Vormittag mit einem Pflug bearbeiten kann. Und da scheinen die Bauern, je nach Gegend, ganz unterschiedlich abzuschneiden, in deutschen Landen reicht die agricolare Manneskraft von schlappen 1906 Quadratmetern in Homburg über realistische 2585 Quadratmeter in Schaumburg und stolze 3600 Quadratmeter in Baden bis zu sagenhaften 10484 Quadratmeter im Alten Land bei Hamburg – aber das ist bestimmt eine besondere Variante von agrarisch-hanseatischem Seemansgarn.

»Wenn morgen die übrige Welt in die Luft gehen sollte, könnten wir hier glücklich weiterleben und würden kaum einen Unterschied merken«, soll jedenfalls Seymour gesagt haben. Man kann sich vorstellen, dass er seine beste Zeit in den siebziger Jahren hatte. Endlich wollten alle so werden, wie er schon die ganze Zeit war.

Seine Bücher verkauften sich wie geschnitten Brot und im Fernsehen durfte er über Umweltbewusstsein predigen. Der Aussteiger-Papst starb im Jahr 2004 als Neunzigjähriger, ohne dass er das Ende erleben musste, auf das er zuackerte.

Das könnte uns anders gehen. Ich habe das Buch eigentlich rausgesucht, als ich gelesen habe, dass Michelle Obama, die Präsidentengattin, im Garten des Weißen Hauses 100 Quadratmeter mit Brokkoli, Spinat und Kohl bepflanzt. Eleanor Roosevelt hatte das auch schon mal gemacht. Und damit die Amerikaner angehalten, ebensolche Verteidigungsgärten anzulegen. Selbstversorgung im Krieg, in harten Zeiten den Gürtel enger schnallen und die Gurken selber ziehen. Bei genügendem Leserinteresse findet sich gewiss ein Verlag für die Neuauflage des Seymour-Standards: LEBEN AUF DEM LANDE. EIN PRAKTISCHES HANDBUCH FÜR REALISTEN UND TRÄUMER.

Sobald der Frost seinen Griff lockert, kehrt das Leben zurück. Das merken Sie zuerst am Geruch. Auch wenn draußen noch alles weiß ist und grau und neblig und trüb und farblos und schrecklich. Der Winter ist nämlich die schreckliche Zeit, die Zeit des Leids und des Wartens und des Wahnsinns, in der man unruhig am Fenster steht, die Fäuste in den Taschen geballt, ein unangenehmes Flirren im Magen und im Herzen. Dieses Rauswollen, dieses Handelnwollen, dieses endlich, endlich, endlich Andiefrischeluftwollen. Der Winter ist beinahe unerträglich. Aber er kündet von seinem Ende, wenn die Luft sich ändert. Sie werden dafür ein Gespür entwickeln. Sie werden es am Licht sehen, am Gehalt der Feuchtigkeit in der Luft, an der Art und Weise, wie die Farbe der Sonnenstrahlen langsam von Grün zu Gelb wechselt. Sie werden fühlen, wenn das Ende des Winters naht. Es ist dann so, dass die Mikroben die Arbeit wieder aufnehmen. Und dieser kalte, trockene, tote Geruch des Nichts, den manche für die gute Winterluft halten, weicht einem wärmeren, erdigen, feuchten Geruch, dem Odem des Lebens, wenn ich das mal so sagen darf.

Das kann natürlich nur geschehen, weil der Boden auftaut. Und wenn der Boden auftaut, kann man graben. Das ist gut. Wenn sonst auch noch Winter herrscht, können Sie Ihre Langeweile und Ihren Tatendurst in eine Grube stecken: der Teich. Graben Sie! Fangen Sie an zu graben! Bis zur Erschöpfung! Bis Ihr Gesicht diese ungesunde grau-schwärzliche Färbung bekommt, die sich unweigerlich einstellt, wenn Leute, die es nicht gewohnt sind, sich zu viel zumuten. Egal. Machen Sie weiter. Der Schweiß rinnt Ihnen den Leib hinab und Sie wissen nicht, ob Sie frieren oder schwitzen, weil es ja noch echt kalt ist draußen. Ihr Kopf glüht. Die Hände schmerzen. Die Knie geben nach. Und dass Ihr Rücken immer noch so wehtun kann, hatten Sie nur deshalb vergessen, weil es Monate her ist, dass Sie ihn für irgendetwas anderes benutzt haben als fürs Bücken vor dem Kühlschrank. Mit einem Wort: überanstrengen Sie sich ruhig ein bisschen. Dann werden Sie krank. Keine Frage. Im Februar und März fordern die grippalen Infekte ohnehin ihre meisten Opfer, und wenn Sie sich derart zurichten, ist es kein Wunder, dass Sie wenige Tage später darniederliegen. Aber, es hat sich gelohnt. Sie spüren sich wieder. Und ein professionelles Unternehmen kann die Arbeit fortsetzen, der Sie ohnehin nicht gewachsen gewesen wären. Aber jetzt haben Sie eine Ausrede.

Sagen wir, Sie machen es wie ich und lassen eine Grube ausheben, acht Meter lang, vier Meter breit, die an der tiefsten Stelle in der Mitte bestimmt 1,85 Meter misst. Wenn ich hinuntersteige, kann ich gerade über den Rand gucken. Da könnte man jemanden stehend eingraben. Sehr praktisch. Natürlich gibt es ein paar Leute, denen ich hier gerne einen Platz einräumen würde. Es gibt ja den Satz, der Gärtner sei immer der Mörder. Wir werden dem im nächsten Kapitel nachgehen. Es handelt sich da natürlich um Unsinn. Aber tatsächlich sind Gärten wahrhaftig nicht nur Orte des Friedens und der Eintracht. Und man hat nicht so oft eine derartige Grube griffbereit. Das bringt einen auf dunkle Gedanken, und die sind dem See an sich ja auch sehr angemessen. »Nirgends verleugnet der See seine unheilvolle Natur unter der toten Fläche des Spiegels«, schreibt Walter Benjamin über das Dunkel-Dräuende des Wassers in Goethes WAHLVERWANDTSCHAFTEN.

Andererseits steht zu bedenken, dass Ihr Opfer, wenn es groß genug wäre, immer noch oben rausgucken würde. Mitten im Garten. Das wäre mehr als unangenehm. Die Kinder würden Fragen stellen. Und die Nachbarn auch. Und man würde immerzu stolpern.

Konzentrieren wir uns lieber auf den Teich. Also, 1,85 Meter Tiefe, in drei Terrassen. Den Rand werde ich mit *Tellima gran-*

diflora bepflanzen, der falschen Alraunenwurzel. Schon wegen des Namens. Es kommt ja bei den Pflanzen nicht nur auf das Aussehen an. Sondern auch auf den Klang.

Tellima ist eine schöne Schattenstaude, die man vor allem wegen ihres dichten Wuchses und ihrer wohlgeformten reichen Blätter setzt. Sie blüht auf einer langen, kräftigen Dolde, die über und über mit zarten, weißrosafarbenen Blüten besetzt ist, die sich zum Schnitt sehr gut eignet. Neben *Tellima* steht *Brunnera* sehr schön, eine andere unverzichtbare Schattenpflanze. Das Kaukasusvergissmeinnicht blüht herrlich blau und frisch. An den Teich gehören natürlich auch die Astilben, von denen man in allen Farben und Varianten gar nicht genug im Garten haben kann. Ich habe allerdings bei mir die Erfahrung gemacht, dass sie nicht alle gleich zuverlässig gedeihen und anspruchsvoller sind, als ihr Ruf vermuten lässt. Heikle Pflanzen.

In der Flachwasserzone werde ich *Typha angustifolia* setzen, den schmalblättrigen Rohrkolben, und *Phragmites australis*, das übliche Schilfrohr. Schon wegen des Säuselns im Wind, das sich, so hoffe ich, auch auf kleinen Flächen einstellen wird.

Die tiefen Zonen aber, jene im Dunklen, an die der Frost nicht heranreichen wird, in die sich die Fische im Winter flüchten werden – wenn Fische hier überhaupt Einzug halten sollen, das wird noch geprüft und diskutiert –, werden der Weißen Seerose vorbehalten sein, der *Nymphaea alba*. Ihre Blüten gehören zum Schönsten, was der Garten hervorbringen kann. Was eine eigenartige Fügung ist, da Seerosen in gewisser Weise den Rahmen des Gartens verlassen, über ihn hinausweisen und darum von anderer Art sind.

Sie sehen aus wie wunderbar ebenmäßig geformte weiße Sterne, die in der Mitte hellgelb oder orange leuchten und deren strahlende Farben einen unwiderstehlichen Kontrast mit dem dunkel glänzenden Grün ihrer auf der Wasseroberfläche ausgebreiteten Blätter ergeben und mit dem Schwarz des Wassers selbst. Das Düster-Waldige der Seerose klingt in ihrem Namen wider, der von jenen schönen, jungen und meistens splitternackten Mädchen herrührt, die Wiesen, Grotten und Berge bewachen, aber vor allem die Hüterinnen der Wälder, Seen, Bäche und Quellen sind. Man muss sie sich nicht als regelrecht bösartig vorstellen. Aber doch als unheimlich, unnahbar und nicht zu kontrollieren. Die Nymphen suchen sich ihre Liebespartner unter den Männern selbst.

Als ich ein Kind war, wurde es uns streng verboten, zwischen den Seerosen zu schwimmen. Falls man in irgendeinem schleswig-holsteinischen See auf welche traf. Ihre gewundenen Stengel reichen bis tief hinab zum Grund und sind so fest, dass niemand sie zerreißen kann. Man verfängt sich darin und gleitet hinab in die Tiefe. Das war die Geschichte damals.

Frühling

As long as the roots are not severed, all is well.
And all will be well in the garden. CHANCE THE GARDENER

Liebe Freunde, da wohnen die gelassenen Herren
auf beiden Seiten des Ufers, denen ihre Gartenhäuschen,
Tulpenbeete und Krautfelder zu Grunde gehen würden.
Goethe, WERTHER

Gärtner

Es ist wunderbar. Draußen tanzen Insekten in einem Sonnenstrahl
auf und ab. Das Licht hat seinen Weg zwischen den Häusern und
Büschen hindurch gefunden. Und die Insekten haben sich in ihm
gefangen. Am Schreibtisch sitzend stellt der Gärtner fest, dass
die Insekten diesen Lichtstrahl, der vielleicht der erste ist, der im
neuen Frühling seinen Weg in den Garten gefunden hat, von oben
bis unten hinunter und hinauf trudeln und taumeln und tanzen.
Wenn das möglich ist, bedeutet es: das Warten hat ein Ende. Die
Unruhe. Das kräftezehrende Ausharren. Gott, was hat der Winter
lange gedauert! Zuerst geht der Frost. Dann kommt das Licht.
Und bald auch die Wärme. Also, der Frühling ist da. Zeit, die Bücher wegzulegen, das Träumen einzustellen und die Arbeit aufzu-

nehmen. Klopfen wir uns die Schwermut aus den Kleidern. Zugegeben, vom Schreibtisch aus betrachtet, macht der Garten noch nicht viel her. Aber laufen Sie mal raus und atmen Sie tief ein. Jetzt hat die Luft wieder Geruch und Geschmack. Ein erheblicher Nachteil des Winters ist seine relative Geruchslosigkeit. Kommen Sie mir nicht mit dem leisen Geschmack von Schnee oder mit dem grünlich riechenden Ozon. Ich meine den Geruch der aufbrechenden Erde, den man geradezu essen kann.

Gehen Sie mal zu Ihren Beeten, knien Sie sich hin, beugen Sie sich zum Boden hinab und stecken Sie Ihre Hände in die weiche Krume. Leben!

Jetzt, da der Frühling zurück ist, werden die Tage länger und der Garten wird wieder größer. Im Winter, das war eine Beobachtung, die mir erst jetzt, nach einigen Jahren, aufgegangen ist, wird der Garten klein. Man guckt so über alles hinweg, der ganze Raum liegt nackt und brach da. Wo sich im Frühling die Blumen drängen und im Sommer die Stauden, ist im Winter einfach nur ungenutzte Leere, Nichts, Luft. Das Nächstliegende rückt heran, die Zäune, die Häuser der Nachbarn. Und damit die Nachbarn selbst. Das ist bedauerlich. Der Gärtner teilt seinen Garten schon nicht so gern mit Tieren. Und gar nicht gern mit Menschen. Aber erst recht nicht mit Nachbarn. Nachbarn sind eine besondere Ausprägung des Menschen. Und ganz gleich, was man sonst von ihnen halten mag, es ist nicht gut, wenn sie zu nahe heranrücken. So wie im Winter. Einziger Trost: Der Winter hält die Nachbarn in ihren Häusern wie dich selbst. Allerdings legt er den Blick in ihre Fenster frei. Auch nicht schön.

Am Schreibtisch sitzend, in das frostige Grün hinausblickend, das den Garten noch umhüllt, sehe ich drüben die schwarzen Fenster und frage mich: Was machen die da? Denken Sie an den Film ARLINGTON ROAD, wo Jeff Bridges erst in dem Moment, da er in die Luft gesprengt wird, wirklich erkennt, dass sein freundlicher Nachbar in Wahrheit ein bombenlegender Terrorist ist. Oder denken Sie an ROSEMARIES BABY, wo die liebenswürdigen älteren Nachbarn sich als mörderische Teufelsanbeter herausstellen.

Vermutlich wird es aber so schlimm nicht sein, hier, in der mich umgebenden Suburbanität. Die Risiken des Voyeurismus sind andere: Ich kenne die Leute. Mal angenommen, ich würde mit einem Fernglas nachts aufs Dach steigen und observieren – es wäre mir geradezu unangenehm, Informationen über diese Menschen zu erhalten, die ich von da an immer mit mir herumtragen würde. Immer. Ich würde die ja nicht mehr los. Bilder können ungeheuer einprägsam sein. Jedesmal, wenn ich meine Nachbarn auf der Straße träfe, kämen mir dann die Bilder in den Sinn, die ich im Fernglas gesehen hätte. Männer, Frauen, alte Leute in völlig unvorhersehbaren Situationen. Alles ist ja denkbar! Das wäre die Sache nicht wert. Vergessen wir das. Gehen Sie lieber raus und stecken Sie die Hände in die Erde. Sie können Ihren Zwiebeln beim Wachsen zusehen.

Die Narzissen sind schon unterwegs, die Krokusse natürlich, das *Muscari* auch und die spätblühende *Scilla*. Und *Chionodoxa*, die Sternhyazinthen, die auch den schönen Namen Schneestolz tragen, bezaubernde kleine blassblaue Blumen mit einem entzückenden hellgelben Auge. Aber das ist ein Vorgriff, Hoffnung auf Kommendes. Im Moment zeigen die alle nur die Spitzen, mehr nicht.

Bis der Garten so richtig in Gang kommt, dauert es ja eine Weile. In Wahrheit gibt es am Ende des Winters noch gar nicht so furchtbar viel zu tun. Nur der Rasen, der braucht vermutlich Ihre ganze Aufmerksamkeit. Bei mir sieht er scheußlich aus. Kälte, Feuchtigkeit und der lange liegende Schnee haben ihm zugesetzt. Bearbeiten Sie ihn jetzt ordentlich mit der Harke. Sanden Sie, wo nötig, sparen Sie nicht mit Dünger und mit Moosvernichter. Vielleicht müssen Sie neu ansäen. Kümmern Sie sich jetzt darum. Wenn Sie es versäumen, den Rasen in Form zu bringen, bevor der Frühling richtig um sich greift, werden Sie sich die ganze Zeit schrecklich ärgern.

Und sagen Sie um Gottes willen den Kindern, dass das Betreten des Rasens nicht erlaubt ist und dass die Beete zu keiner Zeit im Jahr so empfindlich sind wie jetzt, da die Zwiebelpflanzen und die Funkien ihre scheuen Köpfe aus dem Erdreich stecken. Ein falscher Tritt und es wächst da in diesem Jahr nichts Gescheites mehr. Darum mein Rat: Man kann wunderbar auf der Straße spielen. Und für weite Schüsse mit dem Fußball ist gerade die Straßenmitte der geeignete Ort.

Bevor der Gärtner in diesem Jahr richtig in Aktion tritt, sollten wir die Gelegenheit nutzen, uns ein bisschen mit ihm selbst zu befassen. Es kann in so einem Gartenbuch ja nicht nur um die Pflanzen gehen. Auch um den Menschen muss es gehen. Um den Menschen in seiner besonderen Form als Gärtner.

Machen wir uns nichts vor: Der Gärtner hat kein gutes Image. Der Freizeitgärtner sowieso nicht. Aber auch der Berufsgärtner genießt nicht gerade hohes Ansehen. Gärtner müssen sich beispielsweise mit dem völlig unsinnigen Flügelwort »Der Mörder ist immer der Gärtner« herumschlagen. Es geht auf den Sänger Reinhard Mey zurück.

Der Mörder war wieder der Gärtner,
und der plant schon den nächsten Coup.
Der Mörder ist immer der Gärtner,
und der schlägt erbarmungslos zu!

Das stammt von der passend betitelten Platte ICH BIN AUS JENEM HOLZE aus dem Jahr 1971 und sollte irgendeine Parodie auf englische Kriminalgeschichten sein, Edgar Wallace und Agatha Christie und so. Dabei ist das ganz unangebracht. Weil der Mörder auch in der englischen Literatur nur äußerst selten im Gewand des Gärtners daherkommt. In dem Wallace-Film DER MÖNCH MIT DER PEITSCHE erschießt der Gärtner zwar den Mönch. Aber der war in Wahrheit die frühere Ehefrau des Gärtners, mit dem sie, also der Mönch, früher im Zirkus aufgetreten ist und dort Kunststücke aufgeführt hat. Eher ist es so, dass der Gärtner selber zum Opfer von Gewalttaten wird, wie etwa in der BLAUEN HAND, wo er von Klaus Kinski ermordet wird, der zwei Brüder spielt, von denen der eine einen Knall hat. Auch in DIE TÜR MIT DEN SIEBEN SCHLÖSSERN wird der Gärtner umgebracht, und zwar nicht einmal zwischen seinen Rosen, sondern im Flugzeug, was besonders perfide ist. Bei Agatha Christie sieht es nicht anders aus: In DAS GEHEIMNIS DER SCHNALLENSCHUHE beispielsweise wird der Gärtner eine Weile lang verdächtigt, aber Hercule Poirot bekommt natürlich doch heraus, dass der Tote schon tot war. Und so geht es immer weiter. Von wegen, der Gärtner ist der Mörder!

Da kann man schon froh sein, wenn der Gärtner weder als Opfer noch als Täter krimineller Handlungen auftaucht, sondern als weiser Idiot wie in dem wirklich sehr bemerkenswerten Film BEING THERE von Hal Ashby. Schauen Sie sich den Film noch einmal an! Zur Erinnerung: Peter Sellers spielt – in seiner letzten Rolle – den Gärtner Chance, der die Umfriedung von Haus und

Garten mitten in Washington sein ganzes Leben lang nicht verlassen hat und dann nach dem Tod seines Herrn in die große Stadt
geworfen wird wie ein Kind ins Leben. Er wird hineingeboren in
die Welt der Menschen, die er nur aus dem Fernsehen kennt. Er
versteht die Menschen nicht, aber sie glauben, ihn zu verstehen.
Durch die Verkettung ziemlich plausibler Umstände führt Chance
eine Unterhaltung mit dem Präsidenten der Vereinigten Staaten,
die so geht:

President »Bobby« Mr. Gardner, do you agree with Ben, or do you
think that we can stimulate growth through temporary
incentives?

Chance As long as the roots are not severed, all is well. And all
will be well in the garden.

President »Bobby« In the garden.

Chance Yes. In the garden, growth has it seasons. First comes
spring and summer, but then we have fall and winter. And then
we get spring and summer again.

President »Bobby« Spring and summer.

Chance Yes.

President »Bobby« Then fall and winter.

Chance Yes.

Benjamin Rand I think what our insightful young friend is
saying is that we welcome the inevitable seasons of nature,
but we're upset by the seasons of our economy.

Chance Yes! There will be growth in the spring!

Benjamin Rand Hmm!

Chance Hmm!

President »Bobby« Hm. Well, Mr. Gardner, I must admit that
is one of the most refreshing and optimistic statements I've
heard in a very, very long time. I admire your good, solid sense.
That's precisely what we lack on Capitol Hill.

In dieser Art sind die Gespräche, die Chance in der großen Stadt Washington führt, wo alles voller Bedeutung ist, und wenn es nicht so ist, ist auch das voller Bedeutung. Er redet mit Industriellen, mit dem Fernsehen, mit der Presse. Am Ende wird er Präsident und geht über das Wasser. So ist dieser Film.

Tatsächlich sind ja Vorbereitung und Pflege, Fleiß und Verständnis, Entschlossenheit und Geduld die Grundlagen der erfolgreichen Gartenarbeit, so wie sie die Grundlagen des Erfolges in der Politik und in der Wirtschaft sind. Aber das gilt natürlich auch für alles andere im Leben. Und darum ist das Leben ja auch so ein Klacks! Wie man es richtig macht, kann man an jeder Ecke für ein paar Groschen erfahren. Man muss sich nur daran halten. Darin liegt übrigens, und damit mal Spaß beiseite, der große Reiz der Gartenarbeit:

Es ist vergleichsweise einfach, seinen Garten in den Griff zu bekommen, wenigstens wenn man den Garten mal mit Politik, Wirtschaft oder dem restlichen Leben vergleicht.

Ich will nur kurz erwähnen, dass sich in Ashbys Film nicht mehr verbirgt als die Parodie von Verhältnissen, die wir einst tatsächlich hatten. André Le Nôtre wurde mit 22 Jahren zum Ersten Gärtner von Gaston d'Orleans, dem Bruder Ludwig XIV. Zehn Jahre darauf trat er das Amt des Königlichen Gärtners in Versailles an. Le Nôtre erfand praktisch den Barockgarten. Dafür wurde er geadelt und auf Italienreise geschickt. Er traf Papst Innozenz IX. und sagte zu ihm: »Der Tod birgt mir keinen Schrecken mehr, da ich es in meinem Leben dahin gebracht habe, die beiden vortrefflichsten Männer der Welt zu treffen, Eure Heiligkeit und den König, meinen Herren.«

Die bittere Wahrheit ist nun aber, dass der Gärtner zumeist weder als Mörder noch als Philosoph auftritt – sondern meistens einfach nur als Spießer. Das fängt schon bei Goethe an und geht so weiter bis Tomi Ungerer. Werther sinniert über die Kraft der Natur und die Ordnung der Menschen und ruft aus:

»O meine Freunde! warum der Strom des Genies so selten ausbricht, so selten in hohen Fluten hereinbraust und eure staunende Seele erschüttert? – Liebe Freunde, da wohnen die gelassenen Herren auf beiden Seiten des Ufers, denen ihre Gartenhäuschen, Tulpenbeete und Krautfelder zu Grunde gehen würden, die daher in Zeiten mit Dämmen und Ableiten der künftig drohenden Gefahr abzuwehren wissen.«

Das ganze Projekt der Entwässerung, mit dem man in den deutschen Landen seinerzeit der Natur und ihrer zerstörerischen Wirkung Herr werden wollte, konnte Goethe schon als Entkräftung

erscheinen. Und die Verantwortlichen, das sind die Männer mit
den Gartenhäuschen und den Tulpenbeeten und ihrer ganzen
armseligen Sucht nach Ordnung.

»Das bestärkte mich in meinem Vorsatze, mich künftig
allein an die Natur zu halten. Sie allein ist unendlich reich, und
sie allein bildet den großen Künstler. Man kann zum Vorteile der
Regeln viel sagen, ohngefähr was man zum Lobe der bürgerlichen
Gesellschaft sagen kann. Ein Mensch, der sich nach ihnen bildet,
wird nie etwas abgeschmacktes und schlechtes hervorbringen, wie
einer, der sich durch Gesetze und Wohlstand modeln läßt, nie ein
unerträglicher Nachbar, nie ein merkwürdiger Bösewicht werden
kann; dagegen wird aber auch alle Regel, man rede was man wolle,
das wahre Gefühl von Natur und den wahren Ausdruck derselben
zerstören!«

Da haben Sie also den Konflikt zwischen Natur und Ordnung einmal exemplarisch dargestellt. Und die etwas unwürdige Position, die der Gärtner da einzunehmen scheint. Er stemmt sich mit Macht gegen die Urwüchsigkeit des Natürlichen. Und wenn es sein muss, mit Gewalt gegen jede Bedrohung der selbstgewählten Ordnung, von wo immer sie auch ausgehen mag. Monsieur Racine etwa, Tomi Ungerers freundlicher pensionierter und mit allen Insignien des petit bonhomme ausgestatteter Steuereinnehmer. Er kümmert sich um seine Rosen und züchtet die herrlichsten Birnen weit und breit – aber als die ihm eines Tages gestohlen werden, wehrt er sich in einer Art und Weise, die für die Verhältnisse eines pensionierten Steuereinnehmers einem Amoklauf nahekommen: Er holt Degen und Kürass aus dem Fundus der Erinnerung lange vergangener Schlachten hervor und legt sich im eigenen Garten auf die Lauer, bereit zum Partisanenkampf um Recht und Gesetz am Jägerzaun. Wie Sie sicherlich wissen, trifft er dann auf das Biest, das dem Buch den Namen gegeben hat und das großes Aufsehen erregt bis zu dem Augenblick, da es sich als Haufen alter Lumpen und Socken entpuppt, aus dem zwei Kinder hervorspringen. Aber in Wahrheit ist das gar kein Spaß. Sie ahnen nicht, wie oft in Deutschland ein Nachbar den anderen erschießt. Meistens geht es um Lärmbelästigung. Fairerweise muss man sagen, dass solche Geschichten fast immer einen jahrelangen Vorlauf haben. Es ist nicht so, dass ein Kleingärtner nur einmal die Musik zu laut aufdreht und gleich kommt der Nachbar und schießt ihn nieder. Obwohl auch das vorkommt. Meist gehen Nachbarn übrigens nicht mit Handfeuerwaffen aufeinander los, sondern mit dem, was man so im Schuppen liegen hat: Kettensägen, Motorsensen, Beile, Knüppel – wir haben das Thema der gärtnerischen Bewaffnung ja anlässlich der Handaxt von Gränsfors bereits kurz gestreift.

Aber Goethe hat schon recht: Wer sich um seine Pflanzen kümmert, zeichnet sich nicht eben durch wilde entfesselte Leidenschaft aus.

Die Rolle von Chance, dem Gärtner, hätte man schwerlich mit, sagen wir, Antonio Banderas besetzen können. Darum ist hier vielleicht eine Warnung angebracht: Überlegen Sie, was der Garten und die Arbeit darin aus Ihnen macht. Prüfen Sie sich. Vielleicht machen Sie ein paar Bilder von sich selbst, bevor Sie die gärtnerische Tätigkeit aufnehmen. Und befragen Menschen, die Sie lange kennen und die Ihnen nahestehen, am besten solche, die nicht darauf warten, Ihnen eins auszuwischen. Damit stellen Sie sozusagen den Status quo ante fest, an dem Sie spätere Entwicklungen messen können. Denn die Gärtnerei birgt Risiken und Nebenwirkungen, über die man sich im Klaren sein sollte.

Ich zum Beispiel habe neulich tatsächlich einen Löwen gekauft. Aus Sandstein. Das ist bedenklich. Ich will damit nicht sagen, dass bei allen, die keinen Sandsteinlöwen ihr eigen nennen, darum gleich der Strom des Genies ausbricht, wie Goethe formuliert. Aber es ist schon so, dass die Anschaffung von Gartenstatuen ein erster Schritt ist auf einem rutschigen Pfad, der abwärts führt.

Der Löwe ist schon ein bisschen älter und hat ein paar Risse und sieht, wenn man ehrlich ist, ziemlich scheddrig aus. Darum war er auch nicht so teuer. Aber es ist ein Löwe, und er gehört jetzt mir, und das Allerbeste an ihm ist: er lächelt. Oder nein, er grinst. Er ist ein Grinselöwe.

Als ich ihn das erste Mal gesehen habe, kam es mir gleich bekannt vor, dieses Grinsen. Ich hatte es als kleiner Junge schon gesehen, in einem Buch. Ich rede natürlich vom Grinsen der Cheshire Cat aus ALICE IM WUNDERLAND, die in der deutschen Übersetzung den wunderschönen Namen Grinsekatze bekommen hat. John Tenniel hat sie für die Originalausgabe des Buches gezeichnet. Das Bemerkenswerte an der Cheshire Cat war ja, wie jeder Leser des Buches sich zweifellos erinnert, dass sie sich bis zu dem Punkt in Luft auflösen kann, dass nur ihr Grinsen zurückbleibt. Tenniel ist es damals gelungen, dafür ein Bild zu finden. Seine Katze ist um ihr Grinsen herum gezeichnet und man kann sich das Grinsen auch sehr gut ohne Katze vorstellen. So ist das auch mit meinem Löwen. Es kann sich natürlich um einen Zufall handeln. Aber ich ziehe es vor, der Meinung zu sein, dass der Steinmetz Tenniels Katze nachbilden wollte. Und ich finde, es ist ihm gelungen: Ich gucke den Löwen an und am Ende sehe ich nur noch sein Grinsen.

Statuen im Garten gehen eigentlich gar nicht. Die größeren Baumärkte am Stadtrand werden von ganzen Kolonien aus Gips bevölkert, deren Originale und Vorbilder sich im Louvre finden oder auch nur auf dem nahe gelegenen Minigolfplatz. Michelangelos David, Myrons Diskurswerfer, Rodins Denker, jede Menge junger Mädchen, die ihre Gipsbrüste raushängen lassen, um wahlweise Frühling, Sommer, Herbst und Winter darzustellen, oder Gartenzwerge in allen Varianten, ob klassisch mit Hacke und Spaten oder postmodern-eklektizistisch beim Beischlaf oder mit Beil im Rücken: wenn Sie lange genug suchen, finden Sie alles!

In Wahrheit würde ich die Finger davon lassen. Auch der ironischen Brechung sind da enge Grenzen gesetzt: Selbst wenn Sie einen Sado-Maso-Zwerg aufstellen, um sich über die Leute lustig zu machen, die normale Gartenzwerge gut finden – haben Sie am Ende einen Gartenzwerg aufgestellt.

Wenn Sie sich also auf die Insel Ihres Gartens zurückziehen – denn das ist der Garten ja, eine Insel –, dann achten Sie auf sich und darauf, dass Sie halbwegs normal bleiben. Übertreiben Sie es mit der Ordnung nicht zu sehr. Sie werden sich sonst selber fremd. Oder zu ähnlich. Je nachdem. Der Gärtner sollte sich an der Fauna mancher Inseln ein mahnendes Beispiel nehmen. Wenn es keine natürlichen Feinde gibt, wenn also die Herausforderung fehlt, die Bedrohung, das Abenteuer, die Gefahr, dann nimmt dort die Körpergröße der Tiere ab und ihre Bewegungen werden langsamer. Man nennt das Inselverzwergung.

Beobachten Sie sich selbst. Und bevor sie klein und dick werden, ziehen Sie wieder zurück in die Stadt!

Wasser

Zu den größten Freuden des zeitgenössischen Gartenlebens gehören regelmäßige Besuche im Gartenmarkt. Gerade jetzt im Frühjahr. Es handelt sich bei Gartenmärkten um eine Branche, der die Modernisierung sehr gut bekommen ist. Mögen konservative Kapitalismuskritiker der familienbetriebenen Gartenhandlung hinterhertrauern, in der eine unzufriedene Mittfünfzigerin mit schlechtem Gehör und schwarzen Fingernägeln im Ton des Vorwurfs deutlich macht, dass die Frage nach einem bestimmten Produkt nicht nur sinnlos, sondern in Wahrheit eine Beleidigung ist. Wir Gärtner wollen die Ware, die gefüllten Regale, das unübersehbare Angebot.

Es ist für mich die reine Freude, mit einem ladebereiten Trolley durch die langen Gänge zu patrouillieren. Und damit bin ich nicht allein. Der Gartenmarkt erweist sich als einigermaßen resistent gegen die Wirtschaftskrise. »Niemand spart bei den Stiefmütterchen«, wurde unlängst der zeituntypisch zuversichtliche Sprecher einer großen Ladenkette in der Zeitung zitiert. Im Gegenteil: Je rauher das Klima in Wirtschaft und Gesellschaft, so die optimistische Konsumsoziologie aus Gartencentersicht, desto gemütlicher wolle es der Deutsche im Garten und auf dem Balkon haben.

Ehrlich gesagt: Hier geht es nicht so sehr um die Pflanzen. Ein paar englische Rosen, die üblichen Stauden – grundsätzliche Funkien, Geranium, Bodendecker und Farne – an Gehölzen kleinere Rhododendren und Azaleen, sinnlose Öl- und Lorbeerbäume in Kübeln –, das ist alles schön und gut, wird aber den halbwegs kundigen Amateur zumeist nicht überzeugen. Die Auswahl ist zu klein, die Qualität oft unzureichend, und ein niedriger Preis allein rechtfertigt keinen Kauf. Pflanzen sollen im Garten sein wie gute Gefährten, und die sucht man sich auch nicht nach den Kosten aus. Nein, es geht um all das, was die moderne Konsumgüterindustrie fürs gärtnerische Hobby bereithält: Schläuche und Schellen, Harken und Hacken, Dünger für Tannen und Tomaten, Erde für Grünpflanzen und Gräber und natürlich Gifte für alles, was kriecht und fliegt und wächst, in allen Schweregraden und Darreichungsformen, fest und flüssig, als Tropfen oder Pulver. Manches wird aus dem verschlossenen Schrank unter der Maßgabe verkauft, dass die Anwendung in diesem Bundesland verboten sei. Da muss man treuherzig gucken und zustimmend nicken. Dann geht das schon. Gift ist nämlich gut für Ihren Garten! Je mehr, desto besser. Rosen, die von Mehltau befallen sind, Rasen, in dem sich Gänseblümchen breitmachen, Kirschbäume voller Läuse: Wenn Sie über viel Zeit, Leidensfähigkeit oder Autosuggestionskraft verfügen, setzen Sie gerne auf ökologische Schädlingsbekämpfung, versuchen Sie Marienkäfer in Ihrem Garten anzusiedeln und reden Sie sich ein, dass ein von Unkraut durchsetzter Rasen eine natürliche Schönheit ausstrahlt. Ich verlasse mich lieber auf die Giftspritze. Wir hatten das ja schon: Ein Garten ist kein natürlicher Ort, sondern ein künstlicher. Er ist Produkt menschlicher Arbeit, nicht natürlicher Fügung. Das macht ihn interessant.

Die Natur mag idyllisch sein. Aber nicht auf kleinem Raum. Eine Idylle auf 200 Quadratmetern ist nur auf Kosten der Natur herstellbar und im Kampf gegen sie.

Vor allem aber verfügt der Gartenmarkt meiner Wahl über einige größere Teiche. Sie können zwar für meinen keine Vorbilder sein, weil sie zu lieblos und nüchtern zwischen ein paar Gehwegplatten aus Waschbeton liegen, die in eine unkrautunterdrückende Schicht aus Rindenmulch gebettet wurden, und weil die schwarze Teichfolie lustlos über die Ränder lappt. Die Teiche machen also im Ganzen einen ziemlich verwahrlosten Eindruck. Aber es gibt da Frösche. Und die will ich auch.

Dafür muss allerdings erst einmal der Teich fertiggestellt sein. Und das gestaltet sich schwieriger als gedacht. Was soll ich sagen? Es gibt diese Gärtnerfirma, mit der ich seit Jahren zusammenarbeite. Es muss ein Weg angelegt werden? Ich rede mit den Leuten, sie kommen und machen ihre Sache gut. Es muss der Hang zur Straße terrassiert werden? Von dieser Arbeit verstehen die Männer etwas. Sie legen die großen Granitsteine ohne Mörtel als Natursteinmauer, die Zwischenräume verfüllen sie mit Kies. Das Ganze hält und kommt auch bei den starken Regenfällen nicht ins Rutschen, die wir hier mehr und mehr erleben. Wenn es um die Pflanzen geht, sieht es schon anders aus. Das habe ich inzwischen erfahren. Und mich damit abgefunden. Sie setzen den Rhododendron in den Sand. Buchstäblich. Sie pflanzen die Eberesche in einen Haufen Schutt. Das ist bedauerlich. Es sind Gärtner, die von Pflanzen nicht viel verstehen. Aber vom Bauen. Gut. In gewisser Weise auch ein taxonomisches Problem. Wenn man es einmal weiß, warum nicht. Also denke ich mir, der Teich ist bei den Männern gut aufgehoben. Sie sind schnell gekommen und haben die Grube ausgehoben. Keine Kleinigkeit, wie ich bereits erwähnt habe. Sie haben die Teichfolie verlegt und dann das Becken mit Katzenkopfsteinen ausgelegt. Bis nach oben zum Rand. Das sieht sehr hübsch aus und kostet nicht viel. Ich wollte auf keinen Fall die Teichfolie sehen, und die eine Hälfte des Teiches soll Kindern zum Schwimmen dienen. Die Idee war wirklich gut. Die Arbeit ging erstaunlich schnell voran. Ich war voller Hoffnung. Dann legten wir den Schlauch in den Teich und drehten den Hahn auf und die Kinder und ich setzten uns auf die Bank am Rand und sahen zu, wie das Wasser floss und sprudelte und schäumte und der Spiegel stieg und stieg. Das machte alles einen guten Eindruck.

Aber jetzt, nach einigen Tagen, kann ich sagen: mein Teich wird zur Quelle der Sorge. Es ist ein Elend. Er verliert Wasser. Und zwar nicht zu knapp.

In meinem Teich befinden sich ja etwa 10 000 Liter Wasser, und in dem Wasser befinden sich drei Fische. Zwei Koi-Karpfen, ein weißer und ein goldener, und ein Sterlet, der aussieht wie ein kleiner Hai. Ein wirklich hübsches Tier, schwarz, mit abgeflachter Schnauze, nicht groß, eine Störart. Als ich mit den Kindern im Baumarkt war und wir die Fische ausgesucht haben, entschieden sie sich für die Karpfen und ich für den Stör. Eines

Morgens habe ich ihm übrigens das Leben gerettet. Er lag, mit dem Bauch nach oben, unter Wasser und rührte sich nicht. Ich habe ihn herausgefischt und festgestellt, dass er sich ganz und gar in Algen verfangen hatte, eingewickelt, unbeweglich. Ich habe ihn befreit und gefüttert und getröstet, soweit das bei einem Fisch möglich ist, und ihn behutsam zurück in den Teich gesetzt.

Jedenfalls filtern also zwei Pumpen das Wasser und führen es durch zwei Schläuche zurück ins Becken. Daraus möchte ich einen Wasserfall machen. Nichts Übertriebenes. Nur einen kleinen. Für das Geräusch. Plätschernd, gurgelnd, säuselnd. Wie es sich für den locus amoenus gehört. Ich habe also einen Steinhaufen aufgeschichtet, Quader, Brocken, Feldsteine, was ich so vorrätig hatte und finden konnte, und habe die Schläuche darin nach oben geführt und geschickt kaschiert. Das sah ganz hübsch aus, wie das Wasser über die Steine in den Teich perlte.

Irgendwas muss aber schiefgelaufen sein. Der Wasserstand begann zu sinken. Zwar nicht gleich, aber nach ein paar Tagen war der Verlust unübersehbar. Es ist ärgerlich, das zugeben zu müssen: Aber ich habe bei diesen Arbeiten offenbar die Teichfolie verletzt. Ich habe gesucht und gesucht und die Stelle nicht gefunden. In Wahrheit ist damit genau das eingetreten, wovor ich mich bei der Planung des Teichs gefürchtet hatte. Ich wollte immer einen gemauerten Teich, oder wenigstens einen aus Beton gegossenen. Aber ich habe die Kosten gescheut. Und den Aufwand. Nun habe ich den Ärger mit einem Loch in der Folie.

Ein Teich ist Teil des Gartens. Er muss benutzbar sein, im eigentlichen Sinne. Wenn Sie in meine Lage kommen und die Anlage eines Teiches planen, machen Sie es anders: Berechnen Sie lieber die Fläche kleiner und lassen Sie sich ein stabiles Becken bauen. Lassen Sie die Finger von den Folien. Ich weiß, die Baumärkte und Gartenfachgeschäfte und die Literatur versuchen, uns von der Haltbarkeit der Folien zu überzeugen. Und ich bin ja selber darauf hereingefallen. Aber wir belügen uns da selbst. Es gibt manche Dinge nicht zum halben Preis.

Ein Teich ist eine wunderbare Anschaffung. Sparen Sie lieber länger. Übernehmen Sie lieber einen größeren Teil der Arbeiten selbst. Verkleinern Sie das Volumen. Betteln Sie Ihre Verwandten an. Warten Sie, bis Ihre Erbtante stirbt. Was weiß ich. Aber scheuen Sie um Gottes willen nicht die notwendigen Kosten.

Was mache ich jetzt? Den Teichrand freilegen und einen neuen Streifen Folie ankleben? Dabei versuchen, keine neuen Schäden zu verursachen. Du meine Güte! Was für ein Projekt. Oder hat der Wasserverlust in Wahrheit andere Gründe?

Es gibt ja nur zwei denkbare Erklärungen: Löcher und Kapillarkräfte. Wenn man einen Teich aus Folie hat, birgt der Umgang mit Steinen natürlich ein gewisses Risiko. Ich habe mich da auf die Gärtner verlassen, die gesagt haben, ich solle mir keine Sorgen machen. Da sie nichts von Pflanzen verstehen, dachte ich, beim Teichbau seien sie zuverlässig. Ich bin so vertrauensselig. Außerdem hatten die Männer ja Vliesmaterial zum Schutz der Folie eingearbeitet. Das Vlies aber führt seinerseits zu neuen Problemen: Kapillarkräfte. Das ist eine lustige Laune der Natur. Flüssigkeiten wandern entgegen der Schwerkraft in dünnen Röhren und Spalten, in Hohlräumen aller Art, wenn sie nur fein genug sind, nach oben. Das kann sich jeder Gärtner mit dieser handlichen Formel ganz leicht selber ausrechnen: Die Steighöhe ist gleich dem Quotienten aus dem Produkt von 1,4 und 10^{-15} Metern im Quadrat und dem Radius.

Anders gesagt: Je kleiner der Durchmesser einer Röhre, desto größer sind der Kapillardruck und die Steighöhe. Eine Kapillare mit einem Radius von 0,1 Millimeter lässt das Wasser um 14 Zentimeter steigen, 1 Mikrometer Durchmesser zieht das Wasser um 14 Meter nach oben.

Jedenfalls entfalten diese Kräfte eine unerwartet starke Wirkung: Sie können den halben Teich leersaugen. Einfach so. Man muss sich klarmachen, dass Bäume auf diese Weise Wasser in große Höhen bringen. Sie machen sich auch den Sog des verdunstenden Wassers zunutze und den osmotischen Druck, der von den Wurzeln ausgeht. Wenn man das alles zusammenzählt, dann kann ein Baum Wasser bis auf 130 Meter Höhe transportieren. Das ist die physikalische Grenze. Höher kann auf dieser Welt keine Pflanze werden.

Über das Trinken der Bäume hat Helmut Schreier in seinem dendrologischen Klassiker BÄUME – STREIFZÜGE DURCH EINE UNBEKANNTE WELT geschrieben: »In einer regnerischen Mainacht im Jahr 1992 hörte ich, wie der Baum trank. Ich presste mein Ohr an den Stamm und vernahm sein Saugen, sein Pumpen, Schmatzen und Schlürfen … Wir gingen von Baum zu Baum, um unsere Ohren an die Stämme zu halten und verschiedene Saufmuster herauszuhören. Am lautesten schmatzten die Birken, aber am Ende fand ich die Kiefer am interessantesten, ihr ziehendes Schlürfen, ihr klingendes Rauschen, ihr zischendes Knistern.« Schreier gesteht, dass es ihm nach jener Nacht nie wieder gelang, den Bäumen beim Trinken zuzuhören. Aber immerhin.

Das einzige, was mir ein bisschen Trost spendet, ist die Tatsache, dass ich für das Wasser, das da irgendwo im Boden verschwindet, nichts gezahlt habe. Ich bin nicht geizig. Aber es würde mir noch schlechtere Laune machen, wenn mein Geld da zum Opfer der Osmose würde. Hier aber handelt es sich um Wasser aus meinem eigenen Brunnen. Großartige Sache! Ein eigener Brunnen im Garten. Bitte, das ist nicht ein Brunnen wie jener, in den sich Otfried Preußlers Kleines Gespenst auf Burg Eulenstein stürzt, hoch gemauert, mit Winde und Seil und Eimer. Es ist einfach nur ein Rohr, das in einem sechzig Meter tiefen Loch steckt, und irgendwo ist eine kleine Pumpe, und wenn ich den Hahn aufmache, kommt das Wasser mit ungeheurem Druck aus dieser ganzen Tiefe – mit übrigens immer gleichbleibendem Druck, was man im Sommer von der städtischen Wasserleitung nicht sagen kann.

Überhaupt Wasser. Wasser ist wichtig. Das versteht jeder. Aber ist Ihnen klar, wie wichtig Wasser ist? Ich meine nur auf gärtnerischem, nicht auf globalem Niveau. Zur allgemeinen Bedeutung des Wassers hat die UNO ja alles Notwendige gesagt, als sie das Recht auf sicheres und sauberes Wasser zum Menschenrecht erklärte. (Für Freunde des Völkerrechts: Es gab keine Gegenstimmen, aber 41 Enthaltungen, vor allem aus den Reihen der Industriestaaten, weil hier kein einklagbares Recht geschaffen werde – was insofern ein bemerkenswertes Argument war, da die Resolution ohne Chance geblieben wäre, hätte sie ein solches Recht vorgesehen. Aber da steckt man gleich im Disput zwischen Rechtspositivismus und Realismus und der Dualität von Sein und Sollen, und das sprengt unseren Rahmen.)

Es mangelt Deutschland ja an vielem, aber nicht an Wasser. Allerdings ist es, wie andere wichtige Dinge auch, also Geld, Bildung, Glück, Gesundheit und gutes Aussehen, ungleich verteilt.

In Berlin zum Beispiel gibt es nicht viel Wasser (ob die anderen genannten Dinge hier ausreichend vorkommen, muss jeder selbst beurteilen). Im Laufe eines Jahres gehen auf jeden Berliner Quadratmeter 580 Liter Wasser nieder. Das klingt nach irre viel. Ist es aber nicht. Hamburg hat es mit 760 Litern viel besser. Dieser Umstand und der bessere Boden dort und überhaupt das angenehmere Klima erklären, warum die Rhododendren, ohne die, wie gesagt, ein anständiger Garten in Wahrheit ja unmöglich ist, in Hamburg so viel bereitwilliger wachsen als in Berlin. Im Ernst gleicht das Gärtnern hier im fernen Osten einem andauernden stillen Kampf. (Um Ihnen für Niederschlagsmengen überhaupt mal einen Maßstab zu geben: Über den Wäldern und Schluchten des indischen Cherrapunji, das zwischen Bhutan und Bangladesh liegt und wo seit 150 Jahren der offizielle Regenrekord gehalten wird, ergießen sich im Jahr etwa 11 000 Liter pro Quadratmeter.)

Wegen der bekannt sandigen Beschaffenheit des Berliner Bodens versickert das Zeug ziemlich schnell und verwandelt sich in Grundwasser. Immerhin. Denn davon lebt die Stadt. Keineswegs von ihren spärlichen oberirdischen Gewässern, die in Wahrheit bessere Teiche sind. Im Mittel sind die Berliner Seen 4,5 Meter tief, wer in der Havel segeln geht, muss damit rechnen, hundert Meter vom Ufer auf Grund zu laufen. Die meisten Lausitzer Braunkohlegruben sind seit ein paar Jahren stillgelegt, das Grubenwasser wird nicht mehr nach Norden geleitet, das raubt der Spree den Atem. Früher, als es noch Poesiealben gab, haben wir geschrieben: »Wenn die Flüsse rückwärts fließen, wenn die Füchse Jäger schießen, wenn die Mäuse Katzen fressen, dann erst will ich Dich vergessen.« Da muss man in Berlin heute sagen: Vorsicht, mit dieser Liebe ist es nicht weit her. Denn es gibt Tage, da fließt die Spree tatsächlich rückwärts. Also wieder in den Müggelsee. Gucken Sie sich das ruhig mal auf einer Karte an.

Die Beschäftigung mit dem Wasser bietet auch Gelegenheit, in die Tiefen und Geheimnisse der kommunalen Wasser- und Abwasserwirtschaft einzutauchen und in ihre Tarife und Terminologien.

Es begegnet einem dort der bewunderungswürdige behördliche Ordnungssinn, der die im Fluss befindliche Welt der Dinge in Gedanken und Begriffe fasst, ganz so wie der Gärtner es mit dem Raum und den Pflanzen macht. Man sinniert über Schmutzwasserentgelt und Niederschlagswasserentgelt, über Fäkalwasserentgelt und Fäkalschlammentgelt und stellt mit zugegebenermaßen nicht geringem Schrecken eine gewisse Verwandtschaft zwischen behördlichem und gärtnerischem Denken fest. Und mit nicht minderem Schrecken stellt man fest, dass Berlin alles andere als ein billiges Pflaster ist. Für Studenten und Kreative mag Berlin traumhaft günstige Lebensbedingungen bieten. Für Hausbesitzer sieht das anders aus. Im Jahr 2008, jüngere Zahlen habe ich nicht, belegte die Stadt bei den Abwasssergebühren einen traurigen 91. Platz. Potsdam übrigens den 100. und letzten. Die Durchschnittsfamilie (4 Köpfe) in ihrem Durchschnittshaus (120 Quadratmeter) mit ihrem Durchschnittsgrundstück (200 Quadratmeter) gab in Potsdam sagenhafte 786,48 Euro im Jahr für Wasser aus, in Berlin enorme 673,14 Euro. In Freiburg aber, um mal ans andere Ende des Landes zu gehen, in jeder Hinsicht, kostete das Wasser nur 283,31 Euro, und in Karlsruhe, billiger wird's dann nimmer, nur 226,32 Euro.

Gärtnerisch gesehen geht ohne Wasser gar nichts. Das ist eine Binsenweisheit, deren volle Bedeutung hier zu Beginn des gärtnerischen Jahres entfaltet werden soll. Machen Sie sich bitte klar, wie aufwendig das Wässern ist! Bedenken Sie das, bevor Sie sich zu einem Garten bekennen! Beachten Sie die Verantwortung, die Sie übernehmen! Wenn der Sommer da ist, wird die Farbe des Rasens zum Ausweis Ihrer gärtnerischen Pflichterfüllung.

Ich winke jedesmal ab, wenn mich jemand nach Balkonpflanzen fragt. Lass es, sage ich, du kommst mit dem Gießen ohnehin nicht nach. Das galt schon in den normalen, präklimageschockten Zeiten. Nun, da die Sommer trockener werden, vor allem im abgeschlagenen deutschen Osten, in dem unsere große Stadt liegt, wird das Thema zur Überlebensfrage nicht nur für die Balkonbegrünung. Wenn Sie nicht ständig mit dem Schlauch unterwegs sind, stirbt Ihnen auch im Garten alles unter den Händen.

Es gibt die Möglichkeit der automatischen Bewässerung. Wer mit dem Gedanken an ein solches System spielt, muss eine Skizze des Gartens verfertigen und die Beete, den Rasen, die Bäume eintragen. Wo ist Licht, wo Schatten? Wo hält der Boden das Wasser fest, wo lässt er es versickern? Entwerfen Sie dann einen Plan für den Verlauf der Leitungen. Bedenken Sie die notwendige Tiefe zur Verlegung, so dass Sie nachher beim Setzen der Zwiebeln nicht mit der spitzen Pflanzschaufel alles kaputtmachen. Bitte, wenn Ihnen das Spaß macht. Ich habe dazu im Ernst keine Lust, und praktische Erwägungen, ob damit Geld oder Zeit oder Wasser zu sparen ist, kümmern mich wenig.

Ich gieße meinen Garten gerne. Ich gehe gerne gießend von Pflanze zu Pflanze, prüfe Wachstum und Zustand. Ich will mir ein Bild darüber machen, wo ich mich freuen kann und wo ich mir Sorgen machen muss. Ich blicke schaudernd zum Nistkasten empor und frage mich, ob darin die Eier der Meisen noch unausgebrütet liegen. Ich stelle mit Überraschung die hohe Zahl an Bienen fest, die sich um die blauen Blüten meiner *Nepeta grandiflora* balgen (besser bekannt als Katzenminze, aber lassen Sie die Finger von der üblichen Art, der Hybride *faassenii*, es gibt so viel schönere Varietäten, 'Six Hills Giant' etwa, 'Walker's Low' oder *N. racemosa*). Mit einem Wort: Gießen bedeutet Einkehr.

Bei Temperaturen über 35 Grad hilft aber selbst die klösterlichste Disziplin des Gärtners manchen Pflanzen nicht mehr viel: Farne (bei mir vor allem der goldgrüne *Dryopteris affinis*, der winterschöne *Polystichum aculeatum* und natürlich der prächtige *Osmunda regalis*) und Funkien (ich werde nicht müde, die *Hosta sieboldiana* var. *elegans* zu empfehlen) verlieren über die Blätter mehr Feuchtigkeit, als man ihnen über die Wurzeln zuführen kann. Sie vertrocknen trotz Gießens.

Es sei daran erinnert, dass man als Schwimmer ertrinken kann, auch wenn der Kopf aus dem Wasser ragt, wenn nur die Luft selbst damit hinreichend gesättigt ist.

Frösche

Haben Sie sich gefragt, warum ich Frösche mag? Ich will es gerne erklären. Der Frosch ist ein faszinierendes Tier. Seine Metamorphose ist ein Wunder. Und zwar nicht eins von denen, über die Sie nur in der Zeitung lesen. Wie zum Beispiel jenes, das Marie Simon-Pierre vom Joch der Parkinson-Krankheit erlöst würde. Die Ordensschwester aus der Kongregation der »Kleinen Schwestern der Katholischen Mütterschaft« wurde zwei Monate nach seinem Tod von Johannes Paul II. geheilt. Jedenfalls konnte die Kongregation für die Selig- und Heiligsprechungsprozesse keinen anderen Grund für Schwester Marie Simonn-Pierres plötzliche Genesung feststellen als eben ein Wunder. Das war ein großes Glück, nicht nur für die Kleine Schwester. Sondern auch für Papst Benedikt XVI., der nun Grund genug hatte, von den Regeln der Kirche abzusehen, und seinen Vorgänger ohne die übliche fünfjährige Wartezeit seligsprechen konnte.

Nein, das Wunder der Frösche ist eines, das Sie beobachten können. Sie können daran teilnehmen, wie im Gallert des

Laichs die schwarzen Punkte in der Mitte zu kleinen, sich krümmenden Lebewesen werden, die ausbrechen, eine Flosse entwickeln, sich freischwimmen, mit ihrer sanften, dunklen Oberfläche, die bei genauem Hinsehen leicht gesprenkelt ist wie die eines wilden Tieres. Es wachsen ihnen dann kleine Beine, die Körperform verändert sich und irgendwann verschwinden sie hinter einem Stein, in einer kleinen Spalte, weil dieser letzte Teil der Verwandlung, diese eigentliche Transsubstantiation, sich dann doch im Geheimen vollziehen muss, der letzte, mysteriöse, wunderbare Schritt vom Wasser ans Land. Wir alle sind ihn gegangen im Augenblick unserer Geburt.

Und die ganze unerhörte Würde des Lebens, das nach vorne drängt, nach oben, an die Luft, ans Licht, das können Sie alles beobachten, wenn eine Kaulquappe zum Frosch wird. Kein Spaß.

Außerdem sind Frösche schöne Tiere. Ihre Haut ist glatt und weich. Ihre Augen sind groß und ruhig. Ihre Beine sind lang und kraftvoll. Ihr Ruf ist voll von gurrendem Frieden. Und wenn Sie sich dem Teich nähern, nehmen Sie nur ein paar rasche Bewegungen wahr und es platscht hier und da und die Frösche sind auf einmal still und unsichtbar. Man muss also den Laich sammeln – was, darauf sei ausdrücklich hingewiesen, aus Gründen des Naturschutzes streng verboten ist –, sodann zuschauen, wie er sich entwickelt. Sie können übrigens schon bei den Kaulquappen feststellen, dass es sich hier um fleischfressende Raubtiere handelt. Legen Sie mal ein Stück Salami ins Becken und warten Sie, was geschieht. Aber Achtung: Hocken zu viele Kaulquappen aufeinander, kann es zu Kannibalismus kommen. Und wenn man lauter kleine Frösche hat, die aus dem Aquarium zu hüpfen drohen, dann ist der Augenblick gekommen, sie in den Teich auszusetzen. Das ist jedenfalls mein Plan.

Ich habe schon einige Erfahrungen mit Fröschen gesammelt. Es ist gar nicht so einfach, in der Natur Froschlaich zu finden. In den vergangenen Jahren hatte ich mich mit den Kindern im frühen April auf den Weg ins Berliner Umland gemacht. Gummistiefelbewehrt, Netz und Eimer in der Hand, sind wir über sumpfige Wiesen zu moorigen Ufern gewatet, auf der Suche nach Laich. Passen Sie übrigens auf, dass das glibberige Zeug, das Sie mit nach Hause nehmen, nicht von Kröten stammt. Nichts von dem, was ich über Frösche gesagt habe, trifft auf Kröten zu. Sie wollen nicht wirklich eine Kröte in Ihrem Garten haben. Wir haben ein altes Aquarium genommen und in der Mitte eine Trennwand gemauert, mit Steinen und Mörtel und Silikon. Auf der einen Seite Wasser, auf der anderen Land. Das sieht hübsch aus und macht Sinn.

Um die Wahrheit zu sagen, es hat nur ein Frosch überlebt. Alle anderen haben wir in ein Marmeladenglas voller Apothekenalkohol überführt. Da schwimmen jetzt all die kleinen Frösche, die es leider nicht geschafft haben, die wir darum aber nicht weniger liebhaben. Der eine Überlebende war ein einsamer, alter Frosch, dem das Leben mit seinen vielfältigen Verlusten tiefe Falten ins Gesicht geschnitten hatte. Ein weises, altes Froschgesicht.

Ich habe keine Ahnung, woran die kleinen Frösche immer starben. Sie hüpften an einem Tag noch fröhlich herum. Und am nächsten trieben sie mit dem Bauch nach oben in ihrem Becken.

Wenn Sie den Zeitpunkt des Laichens verpassen, was leicht passieren kann, wenn Sie im Leben noch andere Dinge vorhaben, als Froschlaich sammeln zu gehen, empfehle ich Ihnen den Weg zu gehen, den ich genommen habe: den Weg in den Gartenmarkt. Da wimmelte es nur so von Kaulquappen. Und das Beste: sie konnten nicht abhauen, weil der Teich überschaubar klein und nicht sehr tief war. Wir mussten sie nur fangen und an der Kasse vorbeischmuggeln.

Auch das war nicht ganz im Rahmen der Legalität. Die Gesetze machen einem das Leben schwer. Forschergeist, Neugierde, auch der Wunsch, den Kindern den Weg in die Natur zu ebnen – all das wird von allzu engen Regeln abgeschnürt, die sich wie ein Korsett um den unruhigen Geist legen.

Gartenmärkte sind jedenfalls wegen ihrer schier unerschöpflichen Auswahl wunderbare Orte des Träumens und wegen ihrer unübersichtlichen Strukturen außerdem gut geeignet für verdeckte Aktionen.

Ich berichte jetzt, aus Gründen der historischen Authentizität, wie wir es gemacht haben. Das ist aber keine Aufforderung zur Nachahmung.

In der Abteilung für Aquarien liehen wir uns drei kleine Kescher. Aus zwei Mülleimern suchten wir uns Kaffeebecher mit Deckeln heraus, die wir im Teichwasser kurz abspülten. Dann warteten wir. So unauffällig kleine Kinder mit Kaffeebechern und Keschern in der Hand am Rande eines Teiches, der voller Kaulquappen ist, eben warten können. Als gerade niemand guckte, legten wir uns auf den Bauch und machten uns die Netze voll. Das heißt, wir legten uns hin, als gerade niemand guckte. Das bedeutet aber nicht, dass wir, als wieder jemand guckte, nicht mehr dort lagen. Vielmehr lagen wir durchaus noch dort, als mehrere Besucher des Gartenmarktes überraschend an uns vorbeischlenderten. Interessante Beobachtung: den meisten Leuten ist vollkommen egal, was man so treibt.

Wir füllten sodann die Quappen in die Becher und verschlossen sie mit den Deckeln.

Meine Tochter bestand auf dem Versuch, auch einen Frosch zu fangen. Ich stand diesem Plan sehr skeptisch gegenüber. Einmal weil ich unsicher war, ob meine kriminelle Energie dafür ausreichte, zum anderen weil die Frösche wirklich sehr flink waren und verdammt weit hüpfen konnten.

Sie ließ sich von mir nicht abbringen. Mein Sohn und ich hielten darum einigen Abstand, um für den Fall eines Zugriffs durch das Sicherheitspersonal glaubhaft machen zu können, dass uns das kleine Mädchen mit Frosch gänzlich unbekannt sei. Aber die Frösche waren schneller.

Nach einer Zeit legten wir die Kescher auf eine Bank und verließen unauffällig den Tatort, die Kaffeebecher voller Kaulquappen in den Händen. Es war ein guter Tag.

Wir wollen von den Fröschen nicht lassen ohne dieses Lied:

Kermit Ich wollt ich wär unten im Meer
Ja im Garten eines Kraken möcht ich sein
Er lässt uns ein oh das wär fein
Ja im Garten eines Kraken möcht ich sein
All meine Freunde lüd ich ein
Zu Gast im Garten meines Kraken zu sein
Ich wollt ich wär unten im Meer
ja im Garten eines Kraken möcht ich sein
(*Jetzt du Fisch*)
Fisch Wir hätten's warm
In Neptuns Arm

In unserm schattigen Versteck unter der Flut
Legten uns lang
Auf weichem Tang
Im Garten eines Kraken das tät gut
Kermit   Fingen dann zu tanzen an
Weil man uns dann hier nicht finden kann
Ich wollt ich wär unten im Meer
Ja im Garten eines Kraken möcht ich sein
(*Hier ist der Fisch noch mal*)
Fisch   rezitativ   Ja ich wäre dort im Garten
Um die Arme des Kraken mir anzuschaun
Ein Krake hat acht Arme
Ich zähle mal
Eins, Zwei, Drei, Vier, Fünf, Sechs, Sieben, Acht
Eine Menge Krake, was
Kermit   Da geht es rund
Da leuchten bunt
Korallen tief auf dem Meeresgrund
(*Hier eine Muschel*)
Muschel   Oh, wie schön
Wohin man will zu gehn
Mit den Fischen sich im Tanze zu drehn – juchu
Kermit und Muschel   Duett   Sicherlich wärst du so froh wie ich
Denn niemand stört und ärgert uns hier
Ich wollt ich wär
Unten im Meer
Im Garten eines Kraken mit dir
dubidubidubidu
Im Garten eines Kraken mit dir
dubidubidubidu
Im Garten eines Kraken mit dir

dubidubidubidu
Im Garten eines Kraken mit dir!

Es versteht sich von selbst, dass dieses Lied aus der Sesamstraße hier seinen Platz hat. Wenn wir uns mit der Gartenkultur befassen, müssen wir ja auch ihre Randbereiche erforschen. Zumal wenn es sich um so außerordentlich durchgeknallte Randbereiche handelt wie diesen.

Dieses Lied ist ein schönes Beispiel für ein aus Literatur- und Kunstgeschichte bekanntes Phänomen: Das Zitat überlagert das Original.

Oder nur ein Beispiel für meine umfassende Unbildung. Ich dachte immer, OCTOPUS' GARDEN ist eine weitere Schöpfung des genialen Jim Henson. Der ist doch ohnehin einer der bedeutendsten Künstler des 20. Jahrhunderts, und es gab für mich keinen Zweifel, dass dieser Song unter seiner Regie für Kermit den Frosch geschrieben wurde.

So wie viele andere großartige Lieder, die ODE AN DIE FREUDE zum Beispiel, die fälschlicherweise einem seit ein paar hundert Jahren toten deutschen Komponisten zugeschrieben wird. Oder DANNY BOY, das aus irgendeinem Grund für ein englisches Volkslied gehalten wird.

In diese Reihe schien auch OCTOPUS' GARDEN zu gehören. Aber, falsch. Bildung hilft. Es handelt sich hier um einen Beatles-Song, vom Album ABBEY ROAD. Ringo Starr, der angenehmste dieser vier Musiker, hat den Song geschrieben. In jenen Tagen, als es mit den Beatles zu Ende ging. Die Aufnahmen für die Platte, die später als LET IT BE herauskommen sollte, waren gerade beendet und die Stimmung war mies. Ringo fährt also mit seiner Familie nach Sardinien und kreuzt mit der Yacht von Peter Sellers vor der Costa Smeralda. Er isst das erste Mal in seinem Leben Tintenfisch, und der Kapitän, so geht jedenfalls die Geschichte, erzählt ihm von den Kraken, die schweigend über den Meeresgrund schweben und dabei glitzernde Steine sammeln, mit denen sie dort unten ihre Gärten anlegen. Das ist eine schöne Idee.

George Harrison hat dazu gesagt: »Ich sehe eine tiefe Bedeutung in den Versen, die Ringo wahrscheinlich selber gar nicht sieht. Wir hätten's warm, in Neptuns Arm und so, das ist großartig! Weil hier oben bei uns immer ein Sturm tobt, aber tief unten in deinem Bewusstsein ist alles sehr, sehr friedlich.« Das hätte Kermit auch nicht besser sagen können.

Vögel

Der Gärtner führt ein zurückgezogenes Leben, der Stille und den Pflanzen gewidmet. Einmal aber war der Gärtner eingeladen und traf den Biologen Cord Riechelmann.

Es entspann sich ein Gespräch über die Natur und ihre Grenzen, und über den Garten als Raum der Kultur. Riechelmann ist nicht nur Biologe. Er ist auch Philosoph. Es ist ja die Biologie von den Naturwissenschaften die geisteswissenschaftlichste. Darum stirbt sie auch. Und löst sich in Spezialitäten auf, ins Molekulare, ins Nervenzelluläre. An den naturwissenschaftlichen Fakultäten, in den Laboren und Unternehmen, braucht kein Mensch mehr die Biologie als Naturkunde, als Wissenschaft vom Leben, die das Wie des Lebens ebenso erforschen will wie das Wozu, die die Frage nach der Funktion nicht trennt von der Frage nach dem Sinn, die also eigentlich, bei allem Empirismus, in ihrem Kern eine philosophische Wissenschaft ist.

Die populären Vermittler der Wissenschaft sind seit einiger Zeit schon sämtlich Physiker. Die letzten Biologen waren die Tierfilmer Sielmann und Grzimek.

Riechelmann, der mit seinen wilden schwarzen Haaren und dem wuchernden Backenbart etwas Makakenhaftes hat – er sieht, um es genau zu nehmen, aus wie ein Mohrenmakak aus dem Südwesten Sulawesis –, ist selber Journalist, Tierjournalist. Wenn man es recht überlegt, ist er überhaupt der einzige Tierjournalist, den es hierzulande noch gibt, und von meinen Ausführungen zur Frage, welchen Platz die Tiere im Garten haben, war er alles andere als angetan. Der Gärtner duldet nämlich im Garten ja keine Tiere. Oder besser: Er duldet sie eben nur – gerade so lange, wie sie dem Zweck des Gartens nicht in die Quere kommen. Tiere sind kaum zu bändigen. Sie haben, und darum ging es in unserem Gespräch, im Garten nichts zu suchen. Denn im Tier siegt immer die Natur, während der Garten kein Ort der Natur ist, sondern einer der Ordnung. Ich habe versucht, Riechelmann diese These zu verklaren, aber er hat nur makakenhaft gegrinst, mit dem Wissen eines Mannes, der einmal drei winterliche Monate im Massiv Central verbracht hat, dem Studium der Berberaffen gewidmet, der einzigen Affenart Europas. Drei einsame Monate in den Bergen, in denen er über sich selbst und die Natur und ihre Macht und ihre Grenzen vermutlich mehr gelernt hat, als ich in meinem Zehlendorfer Garten lernen kann. Schön und gut, sagte ich, Massiv Central hin oder her, sagte ich, die Natur könne mir gestohlen bleiben. Und dann habe ich ihm meinen Text von der Natur erzählt, dass sie sich um den Menschen nicht kümmert, dass der Mensch ihr scheißegal sei, so in der Art. Ich habe mich richtig in Rage geredet. Auch den Sternenhimmel habe ich nicht ausgelassen. Mit seiner ganzen geheuchelten Bedeutsamkeit. Die Sterne sind doch völlig irrelevant für den Menschen, völlig ohne Beziehung zum menschlichen Leben. Die ganze Natur schert sich einen Dreck um uns, habe ich ihm gesagt und ihn auch mit dem »Grizzlyman« nicht verschont. Wir sind alle ebensolche Idioten wie der Grizzlyman, habe ich nun schon beinahe geschrien, wenn wir glauben, eine Beziehung zur Natur herstellen zu können. Steine können nicht weinen, oder? Und der Grizzly frisst den Mann am Ende einfach auf.

Riechelmann, der ein höflicher Mensch ist, hielt mich offenbar für zunehmend exzentrisch, er gab mir noch einen Buchtipp mit auf den Weg und verabschiedete sich dann. Ich blieb ein bisschen verdattert zurück. Aus lauter schlechtem Gewissen besorgte ich mir gleich am nächsten Tag das empfohlene Buch von Friedrich Georg Jünger, ORIENT UND OKZIDENT. Über Tiere im Garten steht da leider nichts drin. Aber dafür schreibt Jünger ein paar hübsche Zeilen über das Wasser im Garten. Und er beschäftigt sich mit der Geschichte von Park und Garten, und ihrer Abgrenzung. Und das ist in der Tat ein aufschlussreiches Thema, denn beide, Park und Garten, sind ja künstliche Repräsentationen der Natur, aber während der Garten, vor allem der französische Garten, sich der Architektur anverwandelt und gleichsam aus ihr herauswächst, will der Park sich der Natur zuneigen, zumal der englische. Die Trennung von Garten und Park ist eine englische Entdeckung. Aber das führt jetzt in eine andere Richtung.

Wir waren bei den Tieren: Das Tier tritt im Garten zumeist als Feind auf. Zum Beispiel die Schnecke. Ihre Lieblingsspeise sind ausgerechnet die Funkien, absolut unverzichtbare Stauden, die zu den wichtigsten Gartenpflanzen gehören. Sie können sich ungefähr denken, was der Gärtner von Schnecken hält. Unterschätzen Sie niemals die Wut und Verzweiflung, die der Anblick rissiger, durchlöcherter Blätter einer *Hosta sieboldiana* var. *elegans* nach dem Besuch von zwei, drei Nacktschnecken beim überzeugten Gärtner hervorrufen kann. Wie auch sonst im Leben sollten Sie hier auf Prävention setzen. Mein Rat: Streuen Sie Schneckenkorn. Und wenn auf der Packung steht, dass Sie nur eine Handvoll nehmen sollen, dann nehmen Sie bitte im Interesse Ihrer Pflanzen die doppelte Menge. Mindestens. Es gibt in den meisten Gärten sowieso kaum Igel. Und Igel blühen auch nicht.

Falls es wider Erwarten doch eine Schnecke bis zum Blatt ihrer Träume geschafft haben sollte und dort ihr Vernichtungswerk vollendet hat, müssen Sie selber ran. Ich gehe immer mit dem Spaten hinaus in den Garten, im Morgengrauen oder in der Abenddämmerung, wenn die Schnecken arglos durchs taubenetzte Gras kriechen, dann stelle ich mich über sie, beobachte sie eine Weile und spalte sie dann in zwei Teile. Der Funkie hilft es nicht mehr. Aber Ihnen. Glauben Sie mir.

Im Garten, wie ich ihn mir also vorstelle, haben freilaufende Tiere eigentlich nichts zu suchen. Eigentlich. Beete und Blattpflanzen sollte man nicht mutwillig riskieren. Sollte. Andererseits ist es aber so, dass Tiere etwas Wunderbares sind. Pflanzen lassen sich mit einigem Aufwand in eine gewünschte Ordnung bringen. Tiere nie. Das Tier ist darum der Feind des Gartens. Dennoch liebe ich Schafe. Es sind liebevolle, zärtliche Tiere mit sanften Augen und weichen Lippen. Ich wollte immer Schafe haben. Die reizenden Moorschnucken, jene unbehornten, mischwolligen Landschafe mit feinem Körperbau und festen Klauen. Oder die frohwüchsigen Suffolks, mit ihrer vorgeschobenen Brust, dem langen Rücken und den guten Außenkeulen. Und natürlich die unentbehrlichen Ostfriesischen Milchschafe, mit dem geräumigen Euter. (Achten Sie auf die korrekte Zitzenstellung, tief am Euterboden, nach unten weisend, mittelgroß und lang!) Wie herrlich ist es, Schafen zuzusehen, wenn sie, weiß und in gleichmütiger Würde, mit großem Ernst ins Nichts blicken und mit ihren Kiefern das grüne Gras mahlen.

Aber es ist ein sinnloser Traum: Solche Schafe muss man sich erst einmal leisten können! Um nur ein Schaf artgerecht zu halten, braucht es rund 1000 Quadratmeter Rasenfläche. Das ist sehr viel. Glücklicherweise sind nicht alle Tiere so anspruchsvoll und raumgreifend. Glücklicherweise gibt es noch andere Tiere, denen man in einer stillen Ecke des Gartens ein Zuhause geben kann und die dafür die Tage des Gärtners mit ihrem fröhlichen Laut versüßen. In dem Fall, der mir vorschwebt, handelt es sich bei dem Laut um Geschnatter. Ich denke an Enten, genauer gesagt an Laufenten.

Laufenten sind, was Pflege und Versorgung angeht, ähnlich genügsam wie die Schafe, brauchen aber deutlich weniger Platz.

Schon ein kleiner Garten kann zum gemütlichen Heim eines Laufentenpaars werden, und mein Teich, wenn er eines Tages fertig ist, macht daraus garantiert ein sehr glückliches Laufentenpaar.

Mit der geheimnisvollen Anziehungskraft, die von Schafen ausgeht, können sich die Enten freilich nicht messen. Aber auch sie verfügen über ihre Reize, hochaufgerichtet, mit langem, schlankem Hals, auf feingliedrigen Beinen. Zwei Kilo wird der Erpel schwer. Und, was sehr praktisch ist: Laufenten können schlecht abhauen, weil sie zum Fliegen gar nicht taugen. Die Frage übrigens, die einst Holden Caulfield umtrieb – was geschieht mit den

Enten im Winter –, ist hier schnell beantwortet: Gar nichts. Man lässt sie einfach draußen. Sie haben ein Frostschutzmittel im Blut, das ein Einfrieren bis minus 15 Grad verhindert. Man muss nur hin und wieder nachsehen, ob sie festgefroren sind. Abgesehen davon, muss man sich auch um verschneite Enten keine Sorgen machen. Diesen und unzählige andere wertvolle Hinweise kann man auf Bruno Stubenrauchs für dieses Thema unverzichtbarer Netzseite Laufente.de nachlesen, die ein Denkmal für die beiden inzwischen verschiedenen Enten Wolli und Walli ist und damit ein Denkmal für die Liebe zur Laufente schlechthin. »Elf angebrütete Eier blieben zurück«, schrieb Stubenrauch nach Wallis Tod, »es war mir ein Anliegen, das Begonnene zu vollenden. Das Leben – ein Kommen und Gehen.«

Die Haltung von Laufenten ist nicht schwierig. Ein bisschen Futter, ein kleiner Stall. Mehr braucht es nicht, um morgens von fröhlichem Geschnatter geweckt zu werden. Sie sollten allerdings daran denken, die Enten abends zusammenzutreiben. Alle Experten sind sich einig: das muss man vor Einbruch der Dunkelheit erledigt haben. Danach sind sie im Unterholz unauffindbar. Jedenfalls für Sie. Der Fuchs wird es schaffen. Es stellt sich in diesem Zusammenhang für mich die Frage, wie die Hündin es mit den Enten halten wird. Sie ist schwarz und eine gute Jägerin, und fängt sich hin und wieder eine Maus. Es wäre bedauerlich, wenn meine Laufenten das gleiche Schicksal erleiden. Zumal die einschlägige Literatur vom Verzehr der Laufente abrät: sie bestehe nämlich praktisch nur aus Hals. Aber ich bin da ganz zuversichtlich. An die Kaninchen hat sich die Hündin inzwischen gewöhnt. Solange sie sich nicht allzu schnell bewegen. Rasche Bewegungen lösen bei der Hündin leider einen kaum zu kontrollierenden Schlüsselreiz aus. Entweder werden die Laufenten lernen müssen, sich sehr, sehr langsam zu bewegen. Oder sehr, sehr schnell.

Es gibt noch eine andere Fundstelle aus den wunderbaren Weiten des Netzes, die ich Ihnen ans Herz legen will: die Gartenseite des unermüdlichen Heimgärtners Fabio Angeli, die wirklich umfangreich und weitreichend ist und ein eindrucksvolles Beispiel dafür abgibt, dass man sein Steckenpferd gewissermaßen auch auf Langstrecken reiten kann. Dort findet sich aber neben jeder Menge nützlicher Hinweise zur Haltung von Laufenten auch ein Satz, der mich sonderbar erfasst hat: »Wie alle anderen Vögel auch wollen sie nicht angefasst werden und mögen es nicht, wenn man ihnen in die Augen schaut.«

Das ist doch ein Satz, der erschaudern lässt. Sind Vögel so? Dass sie die Begegnung scheuen, das Erkanntwerden? Was ist es an den Vögeln, dass sie sich abwenden. Oder was ist es an uns, dass man sich von uns abwendet. Es ist ja das eine, nicht berührt werden zu wollen. Wer will das schon? Aber dass die Vögel es nicht mögen, wenn man ihnen in die Augen schaut, das hat doch etwas Erschreckendes. Denn das ist ja mehr als Rückzug. In dieser Nachricht steckt auch eine Drohung. Was geschieht, wenn man ihn dennoch wagt: den Blick in die Augen der Vögel. Werden sie dann zuschlagen? Zum Angriff übergehen? Wir denken an jenen berühmten Film über die Vögel. Eine kurz geschnittene Szene: ein Mann lehnt blutig zerschunden und tot an der Wand. Seine Augen fehlen. Die Vögel haben sie mitgenommen.

So gesehen ist es ein Glück, dass sich im Garten kaum die Gelegenheit bietet, den Vögeln in die Augen zu sehen. Sie fliegen zumeist davon, bevor es zum Blickkontakt überhaupt kommen kann. Von den Vögeln gibt es im Allgemeinen mehr zu hören als zu sehen. Darum sei allen Gartenfreunden das EXCURSIONENBUCH ZUM STUDIUM DER VOGELSTIMMEN des eingangs bereits erwähnten Prof. Dr. Alwin Voigt empfohlen; besonders schön ist die fünfte Auflage dieses epochalen Werkes, die im Jahr 1909 in Leipzig erschienen ist: Sie unterscheidet sich von der vierten nicht nur durch die Aufnahme vier weiterer Vogelarten, nämlich Strandpieper, Schneeammer, Zipp- und Zaunammer, sondern auch durch eine Vielzahl sehr eindrucksvoller Illustrationen. Die Bilder zeigen Professor Voigt bei der Arbeit. Draußen im Schilf, das Ohr im Wind, den Schreibblock in der Hand, bei seiner Bemühung, dem vieltönenden Klang der Vögel nachzuhören, ihn festzuhalten und zu entwirren. Um dann daheim, umgeben von gelehrten Büchern, die Notizen zu sortieren, zu bewerten und zu kategorisieren. Mit einem Wort: Ordnung zu schaffen, wo vorher keine war.

Professor Voigt ist heute weitgehend, um nicht zu sagen: vollkommen vergessen. Dabei leistete er seinerzeit Bahnbrechendes auf dem schmalen Zweig jener Forschung, der zwischen Musikwissenschaft und Vogelkunde austreibt. Voigt erfand eine neue Systematisierung für die Darstellung von Vogelstimmen. Bis dahin hatte man sie mehr schlecht als recht in der üblichen Notenschrift abzubilden versucht. Aber Professor Voigt fand: »Die Tonstufen der menschlichen Musik sind etwas Gemachtes« – und darum ungeeignet, die Natur abzubilden. Eine Anschauung, die durchaus nicht allgemein geteilt wurde. Und wieder berühren wir das Thema, das eigentlich jeder ernsten Beschäftigung mit dem Garten zugrunde liegt: das Verhältnis von Kultur und Natur. In seinem Werk gibt Voigt dem Vogelfreund hilfreiche Anleitung für die Bestimmung des Gesangs von nicht weniger als 254 Vogelarten.

Es gibt Vögel, die es einem leichtmachen. Die heißen einfach, wie sie rufen: Kuckuck, Pirol, Kiebitz, Krähe oder Fink. Andere Vögel wie die Kohlmeise pfeifen schlichte Terzen, die sich in Notenschrift leicht darstellen lassen. Wenn die Lieder aber kompliziert werden wie jene der Grasmücken, versagt die arme Kunst der Menschen. Voigt entwickelte also eine neue Notierung aus Strichen und

Punkten, aufsteigend und fallend, verbunden und nebeneinander. Wir sehen ein Beispiel auf dem folgenden Bild, es zeigt den Gesang des Sprossers, auch polnische Nachtigall genannt.

Der Gesang des Sprossers in der Notation von Alwin Voigt

Der Gärtner erhielt einmal einen Brief, in dem der Schreiber von einem Pärchen Kohlmeisen erzählte, Parus major, das er durch einen kalten Winter gefüttert hatte. Er beobachtete die Meisen während vieler dunkler Tage von seinem Fenster aus und stellte irgendwann freudig fest, dass dem Meisenpaar drei Junge geschlüpft waren.

Im Lexikon heißt es: »Die Meise geht in der Regel eine monogame Saisonehe ein.« Wie viel Zeit könnte man nicht über dem tieferen Sinn eines solchen Satzes zubringen?

Monogame Saisonehe. Darum fasziniert uns ja das Reich der Natur. Aber eines Tages schienen die kleinen Meisen verschwunden. Sorgen ergriffen meinen Brieffreund. Was war den Vögeln widerfahren? Nichts, will man gerade sagen, und liest ungeduldig weiter: Wenige Tage später saß eine kleine Meise an seinem Fenster. Ja, das war doch zu erwarten. Da liegt nämlich der große Vorteil der Kohlmeise: Sie ist ein Standvogel. Wo sie ist, bleibt sie. Nicht wie manch anderes Gefieder, heute hier, morgen da, unkontrollierbar, unberechenbar. Was eigentlich ja das Lästige an Tieren im Garten ist, das Unberechenbare. Meine Funkien bleiben, wo ich sie eingepflanzt habe. Tiere dagegen machen, was sie wollen. Nicht so die treuen kleinen Meisen.

Es sind ja niedliche, rundliche Vögel, mit gelber Unterseite, schwarzem Kopf und weißen Wangen. Eigentlich sieht die Kohlmeise für einen derart verbreiteten heimischen Vogel fast ein bisschen übertrieben bunt aus. Professor Voigt schreibt, dass der Ruf der Kohlmeise kräftig sei: »ein kurzes helles ›pink‹ auf h4«, oft gefolgt von drei bis sechs kurzen Pfeiflauten, »bald freudig, bald heftig, derb zänkisch«. Pink di di di. Schreibt Professor Voigt. Neben diesen eigentlich klangschönen Tönen lassen Kohlmeisen aber oft auch ein meckerndes Zetern hören, das sich – da muss sogar Professor Voigt passen – »weder in Noten noch in Silben gut ausdrücken lässt«. Irgendwie ein »dzädzädzädzdädzä« oder vielleicht auch ein »schäschäschäschä«. Selten, schreibt Voigt, ein trärrärrärrä, das sich in der Hitze zu einem »trärrrr« verdichten kann. Kohlmeisen überraschen aber auch hin und wieder mit einem »zjezjezjezjezje«, das sie sich bei der Sumpfmeise abgehört haben, oder mit einem täuschend echt klingenden »dädädädä«, selbst das »zi gürr« der Haubenmeise und das gedehnte »däh däh« der Weidenmeise fügt der lernfähige kleine Vogel seinem Repertoire gerne zu.

Wenn Sie Ihrer Meise was Gutes tun wollen, kaufen Sie ihr einen Nistkasten aus Lärchenholz mit einer Metallplatte um das Eingangsloch herum, die den räuberischen Specht am Eindringen hindert.

Für die Enten muss es natürlich schon etwas Größeres sein.
Ich dachte zunächst an einen einfachen Stall aus Holz und Maschendraht. Aber irgendwie schien mir das unzureichend. Es soll ja etwas von Dauer sein und auch als Projekt und Vorhaben eine größere Herausforderung darstellen, als ein paar genagelte

Bretter es können. Der Gärtner liebt und sucht immer eine neue Herausforderung. Dabei ist die alte noch nicht ganz überwunden: der Teich. Es besteht weiterhin das Problem des Wasserverlusts. Sehr ärgerlich. Die Gartenfirma sucht nach einer Lösung. Das geht dann so: Die Männer kommen, pumpen das Wasser ab, legen die Folie frei, bekleben sie mit Flicken, füllen Wasser nach, und gehen, händeschüttelnd, grüßend, mit aufmunternden Worten, nun sei alles geklärt, die Lage sei im Griff, die Schwierigkeit behoben, auf Wiedersehen, gern, wir schicken die Rechnung, bis bald. Und dann, zwei, drei Tage später, steht der Gärtner vor seinem Teich, allein, schweigend, nachdenklich, besorgt, enttäuscht, wütend: Der Wasserspiegel ist wieder gefallen. Die Ränder des Teichs sind frei von Vlies, von wegen Osmose, da wird nichts gesogen oder gezogen, dieser Teich ist einfach leckgeschlagen, mehr nicht, und die Leute kriegen und kriegen es nicht hin. Wo Hoffnung war, macht sich Trauer breit und Wut und Ohnmacht.

Aber, nicht aufgeben! Weitermachen! Dranbleiben! Das Leben geht weiter, auch mit löchriger Folie. Und was gibt es Besseres, eine Enttäuschung zu überwinden, als ein neues Projekt aufzunehmen? Darum ist jetzt der richtige Zeitpunkt, mit dem Bau eines Entenschlosses zu beginnen. Jawohl! Ein Schloss. Kein Stall. Keine Hütte. Ein Schloss. Ich denke an eine barocke Anlage mit entsprechendem Garten, natürlich maßstabsgerecht.

Und da man im Garten alles selber machen sollte – bis zu dem Punkt, da man dem Profi die Arbeit übergeben kann –, fängt man am besten mit dem Fundament an.

Nutzen

Auf dem Weg nach Süden hat der Gärtner neulich einen anderen Garten besucht, an einem großen See, man kann bei klarer Luft von dort die Berge sehen. Hinter dem Haus steht linker Hand ein Fächer-Ahorn mit leuchtend rotem Laub (ein *Acer palmatum* also, vermutlich in der Variation 'Atropurpureum' oder 'Bloodgood'). Im schmalen Schatten des kleinen Baumes liegt am Rande des Gartens ein Kräuterbeet. Der Garten ist rosenumwachsen und baumbestanden und schön, wenn er auch offenbar nicht mehr so gepflegt wird, wie seine Anlage es verdiente. Er fällt steil ab zum steinigen Ufer des Sees, und gerader, leicht zugänglicher Platz ist hier rar. Die Bewohner des Hauses legen wohl großen Wert auf die Kräuter, da sie ihnen in ihrem Garten, der über so wenig zu bewirtschaftende Fläche verfügt, ein eigenes Beet einrichten.

Ich habe mir angesehen, was dort im Garten am See wuchs: Minze, Frauenmantel, Rosmarin, Salbei, Zitronenmelisse, Eisenkraut und Brennnesseln. Jeden Morgen geht der alte Mann hinaus und sammelt Kräuter. Er trägt dabei einen besonderen Handschuh, wegen der Brennnesseln. Langsam beugt er sich zu den Pflanzen hinab und nimmt nur von den jungen Trieben.

Der alte Mann geht in die Küche. Er zerkleinert seine Ernte mit einem Wiegemesser auf einem Holzbrett und stopft sie in einen Siebbeutel. Im Regal stehen blecherne Dosen mit mehr Kräutern: Weißdorn, Weidenröschen und Fenchel. Auch von denen nimmt er ordentliche Portionen und mischt sie unter die frischen Blätter. Der Tee schmeckt kräftig, unten liegt der See. Der Mann sagt, dass Minze und Melisse um die Vorherrschaft im Beet streiten. Gerade habe die Minze die Oberhand. Es sei ein Jahr für die Minze – wegen des Wetters, der harte Winter, der späte Frühling, der heiße Sommer. Die Minze sei in diesem Jahr im Vorteil gegenüber der Melisse, die ihre Chance vielleicht im nächsten Jahr bekomme.

Die meisten dieser Kräuter nutzt man wegen ihrer pharmazeutischen Wirkung. Nur beim Eisenkraut konnte da bislang nichts nachgewiesen werden. Die Weidenröschen und die Brennnessel wirken bei Blasenkrankheiten, Minze und Fenchel helfen dem Magen, der Weißdorn – der Strauch mit dem harten Holz, aus dem vielleicht die Dornenkrone Christi gedreht war – hilft dem Herzen. Die Pharmaindustrie betreibt keinen großen Aufwand, die Wirksamkeit der Kräuter genau zu untersuchen. Es lohnt sich nicht. Kräuter haben keine nennenswerten Nebenwirkungen. Und ein Mittel ohne Nebenwirkungen ist nicht verschreibungspflichtig. Das heißt, die Krankenkassen erstatten die Kosten nicht. Außerdem sind Pflanzen kaum patentierbar, wenn auch Saatguthersteller und Pharmakonzerne sich mühen, das zu ändern.

Natürlich gehören Kräutergärten zu den frühen Formen der Gartenkunst. Die Klöster haben sie gepflegt, und zu den Parks und Ländereien der Schlösser gehört immer auch ein Kräutergarten. Aber ich selber bin ein Gegner von Nutzpflanzen im Garten. Wenn an den Bäumen Äpfel oder Pflaumen hängen, soll mir das recht sein. Aber ich würde solche Bäume darum nicht pflanzen. Und das Gleiche gilt für Beeren und auch für Kräuter. Und zwar ganz ausdrücklich wegen ihrer Nützlichkeit.

Mein Garten ist ein Refugium der Nutzlosigkeit. Eine Lichtung im Wald des Zweckmäßigen.

In meinem gärtnerischen Konsequentismus verzichte ich auch auf jene Pflanzen, die nicht nur zweckmäßig, sondern auch schön sind wie Salbei, Rosmarin oder Lavendel. Ich will vermeiden, jemand könnte denken, ich hätte sie aus Gründen der Brauchbarkeit gepflanzt. Das ist zweifellos unsinnig. Denn es gibt wunderschöne Kräuteranlagen, in geometrischen Formen, begrenzt von sauber geschnittenen Buchsbaumhecken und durchzogen von kleinen Kiespfaden. Man kann aus solchen Kräuterbeeten ganze Barockgärten en miniature nachbilden. Nicht schlecht. Aber nicht meine Sache.

Mich hat dieser Besuch am See auf eine Sache gebracht, die damit gar nicht in Zusammenhang steht. Meine Aufmerksamkeit wurde einfach vorher nie darauf gelenkt. Es ging mir plötzlich mit Blick auf den südlichen See ein Licht auf, dass dieser Charakterzug des Gartenwesens, mit dem ich so wenig anfangen kann, der auf das Nützliche geht, vermutlich mit der Vereinigung der beiden deutschen Staaten eine bemerkenswerte Stärkung erlebt hat. Ich würde die These so formulieren: Das Kleingartentum, das im Westen durch Modernisierung, vielleicht auch Globalisierung bereits in einem grundlegenden Transformationsprozess begriffen war, ist durch den Nachschub konservativer Gartenelemente aus dem Osten in seiner Entwicklung um Jahre zurückgeworfen worden. Das Denken in den Kategorien des Nutzwertes. Dass der Garten einen Zweck erfüllen soll. Wo der gepflegte Rasen wenig, das wohlüberlegte Staudenbeet gar nichts bedeutet. Sondern wo sich alles beständig um Rübe, Rettich und Radieschen dreht. War das nicht alles typisch für die DDR?

Der Sozialismus ist bekanntlich eine Religion der Machbarkeit. Er ist darin seinem größeren Bruder, dem Kapitalismus, verwandt. Er erweitert diesen aber um den Kollektivismus, und es ist darum keine Überraschung, dass das Kleingartentum seit dem IX. Parteitag der SED im Frühling 1976 den besonderen Schutz und die besondere Förderung des Staates genoss. Dies war, wir erinnern uns, der Parteitag des Konsum-Sozialismus, als die Partei dem Volk die »Erhöhung des materiellen und kulturellen Lebensniveaus« sowie die »stabile Versorgung mit Konsumgütern« zusagte, übrigens ein erstes Kleinbeigeben in der Wertekonkurrenz mit dem Westen.

Die Kleingärtner stellten sich ihrer sozialistischen Pflicht. Stolz vermeldet der VKSG, also der Verband der Kleingärtner, Siedler und Grundstücksnutzer, in der Rückschau, dass die Kleingärtner in der DDR »einen nicht unerheblichen Teil des Marktaufkommens von Obst und Gemüse für die Versorgung der Bevölkerung produziert« hätten. Dieses Selbstbewusstsein ostdeutscher Kleingärtnerei findet seine Bestätigung in den Worten Erich Honeckers, der noch im Mai 1989 bestätigte: »Ihre in liebevoller Freizeitarbeit über den eigenen Bedarf hinaus erzeugten Qualitätsprodukte, darunter bedeutende Mengen an Obst, Gemüse, Honig, Eier, Kaninchen und Geflügelfleisch, finden die Anerkennung der Bevölkerung.«

Wir wollen neben Honecker aber noch jemanden erwähnen, dem bei der optimalen Lenkung des kleingärtnerischen Schaffens eine bedeutende Rolle zukam: Erika Krause, Moderatorin der überaus erfolgreichen und langlebigen TV-Sendung »Du und Dein Garten«. Krause erinnerte sich später: »Also, wenn wir in unserer Sendung beispielsweise gesagt haben, dass es schön wäre, wenn es mehr frischen Knoblauch gäbe, dann baute die Republik Knoblauch an. Das Gleiche passierte mit Zucchini oder Fenchel. Die Gemüseläden, Gaststätten, Hotels und so weiter waren glücklich und die Kleingärtner zufrieden. Und dem Staat sparten wir so die knappen Devisen.«

Nach der Einheit war es damit naturgemäß vorbei, und man versteht leicht das immer noch anhaltende Entsetzen der ostdeutschen Kleingärtner angesichts der einschlägigen Bestimmungen des BKleinG, also des Bundeskleingartengesetzes, das ganz eindeutig an der Lebensrealität vieler ostdeutscher Bürgerinnen und Bürger vorbeigeht. Insbesondere das Verbot der »Bewohnbarkeit« der Kleingärten wird in ostdeutschen Kleingartenkreisen als gezielter Angriff auf bewährte DDR-Lebenskultur gesehen. Strom, Wasser und ein Bett waren ja Voraussetzung dafür, dass der Kleingärtner tätig an der Erfüllung des Fünfjahresplans mitwirken konnte. Aber auch als Kleingärtner kommt der DDR-Bürger eben unter den Pflug der deutschen Einheit.

Es gibt vielleicht nur eine Form, in der ich die sogenannten nützlichen Pflanzen schätze. Und zwar als Spalier.

Spaliere sehen schön aus, sind sehr praktisch und tragen dazu bei, das Haus verschwinden zu lassen. Das ist vielleicht sogar ihr vornehmster Zweck. Ihr Haus kann noch so schön sein. Wenn es hinter einer Pflanze verschwindet, wird es nur umso schöner. Allerdings haben Spaliere nicht so einen furchtbar guten Ruf. Wenn jemand »Spalier stehen« muss oder »wie Spalierobst« in der Ecke steht, dann meint das nichts Gutes. Dabei ist das Ziehen von Obstgehölzen am Spalier eine gute alte Gartenkunst, die ihren Anfang im französischen Barockgarten nahm. Dort wurden verschiedene Formen der Zucht kodifiziert, die man unter den beiden Oberbegriffen Cordon und Palmette fassen kann. Als Cordon bezeichnet man ein Spalier, wenn die Äste ohne Richtungsänderung direkt vom Hauptstamm weggeführt werden. Die einfachste Form des Cordons ist der gerade nach oben wachsende Stamm. Im *cordon horizontal simple* werden die Triebe im rechten Winkel vom

Stamm in eine Richtung geleitet, im *double* in beide Richtungen, es gibt dabei keine Regel für die Zahl der übereinanderliegenden Reihen. In der Palmette dagegen führt der Gärtner die Äste der Pflanze wie die Blätter eines Palmzweiges. Man unterscheidet vor allem verschiedene Varianten der *palmette verrier*, wenn die Zweige erst vom Stamm weg und dann aufwärts geführt werden, also die Form eines Glases ergeben, und der *palmette oblique*, wenn die Zweige vom Stamm weg schräg nach oben weisen. Wenn zwei oder mehrere solcher Pflanzen an einer Mauer nebeneinanderstehen, ergibt das sehr beeindruckende rhombenförmige Muster. Aber da sind wir dann schon in der Abteilung für fortgeschrittene Schlossgärtner. Mir würde es genügen, irgendein Obstgehölz halbwegs erfolgreich eine Leine entlang an der Wand zu führen. Schon das scheint nämlich nicht so ganz einfach zu sein. Jedenfalls warnt die Firma Fassadengrün, die immerhin, wie ihr Name sagt, darauf spezialisiert ist, Häuser hinter Pflanzen verschwinden zu lassen, und von Teilbegrünung über Vollbegrünung bis Hochbegrünung alles anbietet, was fassadenbegrünender und sprachlicher Erfindungsreichtum bieten kann, explizit vor der Beschäftigung mit Spalieren: »Spalierobst hat jahrhundertelange Tradition, erfordert aber Fachkenntnis, viel Pflege und gehört in den Bereich der ›Liebhaberei‹. Wer Zeit investiert und Rückschläge verkraftet, kann sich daran versuchen.« Ich muss sagen, das macht mir die Leute von Fassadengrün sympathisch: Die versuchen nicht, auf Teufel komm raus ein Geschäft zu machen.

Was mit den Rückschlägen gemeint ist, vermag ich im Moment nur zu ahnen. Ich befinde mich noch am Anfang meiner Spalierlaufbahn. Die begann allerdings nicht ohne Schwierigkeiten.

Es gab Komplikationen bei der Gründung der Beete, die man natürlich für jedes Spalierobst braucht. Sie können ihre Pflanze zwar auch im Topf ziehen. Aber davon würde ich abraten.

Topfpflanzen sind zu anfällig für Frost und Trockenheit. Besser ist ein Beet. In den meisten Fällen wird es sich am Fuß einer Mauer oder Hauswand befinden. In meinem Fall lagen dort bislang allerdings Terrassenplatten aus Porphyr, die erst einmal entfernt werden wollten, samt Betonfundament, in das sie vor kurzem erst gelegt worden waren. Diese Arbeit verrichtete ich mit Hammer und Meißel. Es ist bereits erwähnt worden, welche Schäden ein Handbeil der Marke Gränsfors am *musculus vastus lateralis* kurz oberhalb des Knies anrichten kann. Diesmal erfuhr ich von den Konsequenzen, die heftige Schläge mit einem Zimmermannshammer aus dem Baumarkt für den *os metacarpale secundum* haben, also den zweiten Mittelhandknochen: sehr schmerzhaft, womöglich bleibende Schäden, dringend davon abzuraten.

Ich wollte zwei junge Apfelbäume rechts und links der Terrassentür setzen. Die Idee ist, die Bäume als *palmette verrier* zunächst in die Höhe zu ziehen und dann in eine *palmette cordon* überzugehen und über der Tür zusammenzuführen: ein Apfelbaumbogen soll so entstehen, durch den man den Garten betritt. Es versteht sich von selbst, dass das vor allem im Spätsommer und im Herbst eine große Freude sein wird.

Äpfel stehen im Ruf, sich besonders gut für das Spalier zu eignen, weil sie den Beschnitt klaglos ertragen. Ich habe in den Weinbaugebieten Süddeutschlands ganze Hecken gesehen, die aus Spalieräpfeln gezogen waren. Das sieht sehr hübsch aus. Es erfordert natürlich Geduld und Pflege.

Das Spalier selber ist aus gespanntem Draht gefertigt. Man kann Bausätze bestellen, die bereits für die gewünschte Form berechnet sind. Ich habe also zwei mal 25 Meter Drahtseil, 13 Kreuzhalter mit Dübeln, zwei Schraubkreuze und zwölf Endhülsen bestellt. Keine Ahnung, wofür man die Hülsen braucht. Das Ganze wird L-förmig sein, mit einer Höhe von 3,2 und einer

Breite von 3 Metern. Es wird sicher keine Kleinigkeit sein, die Bohrlöcher so regelmäßig zu setzen, dass es nachher keine Asymmetrien gibt. Im Bausatz ist das nicht vorgesehen, aber meiner Erfahrung nach empfiehlt es sich, die Seile mit Schraubspannern unter Zug zu setzen, wie man sie auch auf dem Segelboot für die Wanten benutzt.

Dann muss ich nur noch die Bäumchen einflechten und warten. Es handelt sich übrigens um die Sorten 'James Grieve' und 'Rubinette'. 'Grieve' ist eine schottische Sorte aus dem neunzehnten Jahrhundert und trägt rotgemusterte, frisch-säuerliche Äpfel, die manchmal stippig sind. Schönes Wort, stippig. Stippen sind kleine braune Punkte auf der Apfelhaut, die auf Kalziummangel hinweisen. 'Rubinette' ist eine Freie Abblüte. Auch das ein schönes Wort: Freie Abblüten sind Zufallskinder zweier Sorten, hier aus 'Golden Delicious' und 'Cox Orange'. Mit ihren kleinen Früchten ist 'Rubinette' ein ideales Spalierobst. Ich hoffe, dass auch 'James Grieve' mich nicht enttäuscht, der einen langsamen Wuchs haben soll. Aber ich habe über diesen Baum noch einen bemerkenswerten Satz gelesen:

»Der Ertrag ist reich und regelmäßig.« Hören Sie genau hin. Das ist ein Satz voll warmer Ruhe, die sich ein bisschen wie Glück anfühlt.

Was meine Hand angeht, war es so, dass die Schmerzen bald nachließen und es nur zu einer leichten Schwellung und einer Verfärbung kam. Ich dachte mir nichts dabei. Das änderte sich allerdings, als nach einigen zehn Tagen die Schmerzen zurückkehrten und der Finger nicht mehr richtig zu bewegen war. Von einem befreundeten Handchirurgen weiß ich, dass viele Menschen dazu neigen, Verletzungen an der Hand zu unterschätzen, und zu spät den Arzt aufsuchen. Die vollständige Wiederherstellung aller Funktionen – von Gitarrespielen bis Nasebohren – ist dann oft nicht mehr möglich. Das ist ein sowohl aus handchirurgischer wie auch aus hypochondrischer Sicht bedeutsamer Hinweis: Wenn Sie was an der Hand haben, gehen Sie zum Arzt, oder Sie haben ewig Anlass zu Sorgen!

Ich habe also erneut jenen Chirurgen um einen Termin gebeten, der bereits einmal mein Knie und zweimal die Stirn meines Sohnes genäht hat und der seiner Arbeit mit der Ruhe eines Mannes nachgeht, der mehr gesehen hat als Platzwunden und Heimwerkerblessuren. Ich stelle mir vor, dass er Stabsarzt im iranisch-irakischen Krieg war. Mindestens.

Der Professor hat eine Weile an meinem Finger herumgezogen, bis er schließlich die Stelle fand, an der der Schmerz sitzt. Der Schmerz. »The only thing that's real«, hat der späte Johnny Cash gesungen. Ein Lied von Trent Reznor und seinem Musikprojekt Nine Inch Nails. HURT heißt es, und es lohnt, sich das einmal anzuhören:

»I hurt myself today, to see if I still feel I focus on the pain the only thing that's real.«

Vielleicht ist der Gärtner in Wahrheit eine Art grüner Schmerzensmann. Die Anstrengung, die Wunden, die Entbehrung, wofür? Welche Trauer soll hier zuwachsen? Welche Hoffnung soll hier grünen? Woran mangelt es im Haus, dass es da draußen unter freiem Himmel gesucht wird? Was ist die Verletzung, dass man sich immer neue zufügt? Bitte, das möge jeder für sich selbst beantworten. Aber erzählen Sie mir nicht, dass Sie einfach gerne Blumen mögen.

Jedenfalls ist die Handchirurgie von Mondbein-Nekrose bis Karpaltunnelsyndrom ein weites Feld – mit dem ich mich

glücklicherweise nicht befassen musste. Meiner Hand fehlte nämlich nichts, sagte der Professor nach einem Blick auf das Röntgen-
bild. Einblutungen im Gelenk. Keine große Sache. Dauert sechs
Monate, bis es ganz geheilt ist.

In Anbetracht der ohnehin gedrückten Stimmung hier
noch eine traurige Nachricht, die sich auch in einen handwerk-
lichen Zusammenhang bringen lässt und in einen des Scheiterns
noch dazu: Ich habe die Zusammenarbeit mit den Gärtnern beendet. Sehr traurig. Nach all den Jahren. Wegen des Teichs. Da muss
nämlich alles neu gemacht werden. Von Grund auf.

Ich muss hier einmal innehalten. Das mit den Gärtnern ist
ein bedeutsames und einschneidendes Ereignis, für meinen Garten
und für mich. Ich will also nicht einfach so im Text fortfahren.

Wir befassen uns im Garten mit den Pflanzen, auf welchem Boden sie leben wollen, wie wir sie ernähren und pflegen
und großziehen. Wir befassen uns manchmal auch mit den Tieren,
obwohl ich den Tieren im Garten mit einer gewissen Zurückhal-

tung gegenüberstehe. Aber wir müssen uns auch mit den Menschen befassen. Es geht ohne Menschen nicht.

Wenn man sich nun die Natur der Pflanzen, der Tiere und der Menschen ansieht, leuchtet es schnell ein, dass von diesen dreien die Pflanzen im Umgang die einfachsten sind, die Tiere schon schwieriger – am schwierigsten ist aber der Mensch.

Der Mensch im Garten, um es klar zu sagen, nervt.

Es kann sein, dass wir den Garten lieben, um dem Menschen zu entkommen. Dass wir den Garten schaffen, um Ordnung an die Stelle von Chaos zu setzen, Schönheit an die Stelle von Verkommenheit und Harmonie an die Stelle von Lärm. Es wäre darum sicher am besten, den Menschen den Zutritt zum Garten zu verweigern. Eine Mauer um den Garten zu errichten und die Schwätzer, die Lügner, die Eigennützigen, die Unzuverlässigen, die Aufgeblasenen, die Missgünstigen draußen zu halten. Ein Traum. Nicht zu verwirklichen.

Denn, wie gesagt, es geht nicht ohne den Menschen. Beispielsweise ohne den Gärtner. Keine Chance, alles im Garten allein zu machen. Es ist zu viel. Ich erinnere mich, wie ich mit den Leuten geredet habe: Ich will einen Teich anlegen. Ein Teich, so und so tief, diese und jene Form; verstehen Sie, und den Rand machen wir so, mit Steinen auf der einen und Pflanzen auf der anderen Seite. Damit Natur und Ordnung sich um den Teich herum gegenüberstehen und das Wasser wie ein Drittes dazwischen liegt. Und sie sagen: Ja. Das ist nicht schwierig. Das machen wir. Und ich frage: Sind Sie sicher? Und sie sagen: Ja. Und ich denke: Gut. Doch da liegt der Fehler.

Wenn einer sagt, er macht es, dann heißt das – nichts. Das ist eine der sonderbarsten Erfahrungen, die man machen kann im Leben. Nicht nur im Garten. Erledigen Sie diese Aufgabe? Erreichen Sie dieses Ziel? Können Sie dieses Problem lösen? Liegen

Sie im Plan? Verstehen Sie, was Sie tun? Ja. Ja. Ja. Aber dann wird nichts draus, und es geht alles schief und daneben und scheitert. Zweifel und Zögern wären die Wahrheit gewesen und nicht ein schnelles Ja.

Das ist sehr bedauerlich. Denn am Ende fließt das Wasser ab, und die Wahrheit kommt zum Vorschein. Zum Glück, möchte man sagen. Und Lüge und Selbstüberschätzung und Überheblichkeit zerbrechen am Ende. Dann ist das Vertrauen zerstört und die Zeit verloren. Und das Geld sowieso. Und man muss den ganzen Teich neu anlegen, weil er von Grund auf falsch konstruiert wurde. Es kommt dann die Zeit der Abrechnung, in der man sich, wie es heißt, vor Gericht wiedersieht. Schon klar. Aber das dient eher der Hygiene als der Heilung.

Es ist sicher eine der interessantesten Fragen im Leben, warum Menschen so sind. Und Gärtner. Warum sie Versprechen machen, die sie nicht halten können, obwohl sie einmal an den gebrochenen Versprechen selber nicht weniger leiden werden als der, dem sie gegeben wurden. Ich muss darüber nachdenken.

Ich neige zu psychologischen Erklärungsmustern. Auch bei Gärtnern. Mir fällt der Psychiater Delbrück ein, der Ende des 19. Jahrhunderts ein Buch über den pathologischen Lügner und die Pseudologia phantastica geschrieben hat. Der Pseudologist unterscheidet sich vom normalen Lügner. Dieser weiß, dass er lügt. Er ist also berechnend und daher gesund. Der Pseudologist aber wirkt gerade darum so überzeugend, weil er glaubt, was er sagt, ohne deshalb einer wahnhaften Verkennung seiner Umwelt zu verfallen. Der Pseudologist hat gleichsam ein doppeltes Bewusstsein.

Das wäre vielleicht das Freundlichste, was sich von meinen früheren Gärtnern sagen ließe.

Sommer

Rose ohne Dornen, O Maria, hilf!

Paderborner Wallfahrtslied MEERSTERN ICH DICH GRÜSSE

Malen konnte ich ja. Aber von Blumen wusste ich gar nichts.
Also habe ich gelesen und gelesen und gelesen.

Irene Hoch

Unkraut

In einem Lied heißt es: »Maria durch ein' Dornwald ging / der
hat in sieb'n Jahr kein Laub getragen«. In meinem Garten gab es,
als ich hierherkam, einen alten Rosenstock, der viele Jahre alt gewesen sein musste und schon lange keine Blüten mehr getragen
hatte. Aus seinem Stamm sprossen eines Tages viele braune Pilze, die hübsch anzusehen waren: Hallimasch. Im Gartenbuch von
Granny Jane steht zu dieser Pilzsorte, dass es im Leben eines
Gärtners nichts Schlimmeres geben kann als Hallimasch, dass jeder Widerstand zwecklos sei und man am besten seine Sachen
packen und anderswo von neuem beginnen sollte.

Hallimasch ist wirklich ein ganz ansehnlicher Pilz: fest,
von appetitlicher honigbrauner Farbe und ansprechendem Äuße-

ren, das seinem schrecklichen Ruf gar nicht gerecht wird. Die Bedrohung, die von ihm ausgeht und die auch Granny Jane meint, heißt auf Deutsch Harzsticken. Ein anderer Name dafür lautet Erdkrebs – damit ist wohl alles gesagt. Es sind weiß Gott nicht nur alte Rosenstöcke, die davon befallen werden, sondern auch gesunde Bäume. Der Stamm schwillt an der Basis an, die Rinde bricht auf, und zum Vorschein kommt das Mycelium des Hallimasch, also das weiße Geflecht, das ja der eigentliche Pilz ist. Was wir gemeinhin für den Pilz halten, das knorpelige Ding mit Mütze, ist nur der Fruchtkörper. Das Weiße auf dem Camembert ist auch ein Mycelium. Pilze sind sonderbare Zwischenwesen, weder Tier noch Pflanze, die darum in der Taxonomie ein ganzes Reich ihr eigen nennen. Es sind keine Pflanzen, weil sie unfähig zur Fotosynthese sind und sich von organischem Material ernähren. Und es sind keine Tiere, weil ihre Zellen anders aufgebaut sind. In dem vollkommen unterschätzten Film SUPER MARIO BROS. gibt es einen riesigen, langsam wachsenden, schwermütigen Pilz, der mit seinem trägen Geflecht die ganze Stadt über- und unterwuchert und damit schweigenden Widerstand gegen den schrecklich bösen King Koopa, alias Dennis Hopper, leistet. Das ist nicht so weit von der Wirklichkeit entfernt. So ein Hallimasch, wie ich ihn im Garten hatte, ist das derzeit größte bekannte Lebewesen der Welt. Er wächst seit ungefähr 2400 Jahren in irgendeinem Nationalpark im amerikanischen Oregon und erstreckt sich über neun Quadratkilometer. Das ist wirklich viel.

Bei mir hat es genügt, den Rosenstock mitsamt Wurzeln und Hallimasch auszugraben und den Boden im Umkreis von einem Meter auszutauschen. Damit war das Problem erledigt. Beim Giersch war das nicht so einfach. Der Kampf gegen den Giersch hat Jahre gekostet. Darum nehme ich das Thema auch sehr, sehr ernst und empfehle Ihnen dringend, es ebenso ernst zu nehmen.

Was wir unter Giersch verstehen, ist eine Art der Doldenblütler, das *Aegopodium podagraria,* also etwa der gichtheilende Ziegenfuß.

Eine alte Heilpflanze, die vitaminreich ist, gegen Gelenkschmerzen helfen soll und als Salat angeblich schmackhaft ist. Meinetwegen. In Wahrheit handelt es sich um den schlimmsten Feind Ihres Gartens! Das Zeug verbreitet sich über Rhizome. Und auch wenn Sie vom Poststrukturalismus mehr verstehen als vom Gärtnern und bei dem Wort Rhizom zuerst an Guattari und Deleuze denken, dann liegen Sie, was die Komplexität des Sachverhalts angeht, schon ziemlich richtig. Das Problem an Rhizomen ist, dass ein kleiner Krümel ausreicht, eine neue Pflanze zu bilden. Sie reißen den Giersch heraus, und bleibt auch nur ein noch so kleines Stück des weißlichen Rhizomfadens in der Erde, war Ihre Mühe umsonst. Der Giersch kennt, auch da eine gut poststrukturalistische Pflanze, kein Zentrum, sondern nur ein wucherndes Netz. Er breitet sich aus und begräbt alles unter sich. Es gibt, glaube ich, in meinem Garten nur eine einzige Pflanze, gegen die der Giersch machtlos war: *Geranium macrorrhizum,* der Balkan-Storchschnabel mit seinen träumerisch duftenden, pelzigen Blättern. Er bildet selber Rhizome, ist aber weitaus standorttreuer als der wandernde Giersch.

Wie ich den bösen Feind geschlagen habe? Handarbeit. Faden für Faden. Mit Geduld und Hartnäckigkeit und der Hilfe einer treuen Gärtnerin. Über mehrere Jahre. Alles andere war vergeblich. Es gibt Gifte, die man auf die Blätter des Unkrauts streichen soll, damit die Pflanze vergeht. Das Zeug hemmt die 5-Enolpyrovylshikimat-3-Phosphatsynthase, keine schöne Sache für die Pflanze. Der Chemie-Riese Monsanto stellt es her. Es wird auch in der Landwirtschaft gebraucht. Monsanto hat für Landwirte auch gentechnisch verändertes Saatgut im Angebot, das für dieses Gift weniger empfindlich ist. Alles sehr praktisch. Aber in Ihrem Garten haben Sie solche gentechnisch veränderten Pflanzen vermutlich nicht. Die Verwendung dieses Giftes ist darum erstens heikel, weil die Gartenpflanzen bei Berührung ebenfalls in Mitleidenschaft gezogen werden, und im Fall des Gierschs ist sie zweitens auch unsinnig, weil eine solche rhizomatische Pflanze eben gar kein Zentrum hat, an dem man sie töten könnte. Der Giersch ist sozusagen im Ganzen das Problem.

Ganz vergeblich ist es darum auch, die ungeliebte Pflanze Stengel für Stengel herausreißen zu wollen. Da lacht der Giersch. Und macht unterirdisch einfach weiter.

In seinen gesunden, prallen, weißen Rhizomen steckt mehr Kraft, als Sie ihm beim Abreißen der oben sichtbaren Blätter rauben können. Vergessen Sie all das. Es ist eine Frage des Willens. Sie müssen den eisernen Entschluss fassen, diese Pflanze zu bekämpfen. Und ich hatte einen solchen Entschluss gefasst, meinen Garten nicht dem Unkraut zu überlassen, das meine Vorgänger aus Desinteresse oder Fahrlässigkeit wuchern ließen.

Und dann habe ich mich mit kleinem Gerät durch die Beete gearbeitet. Drei Jahre lang.

Wenn Sie nicht wissen, wo Sie anfangen sollen, nehmen Sie sich die Marineflieger der Luftrettung als Vorbild, oder – da gibt es ja Ähnlichkeiten – die Taucher: Wenn man von oben kommt und etwas sucht, einen im Ozean treibenden Schiffbrüchigen, eine verlorene Harpune oder eben ein Stück Giersch im Erdreich, dann kann man sich zweier grundlegender Suchmuster bedienen: man kann spiralförmig von einer angenommenen Mitte ausgehen und die abgesuchte Fläche immer weiter ausdehnen. Oder man kann an einem Ende der vorliegenden Fläche beginnen und diese dann nach einem S-förmigen Muster absuchen.

Vielleicht mag sich der Gärtner lieber mit einem Taucher vergleichen als mit einem Flugzeug. Also hier das Beispiel aus der Sicht des Tauchers: vom Mittelpunkt aus einen Flossenschlag vorwärts, rechts abbiegen, einen Flossenschlag vorwärts, rechts abbiegen, zwei Flossenschläge vorwärts, rechts abbiegen, zwei Flossenschläge vorwärts, rechts abbiegen, und dann der Spirale folgen, drei, drei, vier, vier, fünf, fünf und immer so weiter. Für den Gärtner bedeutet das analog: eine Knielänge nach vorne kriechen, graben, rechts abbiegen, eine Knielänge nach vorne kriechen, graben, rechts abbiegen, zwei Knielängen nach vorne kriechen, graben, rechts abbiegen, zwei Knielängen nach vorne kriechen graben, rechts abbiegen und mit steigender Zahl von Knielängen immer weiter. Denken Sie daran, an der Grenze Ihres Gartens mit dem Graben aufzuhören. Es ist unklar, ob Ihr Nachbar Ihre Abneigung gegen den Giersch teilt. Oder am Ende stören Sie ein sorgsam angelegtes Rapunzelbeet und man weiß, was daraus werden kann.

Als Werkzeug empfehle ich eine kleine Schaufel, vielleicht eine handliche Grabegabel mit zwei, drei Zinken. In Wahrheit muss man übrigens die Pflanzen, die im befallenen Gebiet stehen, ausgraben. Nur dann lässt sich das Erdreich fein genug durchsuchen. Und vergessen Sie um Gottes willen nicht, die Rhizome des Gierschs aus den Wurzelballen zu ziehen. Das ist eine groteske Handarbeit, je nach Art der Staude, die Sie da vor sich haben, kann das einfacher oder schwieriger sein. Das Problem ist nur, wenn Sie es nicht tun – können Sie sich den gesamten Aufwand sparen. Der Giersch versteckt sich im Wurzelgeflecht Ihrer Gartenpflanzen wie der Partisan in einem dichten Bergwald. Sie verzeihen die militärische Metapher. Aber der Kampf gegen den Giersch ist eben genau das, ein Kampf.

Es gibt natürlich noch andere Unkräuter als den Giersch. Die bei mir vorkommen, sind Ihnen alle bekannt. Es kann aber nicht schaden, sie einmal beim richtigen Namen zu nennen: Kriechender Hahnenfuß (*Ranunculus repens*), Löwenzahn (*Taraxacum officinale*), Gänseblümchen (*Bellis perennis*), Wegerich (*Plantago*) und Brennessel (*Urtica dioica*).

Was ist ein Unkraut? Lassen Sie uns nicht ideologisch werden. Ein Unkraut ist eine Pflanze, die ich in meinem Garten nicht haben will, die sich aber dennoch breitmacht. Ganz einfach.

Alles andere sind Spitzfindigkeiten. Natürlich kann des einen Unkraut des anderen geschätzte Blume sein. Keine Frage. Wenn Sie sich eine Liste der Unkräuter machen, insbesondere der Acker-Unkräuter, dann muss man sagen, es ließe sich ein schönes Blumenfeld daraus anlegen. Die feinen Weißklee- und Rotklee-, die zierlichen *Orobanche*-Arten, die auf den lustigen deutschen Namen Sommerwurzen hören, die abenteuerliche *Lathraea*, die wiederum den nicht so lustigen Namen Schuppenwurzen tragen – sie sind alle schön und für den Garten schwierig. Andere schöne Unkräuter sind regelrecht giftig und sollten darum, zumal wenn Sie Kinder haben, im Garten keinen Platz finden: wie die Hundspetersilie *Aethusa cynapium* oder erst recht der Gefleckte Schierling *Conium maculatum*, dem der Schierlingsbecher seinen Namen verdankt. Sein Verwandter, der Wasserschierling *Cicuta virosa*,

gilt als eine der giftigsten Pflanzen überhaupt. Die Pflanze trägt auch den selbsterklärenden Namen Kuhtod. Sie ist so giftig, dass ein einziger Bissen von der süßlich schmeckenden Wurzel ein Kind töten kann, der Verzehr einer ganzen Wurzel ein 750 Kilo schweres Rind.

Es gibt allerdings auch Gartenpflanzen, die sich wie Unkräuter verhalten. Die Gemeine Akelei, *Aquilegia vulgaris*, zum Beispiel, die eine wirklich schöne Blütenstaude ist, ihren Samen aber über den ganzen Garten streut und immerzu an Orten auskeimt, wo sie wirklich nicht hingehört. Oder der Schneefelberich *Lysimachia clethroides*, der in größeren Gruppen sehr beeindruckend aussieht, von schlankem Wuchs, mit feinen, spitz zulaufenden Blättern, frisch-weißen Blütendolden, die fröhlich nach vorne nicken, der sich im Verlauf des Jahres rötlich verfärbt und dadurch auch dem Herbst noch etwas abgewinnt, der sich aber andererseits derart aggressiv ausbreitet, das er beinahe keine Nachbarn verträgt, ganz gleich ob Geranium oder Rose oder Frauenmantel, *Lysimachia* ist stärker. Ich empfehle diese Pflanze wegen ihres dichten Wuchses und warne aus dem gleichen Grund vor ihr. Sie ist in Wahrheit nur zu vertreten, wenn sie von einer Wurzelsperre eingehegt ist. Das sind Streifen aus Vlies von unterschiedlicher Breite, die senkrecht in die Erde gebracht werden und die Zonen umgeben, in denen ausufernde Pflanzen wachsen, Schilfgräser zum Beispiel, Bambus oder auch manche Beerensträucher.

MEYERS KONVERSATIONSLEXIKON in der vierten Auflage aus den Jahren 1885 bis 1892 entnehme ich folgende Information:»Das massenhafte Auftreten der Unkräuter erklärt sich aus der enormen Samenproduktion vieler Arten. Eine einzige Pflanze von *Senecio vernalis* besaß 273 Blütenköpfchen, jedes mit 145, zusammen 39 585 Früchten, ein Exemplar von *Erigeron canadense* mit 2263 Köpfchen lieferte 110 000 Samen, und wenn es sich hier um sehr kräftige Pflanzen handelte, so werden doch auch von andrer Seite angegeben: für *Agrostemma githago* 2590, *Papaver rhoeas* 50 000, *Sinapis arvensis* 4000, *Sonchus arvensis* 19 000 Samen. Von diesen Samen geht wohl der bei weitem größte Teil zu Grunde, immerhin erhalten sich sehr viele und erwarten im Boden die günstige Gelegenheit zur Entwickelung. Aus einer Bodenprobe vom Rand eines Teiches, die kaum eine gewöhnliche Kaffeetasse füllte, erzielte Darwin 537 Keimlinge, und Putensen ermittelte auf einem Acker pro QMeter auf 37,5 cm Tiefe 42 556 Unkrautsamen.« Ich habe das hier mal in Gänze zitiert, weil diese Zahlen von so unerwarteter Präzision sind. Die Tatsache ihrer Nennung an sich scheint mir von Interesse. Sie stammen aus einer Zeit, als man selbst der Samenkörner unter der Sonne noch Herr werden zu können meinte. Man denkt an:

Gott der Herr hat sie gezählet
Dass ihm auch nicht eines fehlet
An der ganzen großen Zahl

Aber das 19. Jahrhundert war nicht eben eine demütige Epoche.

Brennessel und Hahnenfuß lassen sich leicht aus der Erde ziehen, Gänseblümchen macht man am besten durch häufiges Rasenmähen den Garaus. Moos verschwindet schnell, wenn man den Rasen mit Eisendünger behandelt. Diesen Pflanzen kommt man übrigens auch mit den chemischen Giften sehr gut bei. Es gibt Mittel, deren Wirkstoffe die Zweikeimblättrigen Löwenzahn und Gänseblümchen zuverlässig töten, während den Gräsern als Einkeimblättrigen kein Leid geschieht. Selektive Pestizide. Es lebe die chemische Industrie. Also, all das ist in Wahrheit kein Problem, und wenn es Giersch nicht gäbe, wäre das Unkraut keine große Sache – abgesehen von der Frage der Stetigkeit. Die ist bei der Unkrautbekämpfung nämlich zentral. Wenn man in seinen Bemühungen nachlässt, setzt unmittelbar die Verwilderung ein.

Es gilt bei der Bekämpfung des Unkrauts das Gleiche wie bei allen anderen Fragen des Gartens: Tun Sie es oder lassen Sie es. Es gibt keinen Versuch.

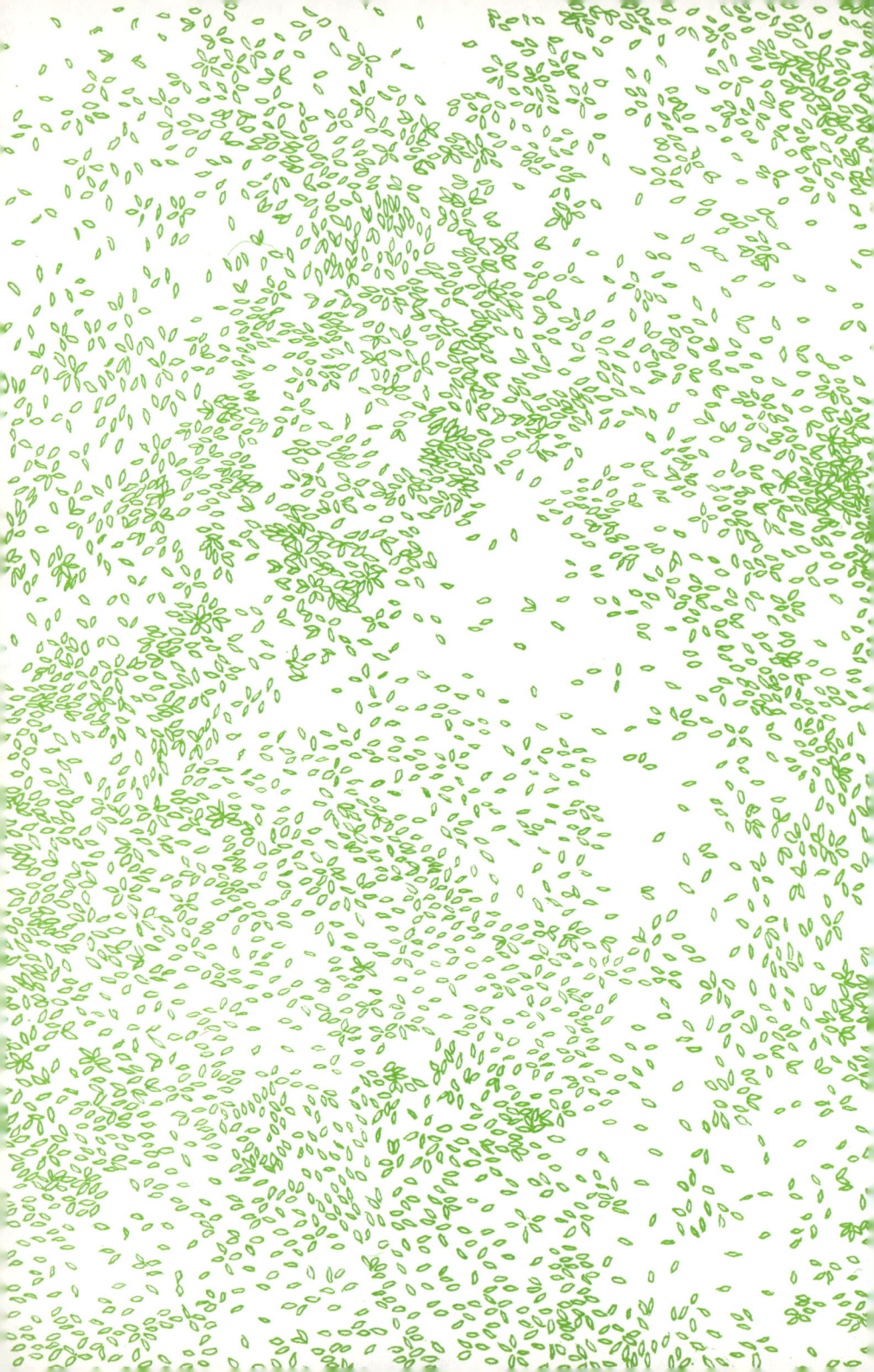

Gehen Sie runter auf die Knie und wühlen Sie sich mit dem Messer in der Hand durchs Erdreich. Es gibt dazu keine Alternative. Übrigens auch nicht die Propangasflasche mit Brenndüse für die Zwischenräume der Gehwegplatten. Sie erzielen damit zwar tatsächlich erstaunliche Ergebnisse in der Unkrautbekämpfung. Aber manchmal auch darüber hinaus. Beim Unkrautabflämmen, noch ein bemerkenswertes Wort aus dem reichen Sprachschatz des Gärtners, passieren unerwartete Sachen: Garagen gehen in Flammen auf, Gartenhäuschen werden eingeäschert, Rentner fallen in Ohnmacht, die Feuerwehr muss mit zwei Löschzügen und acht Mann hoch ausrücken, um die suburbane Sicherheit wiederherzustellen. Verblüffend, wie wenig man im Ernstfall mit seinem Gartenschlauch ausrichten kann. Aber Sie ahnen nicht, wie schnell so eine Thujahecke gerade im Sommer lichterloh in Flammen steht und wie heiß sie dann brennt, so viel Öl steckt in den spießig-lappigen Ästen dieses trübsinnigen Zypressengewächses, das allerorten als billiger, gutwüchsiger Sichtschutz dient. Trotz der sichtbaren Erfolge überwiegen hier also doch die Risiken und Nebenwirkungen, und außerdem ist es eine Umweltfrage und eine des Prinzips. Unkrautbrenner sind wie Laubbläser: unwürdig. Lassen Sie die Finger davon!

Und wenn Sie aufgeben und kapitulieren? Weil Ihnen das Jäten und Kriechen und Schneiden und Zupfen auf die Nerven geht und auf den Rücken und Sie keine Zeit haben oder keine Lust. Dann ist das zwar betrüblich. Aber nicht ganz ohne Hoffnung. Ich habe ein lustiges schmales Büchlein in meinem Schrank: GÄRTEN FÜR SENIOREN. Da gibt es ganz viele nützliche Hinweise für den alternden Gärtner. Wir landen da alle mal. Man kann sich also gar nicht früh genug damit befassen. Größtes Problem des greisen Gärtners: er kommt nicht mehr runter zu seinen Pflanzen. Und zwar bedauerlicherweise weder zu den guten noch zu den bösen.

Ob man sich niederknien will oder bücken möchte – der Flüssigkeitsgehalt in den Bandscheiben sinkt, der Abstand zwischen den Wirbelkörpern wird kleiner, nur die Arthrose nimmt zu. Beete und Rasen rücken also mehr und mehr in unerreichbare Ferne. Grundsätzlich gibt es nur zwei Möglichkeiten: Sie vergrößern Ihren Wirkungskreis und arbeiten mit längerem Werkzeug, oder Sie holen die Pflanzen zu sich nach oben und legen Hochbeete an. Aber im Ernst kommt man nicht an der Erkenntnis vorbei, dass das Alter dem Gärtner Zugeständnisse abverlangt. So rät mein kleines Kompendium schlicht dazu, auf das Jäten des Unkrauts, das Schneiden der Rasenkanten und die Entfernung des Mooses zu verzichten. Statt dessen soll man das Moos akzeptieren und ansonsten mulchen, mulchen und noch mal mulchen. In Wahrheit sind nämlich die Tipps für den alten Gärtner die gleichen wie für den faulen Gärtner. Ich lese diese Warnung: »Viele Gartenarbeiten fallen uns im Moment der Ausführung nicht schwer, im Anschluss stellen sich jedoch schmerzhafte Folgen wie Muskelkater, ein schmerzender Nacken, Rückenschmerzen, Kribbeln in Armen oder Beinen und steife Finger ein.« In der Tat!

Das Mulchen klingt nach einer wunderbaren Lösung. Es lässt sich ja ziemlich bequem von oben erledigen: Man wirft einfach unglaubliche Mengen von zerhäckselten Rinden auf die Beete und hofft, dass sich das Unkraut dadurch abschrecken lässt und man wenigstens so lange seine Ruhe hat, bis die Mulchschicht im Boden versickert ist. Es ist ein Vorurteil, dass Mulchen den Boden säuert und damit für viele Pflanzen schlecht verträglich ist. Die Fichten- und Tannenrinden sind schwach sauer bis neutral und können dem Boden nichts anhaben. Aber es ist ganz sinnlos, eine mit Unkraut bewachsene Fläche zu mulchen: das Kraut wird sich durch die Mulchschicht arbeiten und diese als Dünger begrüßen. Das ist eine Sache, die der Gärtner aus eigener Erfahrung beisteuern kann: Auch ich gehörte zu jenen, die glaubten, den Kampf gegen den Giersch auf diese einfache, nahezu kostenlose Art und Weise gewinnen zu können, die das Mulchen darstellt. Der Giersch hat sich darum nicht gekümmert. Nein, nein. Man muss sich schon die Mühe machen und das zu mulchende Beet vorher mit der Hände Arbeit vom Unkraut befreien.

Rosen

Wir sind mitten im Jahr. Man braucht keine Socken mehr. Die Rhododendren sind abgezupft, es gibt nichts zu pflanzen und nichts zu roden. Es ist Sommer. Im Sommer ändert sich der Charakter der gärtnerischen Pflichten. Die schwere körperliche Arbeit, die den Frühling, vor allem aber den Herbst kennzeichnet, weicht der vorsichtigen, liebevollen Tätigkeit im Einzelnen. Im Sommer guckt man genauer hin. Man geht mit Bedacht an den Beeten vorüber. Auch der Sommer hat seine stumpfen Pflichten, das Gießen und das Unkrautbekämpfen.

Aber was den Sommer eigentlich ausmacht, sind feine Langsamkeit und heitere Sorgfalt. So gestimmt, nähert sich der Gärtner im Sommer seinen Rosen.

Hinten am Teich stehen bei mir die meisten. Man kann sie vom Rest des Gartens nicht gut sehen. Der ganze Teich liegt versteckt und versunken und eingewachsen. Der riesige Purpurdost verbirgt ihn, hohe Funkien, dichte Farne, ein Apfelbaum beschirmt den Rest. Ein hübscher Zaun aus schwarzem Gußeisen umgibt den Teich, und Zutritt findet man nur durch eine kleine ver-

schließbare Tür zwischen dem Mirabellenbaum und dem Weißdorn hindurch. Ich kenne Leute, die haben in ihrem Teich ein
Gitter montieren lassen kurz unter der Wasseroberfläche, damit
kein Kind zu Tode kommt. Das ist ein radikaler Akt der Vernunft.
So weit gehe ich nicht. Mein Teich ist unsichtbar und ein Kind,
das nicht schwimmen kann, darf meinen Garten allein nicht betreten. Das muss genügen. Ich habe dennoch einen halben Meter
unter der Wasseroberfläche wenigstens einen Vorsprung mauern
lassen, damit ein Kind, das hineingleitet, noch Halt findet, bevor
es auf den glitschigen Steinen unweigerlich in die Tiefe rutscht.
Einen Meter siebzig geht es hinab, immerhin. Das ist geblieben
von der einst mannshohen Grube. Auf der einen Seite befinden
sich zwei mit Wasserpflanzen besetzte Stufen, auf der anderen
Seite führt die gepflasterte Böschung in einiger Neigung hinab.
Die Kinder schwimmen jetzt darin, und weil der Rand so steil ist,
können sie, mit ein bisschen Geschick, sogar hineinspringen. Ich
bitte sie nur, sich von der bepflanzten Seite fernzuhalten, und habe
die Geschichte von der Seerose erzählt, die den Schwimmer in die
Tiefe zieht. Das hat erst einmal genügt. Das Wasser ist voller Algen, die Pumpen sind überfordert. Ich werde sie erneuern müssen.
Aber das beunruhigt mich nicht. Bis ein Gleichgewicht gefunden
ist, dauert es immer eine Weile, das ist im Leben so und im Garten, warum soll es im Teich anders sein?

Dort stehen, in südwestlicher Ausrichtung, also die meisten meiner Rosen. Ich habe nicht sehr viele in meinem Garten.
Zu wenig Sonne. Und was auch immer es zu Rosen zu sagen gibt,
die ja als Königin des Gartens gilt, die blühende Pflanze schlechthin, welche der unüberschaubar vielen Sorten auch immer Sie bei
sich setzen, welch züchterische Fortschritte in England bei David
Austin, in Frankreich bei Guillot oder in Deutschland bei Kor-
des gemacht werden: Rosen brauchen Sonne. Das ist ein einfacher

Satz. Weil er so einfach ist, schicke ich ihn diesem Kapitel über Rosen vorweg.

Ich gebe zu: Ich würde die Rose gerne vermeiden. Aber das geht natürlich nicht. Königin des Gartens. Daran ist kein Vorbeikommen. Ein Garten ohne Rosen ist ja kaum vorstellbar. Aber nur der junge, ganz unwissende Gärtner kann sich der Rose unbefangen nähern. Befasst man sich nur ein klein wenig mit ihr, ergreift einen Respekt, vielleicht gar Furcht. Farbe, Gestalt, Charakter, Größe, Wuchs – in allem sind Rosen so vielgestalt wie vielleicht gar keine andere Gartenpflanze, wie vielleicht überhaupt nur der Mensch selbst. Und dann erst der Rosenschnitt! Ein Riesenthema! Gegenstand unendlicher Dispute. Im Herbst oder im Frühjahr? Oder im Herbst und im Frühjahr? Muss die Pflanze um zwei Drittel eingekürzt werden? Oder muss eine bestimmte Anzahl von Augen, also frisch hervorquellender Triebe, stehen bleiben? Es ist eine Philosophie. Ein Manierismus. Wie die ganze Pflanze ja, bei aller Liebe, in Wahrheit etwas Manieriertes hat. So oder so, man schreibt nicht leichthin über die Rose.

Schönheit und Schmerz. Liebreizende Blume und verletzende Dornen. Blüte und Blut. Rot als Farbe des Lebens und des Todes. Die Dialektik des Lebens.

Die poetische Dichotomie der Rose findet ihre Aufhebung in der Mutter Gottes. Maria ist die Rose ohne Dornen. Im Paderborner Wallfahrtsfahrtslied MEERSTERN ICH DICH GRÜSSE wird gesungen: »Rose ohne Dornen, O Maria, hilf!« Maria ist die Überwindung des Schmerzes und der Sünde, sie ist die Immaculata, die Unbefleckte, über die der Tod keine Macht hat. »Der Sold der Sünde ist der Tod«, steht im Römerbrief, aber Maria gelangt ohne

Umweg in den Himmel. Sie, die ohne Sünde ist, hat den geboren, der die Sünde der Welt trägt. In der Lauretanischen Litanei wird Maria als Rosa Mystica angerufen, als Geheimnisvolle Rose. Und der 4. Fastensonntag der Passionszeit, dessen Liturgie mit den Worten »Laetare, Jerusalem« eingeleitet wird, wird Rosensonntag genannt. An diesem Tag empfängt ein Marienheiligtum eine geweihte goldene Rose aus den Händen des Papstes. Eine goldene Rose. Das geht ja noch. Dem Pfarrer Georg Schöner aus dem badischen Steinach, der in der Geschichte der Kirche und der Pflanzenzucht einen kleinen Platz als »Rosenpfarrer aus Steinach« innehat, soll es gelungen sein, eine schwarze Rose zu züchten. Schöner hatte Thüringen hinter sich gelassen und war nach Amerika aufgebrochen. In Oregon, später in Kalifornien suchte er die Vollkommenheit des göttlichen Wirkens in der Zucht der Rosen. Was ist am Ende dieses langen – um nicht zu sagen dornigen – Weges auf der Spur der Mendelschen Gesetze geschehen? Hat Pfarrer Schöner den Sprung von der Botanik zur Alchemie genommen, von der Wissenschaft zur Magie? Hat er also einen unsagbaren, schlimmen Preis gezahlt, um das dunkelste Geheimnis der Rose zu lüften? Oder hat er nach vielen Jahren der stillen Versenkung in die Geheimnisse der Weitergabe von Attributen und Akzidentien der Rose, dieser mystischsten aller Pflanzen, das himmlische Jerusalem des Rosenzüchters geschaut, so dass unter seinen Händen die Schwarze Rose erblühen konnte? Wir möchten glauben, dass Schöner als Wissenschaftler bis an die Grenze der Gesetze der Mendelschen Vererbung gegangen war und als Mann Gottes diese Grenze überschritten hat. Er hatte eine Pflanze geschaffen, die es nicht geben kann, eine mystische Vollendung, eine schwarze Rose, deren Blätter unter den Strahlen der Sonne unweigerlich verbrennen müssten.

Es heißt, das einzige Exemplar sei aus seinem Garten

gestohlen worden. In seinen Unterlagen fand sich kein Hinweis, der erlaubt hätte, das Wunder des Rosenpfarrers zu wiederholen. Es hat danach nie mehr eine Schwarze Rose gegeben. Schöner hat übrigens versucht, durch die Namensgebung dem märchenhaften Charakter seiner Schöpfung entgegenzuwirken. Anders ist kaum zu erklären, warum er diese unwahrscheinlichste aller Züchtungen ausgerechnet nach Oliver Wendell Holmes benannte, der lange Jahre Richter am Supreme Court war und sich durch seine besonnene und allem Rechtsdogmatismus abholde Urteilsfindung auszeichnete.

Auch ohne Schwarze Rose besteht an Rosensorten wahrhaftig kein Mangel. Im Rosengarten, den Joséphine de Beauharnais, die Gattin Napoleons, unweit von Paris anlegte, fanden sich nach ihrem Tod etwa 250 Rosensorten. Das war die Anzahl der damals bekannten. Im Europa-Rosarium Sangerhausen, unweit von Harz und Kyffhäuser, das über die größte Rosensammlung der Welt verfügt, sind heute mehr als 8300 Rosensorten zu finden. Und die größte Datenbank, die im Internet für dieses Thema zur Verfügung steht, helpmefind.com, gibt an, mehr als 41000 verschiedene Rosen katalogisiert zu haben. Die Zahl der Rosen wächst unablässig.

Man muss kein Kulturpessimist sein, um darin nicht unbedingt einen Fortschritt zu sehen. Die wundersame Vermehrung der Rosen findet ihre Ursache nämlich nicht nur in der gärtnerischen Liebe und Neugier. Sondern auch im Eigennutz der Rosenzüchter. Fünfundzwanzig Jahre lang darf eine neue Züchtung von anderen Züchtern und Gärtnern nicht nachgezogen werden. Danach läuft der Schutz des Gesetzes aus. Dieser Rechtsbereich ist nämlich von einem eigenen Gesetz eingehegt, dem Sortenschutzgesetz. Die großen Züchter lassen Jahr für Jahr ihre neuen Kreationen beim

Gemeinschaftlichen Sortenamt eintragen, Rosen und Chrysanthemen vor allem, und natürlich landwirtschaftliche Nutzpflanzen, Mais, Kartoffeln Weizen und, unerwartet, Salate. Darin liegt der geschäftliche Anreiz: Auf solche registrierten Pflanzen haben die Züchter ein Vierteljahrhundert lang ein Monopol. Danach gehen die Pflanzen ins Gemeingut über – und die Preise sinken.

Die Rose ist nämlich nicht nur die Königin des Gartens. Sie ist auch ein gutes Geschäft.

Vor allem, wenn es sich um das Markenprodukt eines Markenzüchters handelt. Mit alten Rosen, die jeder pflanzen darf, lässt sich nicht so viel verdienen. Die Züchter haben also ein Interesse daran, ihre neuen Rosen anzupreisen, und die Gärtner, sie zu pflanzen. Hören wir mal die Berliner Gärtnerin, oder sagen wir besser Gartenunternehmerin, Gabriella Pape: »Viele alte Parkrosen wie Teehybriden sind längst überholt«, sagt Pape. »Es gibt moderne Rosen, die plüschig, sexy und beständig sind.«

Modern, plüschig und sexy. Das ist die Rose von heute.

Pape hat in Berlin vor ein paar Jahren die »Königliche Gartenakademie« gegründet. Das ist ja kein geschützter Begriff, »königlich«, und in Verbindung mit Garten klingt königlich natürlich gut, irgendwie englisch. Pape sieht in Deutschland noch ungeheures Entwicklungspotential für den Gartensektor: »Heute ist jeder zweite Kunde unter 40, steht in der Mitte seiner Karriere und der Garten ist kein Zukunftstraum mehr, sondern Teil seines Lifestyles und trägt somit in großem Maße zum täglichen Wohlbefinden bei. Dies signalisiert eine völlige Verschiebung der Prioritäten und damit auch die Eröffnung eines noch nicht erkannten

Marktes: Garten nicht nur als Höhepunkt der Repräsentation, sondern als alltägliche Ergänzung des persönlichen Lebensstils.« Wie soll sich der Gärtner dazu bloß verhalten? Lifestyle und Lebensstil? Weitermachen wie bisher, was sonst!

Also, noch einmal: die Rose. Ein Wort zur Pflanzung. Rosen haben ihren Boden gerne sandig und durchlässig. Traditionell gibt man eine Handvoll Hornspäne ins Pflanzloch, je gröber, desto besser. Um so länger braucht das Material zur Zersetzung, und um so länger versorgt es die Pflanzen mit Stickstoff. Das ist nämlich der Sinn der Sache, ein natürlicher, lange wirkender Stickstoffdünger. Angeblich darf man eine Rose nicht ohne weiteres an eine Stelle setzen, die zuvor eine andere eingenommen hatte. Der Boden hat dann die Rosenmüdigkeit, heißt es. Ich habe diese Erfahrung nicht gemacht. Aber das kann vielfältige Gründe habe. Die Gärtnereien empfehlen den großflächigen Austausch des Bodens. Der bereits erwähnten Gabriella Pape verdanke ich jedoch den Hinweis auf die sogenannte Mykorrhizierung des Bodens. Unter Mykorrhiza versteht man eine besondere Variante der Symbiose verschiedener Pilzsorten mit vielen Pflanzen – die Pilze besiedeln die Wurzeln der Pflanzen und führen ihnen Wasser und Nährstoffe aus dem Boden zu, dafür versorgt die Pflanze sie mit Energie, die sie aus der Fotosynthese gewonnen hat. Es gibt offenbar inzwischen Mittel zu kaufen, die man in den Boden rührt und die dann die Besiedelung der Pflanze mit solchen besonderen Pilzen fördern.

Mir ist das alles zu kompliziert. Vielleicht rührt mein schwieriges Verhältnis zur Rose nicht nur von der unüberschaubaren Fülle ihrer Varianten her. Sondern auch aus der Unvereinbarkeit von Erfahrungen und Informationen, die ich im Umgang mit ihr gesammelt habe. Rosen gelten gemeinhin als widerständige Pflanzen, und ich halte mich für einen geduldigen Arbeiter.

Und dennoch gestalteten sich meine Beziehungen zu ihnen oft kompliziert.

Viele meiner Rosen waren anfällig für Schädlinge wie Rosenblattläuse oder Raupen. Die einen saugen die Kraft aus den Knospen, die anderen wickeln sich in die Blätter ein. Und wenn dann noch eine der drei schlimmen Krankheiten die Rose befällt – Sternrußtau, Echter Mehltau oder Rosenrost –, hört der Spaß sowieso auf. So viel kann man gar nicht wegschneiden, wie diesen Seuchen zum Opfer fällt, und sie springen von einer Pflanze zur nächsten. Mir fällt außer dem Lungenkraut *Pulmonaria officinalis*, das sehr anfällig für Pilzkrankheiten ist, eigentlich keine Pflanze in meinem Garten ein, die so kompliziert ist wie die Rose. Wer will schon kranke Pflanzen im Garten haben? Alle Lieblingspflanzen, *Tellima*, *Heuchera*, alle Geraniumsorten, die Farne, die Funkien – alle diese Pflanzen sind gesund und kräftig, solange man sie anständig pflanzt, sie ausreichend gießt und ihnen die Schnecken vom Leib hält. Nicht so die Rose. Ein bisschen zu wenig Sonne, ein bisschen zu viel Wind, ein bisschen zu aufdringliche Nachbarn, ein bisschen zu viel hiervon oder davon – und schon wird die Rose krank. Und zwar nicht nur ein bisschen, sondern von oben bis unten. Ich hatte Rosen im Garten, die bestanden nur noch aus einem einzigen kahlen, blattlosen Stiel, und oben saß eine einsame, traurige Blüte. Früher verließ ich mich darum bei der Pflege meiner Rosen auf den unnachgiebigen Einsatz chemischer Mittel: zur Insektenvertilgung und zur Krankheitsabwehr. Das kann ich nicht empfehlen. Und zwar nicht aus Abneigung gegen die chemische Industrie. Sondern weil die Ergebnisse auf Dauer unbefriedigend blieben, ganz gleich, wieviel Gift ich eingesetzt habe. Und so ein suburbanes Seveso ist natürlich auch wegen der Kinder nicht so schön.

Heute leben in meinem Garten nur noch Rosen, die sich

dort auch ohne solche Hilfe wohlfühlen. Ich will Ihnen die Sorten gerne nennen: Die orangeapricotfarbene 'Gloire de Dijon' ist eine zuverlässige Kletterrose von süßem Duft und verschwenderischer Blütenfülle. Ich lasse sie an einem Rosengerüst aus rostigem Eisen wachsen und kürze sie nach drei Metern ein. Meine 'Kew Rambler' wächst mit ihren lieblich zartrosafarbenen, offenen Blüten im Apfelbaum, und wenn ich nicht auf sie achte, wird sie ihn bald überwölbt haben. Dunkelrot ist 'Paul's Scarlet Climber', eine weitere Rambler-Rose, die zwar nur einmal im Jahr blüht, das aber in großer Pracht. Hinten im Garten steht noch eine andere prächtige Rambler-Rose, eine viele Jahre alte Veilchenblau. Sie kann vier, fünf Meter hoch werden und trägt ihre überreichen Blüten, die in schönstem Violett leuchten, an vielen kleinen Büscheln. Veilchenblau hat zwei Eigenschaften, die für eine Rose bemerkenswert sind: Sie wächst auch im Halbschatten und sie hat keine Stacheln. Eine ganz eigene Rosa mystica, gezüchtet von einem Deutschen zu Beginn des 20. Jahrhunderts. Die Rambler sind in Deutschland immer noch keine sehr üblichen Rosen. Sie alle haben ihre ungeheuere Wüchsigkeit gemeinsam, sie ranken sich mit ihren weichen Trieben durch Bäume und Sträucher und können auch an Fensterläden, Fallrohren und Schneegittern emporwachsen und kleinere Häuser unter sich begraben. Man sollte darauf tatsächlich achten.

Die Rosen werden sehr mächtig und schwer. Wenn man sie über das Hausdach wachsen lassen möchte, sollte man rechtzeitig für eine entsprechend stabile Halterung sorgen.

Auf den Beeten habe ich nur drei Rosensorten: Die Strauchrose 'Königin von Dänemark', auch als *Rosa alba* bekannt. Sie ist eine wunderschöne zartlilarosa gefüllte Sorte, die im seinerzeit dänischen Altona gezüchtet wurde. Sie blüht nur kurz im Sommer, und darum ist mir jede Blüte Jahr für Jahr um so kostbarer. Dann Madame Hardy, die ganz weiß ist, prächtige, doppelt gefüllte Blüten hat und deren bemerkenswerteste Eigenschaft der betörend süße Duft ist, der von ihr ausgeht. Im Sommer, nach einem leichten Regen, sollten Sie einmal langsam an einem Beet mit diesen Rosen vorübergehen. Mein ganzes Herz aber gehört der Rose de Resht, einer wunderbaren Damaszenerrose, die das ganze Jahr über mit anmutig aufrechtem Wuchs in einem tiefen Rotrosa blüht, das einen ernsthaften Kontrast zum kräftigen Grün ihrer Blätter bildet und dabei wunderbar duftet. Sie ist meine liebste Rose.

Wenn Sie ein bisschen Platz im Garten haben, denken Sie über eine Rosenhecke nach. Die Firma Manufactum bietet sogenannte »Rosenpakete« an, unter dem Motto Bauerngarten, Hagebutten-Rosen oder Wildrosen. Vor allem diese letzte Variation ist wunderschön, die lieblichen offenen Blüten der *Rosa glauca*, die Zartrot leuchten, während ihr Laub von bläulichem Grün ist, mischen sich darin mit dem frischen Weiß der reich blühenden *Rosa multiflora* und der seerosenhaften Feinheit der nach Äpfeln duftenden *Rosa rubiginosa*. Wenn Sie sich genug Zeit lassen, wird aus den fünf Pflanzen im Lauf der Jahre eine vielleicht sechs Meter lange und zwei Meter hohe Hecke, die im Sommer in allen Farben blüht und im Herbst über und über mit Hagebutten bedeckt ist. Die sehen nicht nur gut aus, man kann sie auch hervorragend als Juckpulver verwenden.

Und der Schnitt? Die Wahrheit ist, man kann die Rosen mit einer kleinen, feinen Rosenzange schneiden, mit einer großen Gartenschere oder mit einem elektrischen Heckenschneider – es spielt keine große Rolle. Die unverzichtbare Aunty Jane sagt, dass man sich entweder alle Mühen der Kunst machen kann und die Rosen nach komplizierten Regeln und Anleitungen beschneidet. Oder man nimmt die Heckenschere und kürzt die Dinger einfach ein.

Geranium

Es gibt im Garten aussichtslose Lagen: trockener Schatten verbunden mit schlechtem Boden. Das ist gar nicht so selten. Bei mir sorgt die enorme Rotbuche des Nachbarn dafür, deren Wurzelwerk sich natürlich um die Gemarkung der Flurstücke ebenso wenig kümmert wie die Krone, die bei mir einen guten Teil von Haus und Grundstück beschirmt. Dahin dringt kein Lichtstrahl und in den Boden bekomme ich keinen Spaten rein. Gegen diesen wirklich beeindruckenden und bewundernswerten Baum, der lange vor uns da war und uns alle überdauern wird, muss ich unterliegen. Als ich noch jünger und siegessicher war, habe ich allerhand versucht, der Buche ein paar Pflanzen unterzujubeln. Ich habe mit großen Rhododendren angefangen. Sie sind gestorben. Ich habe es mit kleineren Azaleen versucht. Sie sind eingegangen. Ich habe Funkien gesetzt. Sie sind nicht einmal angewachsen. Ich habe es mit den beiden üblichen Bodendeckern *Vinka* und *Pachysandra* versucht, aber auch die haben nicht überlebt. Meine letzte Hoffnung, der letzte Versuch, die letzte Chance, war ein Storchschnabel, genauer der Balkan-Storchschnabel *Geranium macrorrhizum*. Ich habe den Boden bis in zehn Zentimeter Tiefe mit der Spitzhacke aufgelockert und eine Mischung aus Phosphaten und Kaliumoxid in die Krume gerührt und dann ungefähr zwanzig Geranium-Ableger eingesetzt, gut gegossen – und gewartet. Es ist nichts passiert. Das Geranium ist an Ort und Stelle umgekommen. Selbst diese hartnäckigste aller Pflanzen hat hier kapituliert. Der Boden war so fest, dass die Rhizome keinen Grund fanden. Das ist für den Gärtner der größte anzunehmende Ernstfall. Man muss wissen, wann es heißt, loszulassen. Da hilft es nur noch, eine Ladung Kies auszustreuen und die Fläche zum Abstellen der Fahrräder zu gebrauchen.

Diese Szene des Scheiterns vor Augen, sage ich, dass das Geranium mit seinen ungefähr 400 Arten zu den zuverlässigsten, flexibelsten und wandlungsreichsten Pflanzen gehört und in keinem Garten fehlen sollte.

Ja, man könnte einen ganzen Garten nur mit Geranium anlegen. Von Margery Fish, der berühmten englischen Gärtnerin, stammt der Satz: »Wenn Sie sich nicht sicher sind, nehmen Sie ein Geranium.« Damit ist alles gesagt. Mal angenommen, Sie haben nicht viel Zeit, sich um Ihren Garten zu kümmern – was natürlich für einen Gärtner eine Schande ist. Und mal angenommen, Sie haben nicht viel Ahnung von Pflanzen – was nur dann eine Schande wäre, wenn Sie es dabei beließen. Dann kämen Sie mit nur einer Pflanze aus: dem Geranium. Es gibt ein Geranium für jeden Zweck und jeden Standort. Und anders als die Rose ist das Geranium eine überaus gutmütige Pflanze. Wenn man sich einigermaßen an die Pflanzvorschriften hält und das Gießen nicht vergisst – dann ist diese Pflanze praktisch nicht kleinzukriegen. Krankheiten kenne ich bei Geranium gar nicht.

Muss man das Missverständnis mit dem Namen noch ausräumen? Wahrscheinlich schon. Nehmen wir mal THE BLUE GERANIUM, eine Kurzgeschichte von Agatha Christie. Da spricht die Hellseherin eine düstere Prophezeiung aus: »Hüten Sie sich bei Vollmond. Der blaue Flieder ist eine Warnung. Die blaue Malve bedeutet Gefahr. Das blaue Geranium bedeutet den Tod.« Oder soll es heißen: »Die blaue Geranie bedeutet den Tod«? Geranium und Geranie sind nämlich keineswegs das Gleiche. Es ist kaum vorstellbar, dass Agatha Christie das nicht wusste. Aber durchaus vorstellbar ist, dass die deutschen Übersetzer der Geschichte das nicht wussten. Jedenfalls haben sie sich für Geranie entschieden, und das ist wahrscheinlich falsch. Ich kenne gar keine blauen Geranien. Aber eine ganze Reihe von blauen Geraniums.

Was wir Geranie nennen, heißt in Wahrheit Pelargonie. Aber die Übersetzungsprobleme und Namensverwirrungen begleiten diese beiden Pflanzen durch alle Länder und Zeiten. Geranium kommt vom griechischen geranos, Kranich. Das ist die Gattung, die wir Storchschnabel nennen. *Pelargonium* hingegen stammt vom griechischen pelargos, was wiederum Storch heißt, und dient der Pflanze als Bezeichnung, die wir Geranie nennen. Das kommt dabei raus, wenn Botaniker und Biologen den Storch nicht vom Kranich und das Geranium nicht von der Geranie unterscheiden können. Geranie und Geranium gehören zwar zur gleichen Familie der *Geraniaceae*, die fünf Arten umfasst, von denen aber nur eine bei uns winterhart ist: das Geranium. Wenn Sie die Pelargonien, die so wundervoll rot in den Balkonkästen Bayerns und Südtirols leuchten, über den Winter draußen lassen, ist es aus und vorbei mit den Pflanzen. Diese deutschgemütlichste aller deutschgemütlichen Pflanzen kommt aus Südafrika und will bitte auch so behandelt werden. Ganz anders das Geranium: Ich habe buchstäblich Dutzende von Sorten in meinem Garten und noch nie, ich schwöre, noch nie ist eine im Winter eingegangen. Großartige Pflanze!

Zuverlässig und treu wie ein lieber Hund, blüht aber schöner.

Das *Geranium macrorrhizum*, das unter meiner Buche den Geist aufgab, ist der zuverlässigste Bodendecker, den ich kenne. Es ist buchstäblich die einzige Pflanze, die es mit dem Giersch aufnehmen kann, und entwickelt sich dabei selber nie zur Bedrohung. In den Varietäten 'Bevan's Variety' und 'De Bilt' blüht es rosa-violett, als 'Album' und 'Spessart' in zartem Weiß. *G. macrorrhizum* heißt auch Balkan-Storchschnabel, weil es in den Ländern Südosteuropas reichlich wächst und hier eine besondere Rolle spielt. Zdravets wird es in Bulgarien schlicht genannt, Gesundheit, Stärke. Es gibt in Mazedonien Dörfer, in denen die Frauen am Vorabend des 23. April, dem St. Georgstag, ins Gebirge gehen und Geranium-Blätter sammeln, damit Mensch und Vieh gesund bleiben und Kühe und Schafe Milch geben. Am nächsten Morgen waschen sie sich im Fluss mit Rosen und Geranium-Blättern, und werden so rot wie die Rose und so kräftig wie das Geranium. Anderswo wird das Geranium in Bergen gesammelt, die so weit entfernt sein müssen, dass man das Krähen des Hahnes nicht mehr hört. Die Blätter der Pflanze werden dann zusammen mit einer Handvoll Nüssen unter die Kissen gelegt, auf denen man die Nacht zum St. Georgstag schläft, und am nächsten Morgen wird man dann einen Vogel sehen, so dass die Arbeit des kommenden Sommers wie im Fluge vergehen wird.

G. macrorrhizum duftet stark und klebt ein bisschen. Wenn Sie nicht in einem mazedonischen Dorf leben, sondern sich das Geranium mit dem Auto aus einem Gartenmarkt holen, sollten Sie nachher Polizeikontrollen weiträumig umfahren. Der Geruch ähnelt stark demjenigen von Haschisch – soweit ich mich daran erinnere – und hat etwas geradezu Betörendes. Das liegt an den reichen ätherischen Ölen, über die diese Pflanze verfügt. Damit lässt sich eine Menge anfangen. In Bulgarien wird *G. macrorrhizum* auf ausgedehnten Feldern angebaut. Aus den frischgrünen, saftigen Blättern wird im Wasserdampf das berühmte Zdravetz-Öl gewonnen. Die Pflanze ist nämlich voll von flavonoiden Phenolen, Tanninen und dem sesquiterpenen Keton Germacron. Tolles Zeug, auf das die Aromatherapeuten schwören. Es wird zum Beispiel als Ersatz oder als Streckung für Rosenöl benutzt. Dieses wird in Plantagen von Damaszener- und Gallica-Rosen gewonnen und ist sehr teuer. Man braucht ungefähr dreißig Rosen für einen einzigen Tropfen. Geranium-Öl, das billiger ist und einfacher herzustellen, lindert Stress, gleicht Emotionen aus, vertreibt Melancholie und Ängste, hilft bei Wutanfällen, Zellulitis und Menstruationsproblemen. Sagt man jedenfalls. HAGERS HANDBUCH DER PHARMAZEUTISCHEN PRAXIS, das immer einen Blick wert ist, wenn man wissen will, wozu die Gartenpflanze sonst noch so taugt, hat sich dieses Öls mal streng wissenschaftlich angenommen. Danach soll der Geranium-Extrakt tatsächlich blutdrucksenkende Wirkung haben, allerdings werden nur Versuche bei Hunden und Katzen beschrieben. Gleichzeitig – und da scheint mir ein Widerspruch zu liegen – ist hier aber auch zu lesen, dass man in Bulgarien diesem Geranium sexuelle Stimulierung zuschreibe, die jedoch nicht belegt sei. Dem Gärtner steht es also frei, das Kraut zunächst an seinen Haustieren und dann an sich selbst auszuprobieren.

Allerdings ist *Geranium macrorrhizum* das einzige Geranium, das Sie zuverlässig in jeder Gärtnerei finden werden, wenn zumeist auch ohne nähere Bezeichnung, um welche der zwölf Varietäten von 'Album' bis 'Walter Radloff' es sich handelt. Aber um eine Ahnung von der ganzen unüberschaubaren Vielfalt dieser Pflanze zu erhalten, muss man schon in eine der wirklich guten

Staudengärtnereien gehen. Denn trotz ihres Artenreichtums und ihrer vielfältigen Einsatzmöglichkeiten gehört die Pflanze mitnichten zur üblichen Ausstattung des deutschen Gartens. Es gibt übrigens eine Geranium-Sorte, die mit dem *G. macrorrhizum* eng verwandt ist, aber etwas weniger wüchsig ist und auch etwas feiner, ein eleganteres *G. macrorrhizum* sozusagen. Es handelt sich um eine Kreuzung mit dem *G. dalmaticum*, und zwar das *Geranium* x *cantabrigiense*. In seinen verschiedenen Sorten blüht es weiß ('Biokovo' und 'St. Ola') oder rosa ('Cambridge' und 'Karmina').

Ich bin jedesmal geradezu geplättet, wenn ich bei Foerster, der besten denkbaren Staudengärtnerei, unter freiem Himmel durch die lange Reihe voller Geranium-Stellagen gehe.

Ich habe sie nicht gezählt, aber vom *Geranium cinereum* 'Ballerina' bis zum *Geranium* x *oxonianum* 'Hollywood' müssen es ungefähr einhundert Arten und Varietäten sein, die Foerster bereithält. Das genügt für jeden Garten.

Seine größte Pracht entfaltet das Geranium natürlich im Frühling und frühen Sommer, wenn die Tulpen zwischen seinen dichten grünen Büscheln emporragen. Frühling, das ist für mich der Anblick des käftigen Rots der Tulpe 'Ronaldo', das zwischen dem Blaugrün des *Geranium sanguineum* leuchtet.

Der Blutstorchschnabel ist neben dem *Geranium macrorrhizum* sicher die zweite bekannte Art. Wenn man ihn in Ruhe lässt, erreicht er nach ein paar Jahren etwa einen halben Meter Höhe und auch eine ebensolche Ausdehnung. Man unterschätzt das leicht. Obwohl die Pflanze schön neben Rosen steht, neigt sie dazu, diese zu überwuchern. Man muss da auf den Abstand achten oder den Storchschnabel gleich in die Nachbarschaft einer hochstämmigen Rose setzen. Auf dem Balkan schwört man auf den Blutstorchschnabel nicht nur wegen der blutdrucksenkenden und antigrippalen Wirkung. Angeblich wirkt er auch vorbeugend gegen Strahlenkrankheiten. Bei den bulgarischen Behörden liegt dazu sogar eine Patentanmeldung vor. Man sieht: der Blutstorchschnabel ist voller Rätsel und das bulgarische Patentamt auch.

Jedenfalls blüht diese Pflanze in einem stillen Rot. Es sind nicht sehr viele Blüten und sie sind, wie alle Geranium-Blüten, sehr fein. *G. sanguineum* ist eine zuverlässige Pflanze, für meinen Geschmack aber etwas zu krautig, etwas zu ländlich. Ich habe das *G. endressii* lieber, das in einem kräftigen Pink blüht – anders kann ich die Farbe nicht nennen – und beinahe blaugrüne Blätter hat, dabei aber kompakter wirkt als *G. sanguineum*, dichter. In einer nach hinten ansteigenden Rabatte steht das gutwüchsige *G. endressii* beinahe unübertroffen in der zweiten Reihe hinter einer niedriger wachsenden Sorte wie *G. cinereum* 'Ballerina' oder *G. sanguineum* 'Max Frei', die beide etwa zwanzig Zentimeter hoch werden und in fröhlichem Rosa blühen, wobei 'Ballerina' über ein dunkles Auge verfügt.

Eine geradezu klassische Geranium-Rabatte würde dann nach hinten hin mit *G. psilostemon* abschließen, meiner Lieblingssorte. Sie wird immerhin einen guten Meter hoch und ist eine sehr feine, buschige Pflanze mit lila-rosafarbenen Blüten, die innen schwarz gefüllt sind und aussehen wie lauter lustige kleine Puppenaugen. *G. psilostemon* wächst an vielen Standorten, blüht aber in der Sonne am reichhaltigsten und ausdauerndsten. Dieser Armenische Storchschnabel ist für mich die schönste Geranium-Sorte, die bei uns wächst. Übertroffen wird sie nur vom ungeheuren Madeira-Storchschnabel *G. maderense*. Die Pflanze kommt überhaupt nur auf der abgelegenen Atlantik-Insel vor und dort auch nur an isolierten Standorten im Landesinneren. Sie wird über einen Meter hoch und bildet zahlreiche zartrosa-farbene Blütenbüschel, die über palmenartig gezackten Blättern stehen. Die Blätter erinnern übrigens ein bisschen an die Blätter der Hanfpflanze. Der Madeira-Storchschnabel ist eine heikle Pflanze. Er ist einjährig. Sie müssten, wenn Sie sich an ihm versuchen wollen, seine Samenkörner sammeln und im nächsten Frühjahr wieder einsäen. Ich höre, dass das keine leichte Sache ist, und gestehe, dass es mir bislang zu aufwendig war.

Neben den weißen und rosafarbenen Geranium-Sorten habe ich in meinem Garten die besten Erfahrungen auch mit den blauen und lilafarbenen gemacht, vor allem *G.* x *magnificum*, *G.* x 'Johnson's Blue' und *G. himalayense*.

G. x *magnificum* blüht im Mai oder Juni für kurze Zeit und das auch nur einmal. In dieser Zeit aber übertrifft es bei mir mit seinem ernsten Lilablau alle Nachbarn, so sehr leuchtet diese liebenswürdige Bauernpflanze im dunklen Licht eines gewittrigen Frühsommernachmittags. Der Frauenmantel *Alchemilla mollis* ist der übliche Begleiter dieses Geraniums, so habe auch ich es gehalten und nicht bereut. Das Grüngelb der *Alchemilla* neben dem dunklen Geranium ist ein unübertroffener Kontrast. 'Johnson's Blue', die über ein frisches Blau verfügt, steht in gutem Ruf. Bei mir neigt die Pflanze zum Zerfallen und Zerfasern. Man sollte sie darum nicht weniger lieben, aber man muss sich ein bisschen kümmern. Ich schneide mir ab Mitte Juni, wenn die Stauden sich ihrer vollen Größe nähern, ein paar Astgabeln und biegsame Ruten aus dem Flieder und binde den Stauden am Beetrand mit Bastfäden kleine Gerüste daraus, in denen sie gehalten werden. Die Äste lassen sich im Herbst einsammeln und im kommenden Jahr wiederverwenden. Das ist allemal hübscher und billiger, als vorgefertigte Staudenstützen im Gartenmarkt zu kaufen. Außer dem Geranium freut sich auch die Fetthenne sehr über solche Unterstützung, die im Laufe des Gartenjahres ihrem Namen mehr und mehr Ehre macht und sich schließlich nicht mehr selber halten kann.

Geranium lässt sich übrigens sehr gut teilen. Man kann ein drei- bis vierjähriges Exemplar ausgraben und daraus mit dem Spaten im Nu zwei machen. Eine andere, eher unerwartete Methode der Vermehrung ist der Wurzelschnittling. Sie graben die Pflanze aus und trennen bis auf etwa ein Drittel alle Wurzeln ab. Die einzelnen Wurzeln werden dann mit einem Messer in etwa fünf Zentimeter lange Stücke geschnitten. Achten Sie darauf, dass das ursprünglich nach oben weisende Ende des Wurzelstücks auch weiterhin nach oben weist. Die Pflanze hat daran eine Erinnerung. Die Schnittlinge werden in die Erde gesteckt, so dass sie knapp bedeckt sind. Nach sechs Wochen treiben sie aus.

Das ist überhaupt eine sehr angenehme Eigenschaft der meisten Stauden, ihre Teilbarkeit. Man kann dadurch Geld sparen. Aber vor allem kann man auf diese Weise schnell mal eine Lücke schließen, die sich unerwartet an einer Ecke eines Staudenbeets ergeben hat.

Ein Garten ist ein dynamisches System, immer in Bewegung und Veränderung begriffen.

Man kann seinen Garten natürlich auch in dem Sinne als statisch begreifen, dass man sich bemüht, einen einmal erreichten Zustand möglichst zu bewahren. Auch das ist keine kleine Herausforderung. Aber es ist natürlich nicht dasselbe, wie um eine stete Erneuerung bemüht zu sein und um eine dauernde Erweiterung seiner Vielfalt. Gerade das Geranium eignet sich dafür sehr. Sie können Jahr um Jahr unterschiedliche, aber doch verwandte

Pflanzen an Ort und Stelle abwechseln lassen. Ich habe es zum Beispiel gerade mit zwei neuen Sorten versucht, auf deren Entwicklung ich ehrlich gespannt bin: die Hybride *G. magnificum* 'Rosemoor', die einen halben Meter hoch werden soll und im Sommer und Herbst blauviolett blüht. »Rundum vorzüglich und empfehlenswert« nennen die Gartenratgeber diese Sorte. Das Gleiche gilt für 'Pink Penny', ebenfalls eine neue Sorte, die ich bislang nicht kannte. Sie blüht angeblich ab Juni das ganze Jahr frischrosa und ist dabei kompakt und wüchsig. Man wird sehen. Aber man kann mit dem Storchschnabel wirklich nichts falsch machen. Es sind alle Sorten auf ihre Weise liebenswürdig, und wenn man überhaupt den ländlichen Charme dieser Pflanze mag, dann wird man mit allen glücklich werden.

Hortensien

Das Leben des Gärtners ist voller Entbehrungen, manchmal auch voller Gefahren.

Der Kampf gegen Giersch, Moos und Schnecken ist hart und heroisch. Mähen, Harken und Gießen verlangen Fleiß, Geduld und Ausdauer. Und wenn man sich mit Äxten und Hämmern schmerzhafte Wunden zufügt, muss man die Zähne zusammenbeißen und weitermachen. Keine Frage: Gärtner sein prägt und fordert den ganzen Menschen. Eine Sache des Charakters. Das hatten wir ja schon. Aber das Leben des Gärtners ist eben auch voller Freuden. Vielfältiger Freuden. Die strahlenden Blumen, die prangenden Blätter, die stolzen Stauden, all das ist herrlich anzusehen. In der Nase haben wir den süßen Duft der Rosen und den betörenden Odem des Geraniums. Und in unseren Ohren klingt heiter der

Gesang der Vögel, das lustige Quaken der Frösche, ja, und auch die stillen Gespräche der Fische. Also, es ist eine Lust, im Garten zu sein. Wem das alles aber nicht reicht, wer vom Mähen und Harken und Giersch-Rupfen und Schneckentöten mit den Nerven echt am Ende ist, wer die Vögel nicht mehr hören und die Blumen nicht mehr riechen kann – für den gibt es die Hortensie. Eine wunderbare Pflanze mit reicher Vielfalt und langer Geschichte. Mit allem werden wir uns gleich beschäftigen. Die Hortensie hat aber noch eine andere, wirklich bemerkenswerte Eigenschaft: man kann sie rauchen. Eine Hortensie am Morgen, vertreibt Kummer und Sorgen. Oder, anders gesagt: Don't Bogart that Hortensie, my friend!

Erstaunlich, was man so in Hortensien findet: das Glykosid Hydrangin, das Iso-Cumarin Hydrangenol, verschiedene Saponine, das Chinazolinalkaloid Febrifugin und noch jede Menge Blausäure-Verbindungen. Die sind natürlich sehr, sehr giftig und haben lauter schlimme Konsequenzen, als schlimmste den Tod. Das bekommt man aber mit Hortensien kaum hin, dafür sind die Konzentrationen zu gering. Für Schwindelgefühle und Störungen des zentralen Nervensystems, also für einen kleinen Rausch, reicht es hingegen allemal.

Für einen echten Gärtner verbietet es sich eigentlich, sich der Freude eines morgendlichen Hortensien-Joints hinzugeben. Und zwar nicht aus gesundheitlichen Gründen, sondern aus gärtnerischen. Wenn man von der Hortensie etwas rauchen will, kommen nur die ganz jungen Triebe und die Knospen in Frage, also die kommende Blüte. Welcher Gärtner, der noch ganz bei Verstand ist, würde auf die Blüte der Hortensie zugunsten eines kurzen Rausches verzichten? Hortensien sollte man nämlich möglichst gar nicht beschneiden, weder für den Drogengewinn noch aus sonstigen Gründen. Sie blühen am zweijährigen Holz. Was für ein schöner Ausdruck, das zweijährige Holz. Es bedeutet, dass die Knospe noch vor der vegetativen Ruhepause gebildet wird und erst im kommenden Jahr austreibt. Die Knospe geht ohne Schutz in den Winter. Darum sind viele Hortensienarten auch so anfällig für den Frost.

Wenn in Hortensienpflanzungen hin und wieder die Triebe fehlen, dann verdächtigt mal der eine Gärtner den anderen oder beide verdächtigen die Hasen. Aber die Polizei weiß: die Hortensien-Mafia hat wieder zugeschlagen. Also jedenfalls wurde dieser Ausdruck im Städtchen Münster mal gebraucht, als wieder einmal des Nachts Hunderte von Büschen um ihre kommende Blüte gebracht worden waren. Im Mekka der deutschen Hortensien-Szene, in Schleswig-Holstein, hat die Polizei es in manchen Jahren mit mehreren tausend solcher Überfälle auf Pflanzungen zu tun. Kein Scherz. Vor allem in der Gegend um Rendsburg ist es ganz arg. Die Diebe kommen mit ihren Scheren, fallen wie die Heuschrecken über die arglosen Büsche her und schneiden ihnen die jungen Triebe und Knospen ab. Das sind kleingärtnerische Dramen, die ihren Weg nicht in die Schlagzeilen der überregionalen Presse finden, schon richtig. Aber sie sind für die Betroffenen darum nicht weniger schmerzvoll.

Ich gestehe, dass ich mit meinen Hortensien noch keine Selbstversuche gemacht habe. Das hängt mit meiner grundlegenden Abneigung gegen bewusstseinsverändernde Drogen zusammen: ich finde die Welt schon im realen Zustand so kompliziert, dass mich die Konfrontation mit rauschhaften Varianten der Wirklichkeit heillos überfordern würde. Man muss einen sehr gefestigten Charakter haben, um der Droge gerecht zu werden, stelle ich mir vor. Und dann habe ich natürlich auch vor etlichen Jahren das Rauchen

aufgegeben und werde das wegen ein paar dusseliger Hortensien-
blüten nicht wieder anfangen.

Der Garten kann, wenn er richtig angelegt ist, überhaupt eine Quelle des Rausches sein.

In der Familie der Nachtschattengewächse zum Beispiel gibt es einige sehr wirksame Pflanzen, die Tollkirsche, die Engelstrompete,
das Bilsenkraut und natürlich die Alraune. Diese Pflanzen enthal-
ten alle das Scopolamin, den Wirkstoff, der in alten Agentenfil-
men noch als Wahrheitsserum verwendet wird. Ihr Risiko liegt
in dem, was der Fachmann die »geringe therapeutische Breite«
nennt. Schon eine kleine Überdosierung kann verheerende Folgen haben. Zehn Tollkirschen können einen Menschen töten. Und
wenn man den Tee der Engelstrompete trinkt, kann die Wirkung
zwei, drei Tage anhalten. Eher etwas für die Fensterbank ist der
kleine Kaktus *Lophophora williamsii*, oder auch Peyote genannt.
Im Internet ist er für 5,99 Euro zu bestellen. Man trocknet den
Pilz und kaut die Stückchen einfach. Soll scheußlich schmecken,
aber das Mescalin geht durch die Mundschleimhaut direkt ins
Blut. Erst wird einem übel. Dann kommt der Flash. Das härtes-
te Kraut aber ist der Azteken-Salbei *Salvia divinorum*. Wenn Sie
das mit dem Küchensalbei verwechseln und ihr Saltimbocca damit
würzen – dann gute Nacht. Die Pflanze ist voll von dem Wirkstoff
Salvinorin A, das stärkste natürlich vorkommende Halluzinogen,
das es gibt. Daneben macht sich ein Cannabis-Joint wie eine bessere Tasse Kaffee aus.

In Deutschland unterliegt der Azteken-Salbei seit 2008
den Regeln, die das Betäubungsmittelgesetz für die sogenannten
»nicht verkehrsfähigen« Substanzen kennt. Schon der Besitz ist
strafbar. Im Nachbarland Österreich dagegen kann man sich das

Kraut gefahrlos beschaffen – wenn es einem überhaupt gelingt, an die aus Südamerika stammende Pflanze heranzukommen. *S. divinorum* vermehrt sich, anders als Cannabis, nicht über Samen, sondern nur über Stecklinge. Die Verbreitung ist also ein bisschen mühevoll. Es soll lange Jahre in ganz Europa nur zwei Mutterpflanzen gegeben haben, aus denen alle hier im Umlauf befindlichen Klone gewonnen worden waren.

Dem durchschnittlichen bürgerlichen Gärtner geht das vermutlich schon alles viel zu weit. Aber vielleicht lässt er sich dazu bewegen, mal einen ganz harmlosen, aber wohlschmeckenden Tee aus einer Hortensie zu bereiten? Die *Hydrangea serrata* 'Oamacha' sieht nämlich nicht nur ganz bezaubernd aus mit ihren wohlgeformten ausdrucksvollen Blättern von ernstem Grün, über denen nicht zu große Blütenköpfe voller entzückender, blasslilafarbener Blüten stehen. Wirklich eine wundervolle Pflanze, die man schweigend betrachtet. Es ist ein Mittel in diesen Blättern, das den hübschen Namen Dulcin trägt und 250-mal süßer als Zucker sein soll. Wie wird festgestellt, dass etwas 250-mal süßer als Zucker ist? Jedenfalls regnete der wunderbare Nektar dieser Hortensie zur Geburt des Buddha Siddhartha Gautama vom Himmel. Aus den Blättern wird heute Amacha gewonnen, ein süßer Tee, der in Japan zu Kambutsue Matsuri getrunken wird, dem Fest, das am 8. April gefeiert wird, um an die Geburt Buddhas zu erinnern.

Es gibt in Europa keine wildwachsenden Hortensien. Die Pflanze stammt aus Japan. Sie wächst dort auf Hokkaido zwischen Soya und Erimo unter weißen Rosen in den Tälern des Hidaka und des Yubari, auf Honshu zwischen wilden Azaleen an den Hängen von Chokaizan und Iwatesan und entlang der glyzinienbestandenen Höhenzüge, die die beiden kleineren japanischen Inseln Shikoku und Kyushu teilen.

Die Shogune der Tokugawa-Dynastie hatten die Weitsicht, im 17. Jahrhundert die Politik des Sakoku zu beginnen – die Abschließung Japans von der Außenwelt. Es wurden zuerst die christlichen Missionare des Landes verwiesen, und dann auch die Kaufleute. Und dann durfte kein Fremder mehr japanischen Boden betreten. Mit Korea traf man noch ein Abkommen, dass gestrandete Fischer ausgetauscht werden durften. Sakoku wurde sehr ernst genommen: wenn ein Japaner länger als fünf Jahre im Ausland verbracht hatte, nahm man an, dass sich das Fremde unausrottbar in ihm festgesetzt hatte, und es wurde ihm für alle Zeit die Rückkehr verwehrt. Die Japaner hatten mitbekommen, was den Ureinwohnern der pazifischen Inseln widerfahren war, den Indianern Nordamerikas und auch den Völkern Mittel- und Südamerikas: sie alle waren von den Weißen ausgerottet und zerstört worden. Sakoku war die Rettung ihrer Kultur. Und damit auch die Rettung einer unüberschaubaren Vielzahl kostbarer Gartenpflanzen, die in Europa unbekannt waren. Die europäische Gartenkultur schuldet Japan sehr viel.

Europäer wurden überhaupt nur noch auf dem kleinen künstlichen Eiland Deshima im Hafen von Nagasaki geduldet. Dort war die Faktorei der Niederländischen Ostindien-Kompanie das Nadelöhr, durch das alle Waren und Informationen aus der Außenwelt nach Japan kamen und umgekehrt. Im Jahr 1775 kam der schwedische Botaniker Carl Peter Thunberg nach Deshima, der sich als Arzt und Chirurg beworben hatte, aber in Wahrheit die Mission seines Lehrmeisters Carl von Linné erfüllen wollte, die Lehre von der Ordnung und Verwandtschaft der Pflanzen durch Studien in den entlegensten Gegenden der Welt zu festigen und zu bereichern. Er durfte der kaiserlichen Stadt Yedo unter schwerer Bewachung einen kurzen Besuch abstatten. Den Rest der Zeit verbrachte er auf der Insel, kümmerte sich um die Ange-

stellten der Kompanie und studierte die Blumen, die sich in dem
Heu fanden, das vom Festland für die Tiere geliefert wurde. Es
war im Jahr 1776, dass auf diese Weise das erste Mal ein Europäer
eine Hortensie sah und davon Bericht erstattete. Sie kann in keinem guten Zustand gewesen sein.

**Die erste lebende Hortensie gelangte im Jahr 1789 von
China nach Europa, in die königlichen botanischen Gärten
von Kew im Südwesten Londons.**

Thunbergs Exemplar existiert noch heute, getrocknet und gefal-
tet, im Herbarium von Kew. Man hat es inzwischen der Sorte
x *Hydrangea macrophylla* 'Otaksa' zugeordnet. Damals aber dachte
Thunberg noch, er habe es mit einer neuen Sorte jenes der Hortensie tatsächlich nicht so unähnlichen wunderbaren Blütenstrauchs
zu tun, den wir als Schneeball kennen, und nannte sie *Viburnum
macrophyllum*, also den großblättrigen Schneeball.

Vielleicht war es, weil die Hortensie so eine besondere Blume ist,
kraftvoll und lebendig, wenn sie blüht, und stolz und anmutig,
wenn sie vergeht, vielleicht war es, weil die Hortensie sich in England so heimisch fühlte und wuchs und gedieh und die Engländer ja die Begründer der modernen europäischen Gartenkultur
sind – jedenfalls wurde die Hortensie nicht nur bald zum Gegenstand umfangreicher Studien und fachlicher Bemühungen. Sondern auch zum Exempel für die Mühe, die der Mensch mit der
Ordnung der Vielfalt der Natur haben kann. Die erste Verwir-
rung, in der Thunberg sie für einen Schneeball hielt, war nicht
die letzte. So eminente Botaniker und Hortikulturologen wie die
bayerischen Biologen Siebold und Zuccarini, der Russe Maximo-

wicz, der Engländer Maries, schließlich der große Asienreisende Ernest Henry »Chinese« Wilson stritten viele, viele Jahrzehnte lang um die richtige Klassifizierung und Ordnung und Struktur dieser großartigen neuen Familie der Hortensien, die Thunberg damals im Heu aufgetan hatte. Immer stehen in solchen Kämpfen zwei Fraktionen gegeneinander, die *lumpers* und die *splitters*. Wobei die *lumpers* diejenigen sind, die möglichst viele Arten in einer Spezies zusammenfassen wollen, und die *splitters* möglichst viele Spezies erhalten wollen und notfalls auch neue schaffen. Aus gärtnerischer Sicht sind die *lumpers* eine Katastrophe. Sie sorgen unbefangen dafür, dass das eigentlich einfache und überschaubare Zwei-Worte-System, das nur Gattung und Art benennt, erst um eine Subspecies erweitert wird und dann noch um eine Varietät. Hören wir die tiefe Empörung, die aus diesen Zeilen Michael Haworth-Booth' quillt, der einer der größten Hortensien-Experten war und Autor des ersten westlichen Buches, das sich ausschließlich mit dieser Pflanze befasste, und der als Gartenkundler natürlich zur Fraktion der *splitters* zählt: »Im Fall einer Art, die von besonderem gärtnerischen Interesse ist, erweist sich das *lumping* als besonders verheerend. Nehmen Sie die hervorragenden und sehr gartentauglichen Arten *Hydrangea villosa*, *H. robusta* und *H. sargentiana*, die nun nur noch als Unterarten oder Formen der sehr viel weniger gartentauglichen Gattung *aspera* zu gelten haben. Ein interessierter Kunde müsste nun nach einer *Hydrangea aspera* forma *villosa* fragen. Das wird selten geschehen und damit hat man der guten, anspruchsvollen und schönen Gartenkunst einen weiteren Hieb versetzt.«

Es gibt da einen grundlegenden Konflikt, den die Hortikulturologen mit den Botanikern haben, der sich nicht nur in mannigfachem unterschiedlichem Sprachgebrauch und unterschiedlichen taxonomischen Auffassungen äußert, sondern geradezu in einer Art tiefsitzendem Minderwertigkeitskomplex. Der wissenschaftlichen Herrschaft, die der Botaniker ausübt, steht der Gartenkundler mit all seinem praktischen Wissen machtlos gegenüber. Mit kaum verhohlener Verachtung spricht also jemand wie Haworth-Booth über Miss Elizabeth McClintock, Assistenz-Professorin für Botanik an der Akademie der Wissenschaften von Kalifornien, der es gelungen war, trotz des Widerstands der gärtnerischen Fraktion neue Einteilungen in der Familie der Hortensien durchzusetzen. »Jemand, der mit der lebenden Pflanze befasst ist, die in seinem Garten wächst«, schreibt Haworth-Booth, »wird immer wieder von den Lehrmeinungen jener abweichen, deren Wissen von den Pflanzen auf der Untersuchung brauner, getrockneter Exemplare im Herbarium beruht.«

Allerdings muss man sagen, dass gerade die getrockneten Exemplare der Hortensie von besonderer Schönheit sein können. Sie müssen mal versuchen, einen Ast in voller Blüte zu schneiden und zu trocknen. Wenn es gelingt, sieht es zugegebenermaßen etwas kunsthandwerklich aus – aber schön.

Der besondere Nutzen der Hortensie liegt ja für den Gärtner darin, dass sie ihm dabei hilft, die Sommerlücke zu schließen. Der Frühling ist reich an Blüte und der Herbst auch. Im Sommer selbst hingegen blüht es im Garten ganz und gar nicht so reichhaltig, wie man annehmen sollte. Hortensien, deren Blütezeiten zwischen Juni und September liegen, helfen da ungemein. Ihr einziger Nachteil, wenn man das so nennen will, besteht darin, dass sie ein bisschen Platz brauchen, um wirklich zur Geltung zu kommen. Hortensien sind ja keine Stauden, sondern Gehölze. Sie werden, je nach Art, zwischen einem und drei Meter hoch und entsprechend breit. Am schönsten stehen sie in größeren Gruppen in einer weitläufigen Anlage. Aber wer nennt schon eine weitläufige

Anlage sein eigen? Für ein, zwei, drei Hortensien sollten Sie aber Platz schaffen, ganz gleich, wie klein Ihr Garten ist. Und wenn es gar nicht anders geht, stellen Sie sich ein paar Töpfe hin.

Ich bin gegen Pflanzen im Topf. Sie halten Ihre Kinder ja auch nicht im Laufstall. Aber die Hortensie ist von derartiger Notwendigkeit im Garten, dass ich das Töpfische hinnehmen würde, wenn anders die Gegenwart dieser herrlichen Pflanze nicht zu haben ist.

Übrigens lassen sich erstaunlicherweise gerade die Kletterhortensien, *Hydrangea anomala* subsp. *petiolaris*, sehr schön im Topf halten. Sie können mit ihren Haftwurzeln gut und gerne zehn Meter die Wand hochklettern und sehen dabei freundlicher aus als der Efeu, sind allerdings nicht immergrün wie dieser. Ich aber habe zwei *H. anomala* in Töpfen, und zwar auf den gemauerten Säulen, die rechts und links von der Treppe stehen, die von der Straße zum Haus heraufführt. Die Hortensie klettert also nicht, sie fällt, und das tut sie in einem eleganten, zunächst nach oben, dann abwärts führenden, sozusagen ballistischen Bogen. Sehr empfehlenswert.

Es gibt ungefähr 70 bis 80 Arten der Hortensie, je nachdem, wen man fragt. Ehrlich gesagt, habe ich keine Ahnung, wie viele Unterarten und Sorten bekannt sind. Aber allein die *H. macrophylla*, die bekannteste und am weitesten verbreitete Art verfügt über gut 600 Varietäten. Es gibt, mit einem Wort, wahnsinnig viele Hortensien. So viele braucht der Gärtner natürlich gar nicht. Dass allerdings von dieser ganzen prachtvollen Vielfalt sich in Deutschland nur spärliche Zeugnisse finden, ist wiederum überraschend und beschämend. Man kann es nicht anders sagen: Es zeugt vom mehr oder weniger erbärmlichen Zustand der deutschen Gartenkultur, dass man es bei den Hortensien hierzulande fast ausschließlich mit Varietäten der *H. macrophylla* zu tun bekommt, der klassischen Gartenhortensie also. Und wenn auch diese Sorte selbst an Verschiedenheiten so viel Auswahl bieten mag wie eine ganze Pflanzenfamilie, so greift doch der deutsche Gärtner viel zu oft auf die immer gleichen Bau- und Gartenmarktvarianten 'Moritzburg', 'Schneeball', 'Early Blue' oder 'Annabelle' zurück. Warum nur?

Nehmen wir mal ein beliebiges Ereignis aus dem nicht eben dicht geflochtenen Kranz von bedeutsamen Ereignissen der weltumspannenden Hortensienszene wie die internationale Hortensienkonferenz, die im Sommer 2007 im belgischen Gent stattfand: der deutsche Beitrag war bescheiden, um es höflich zu formulieren. Ein Vortrag über Topfpflanzen, das war es schon. Im Ernst. Den Rest besorgten die Experten aus Belgien, Holland, England und Amerika. Und auch ich als emsiger Amateur kenne hierzulande zwar herausragende Bezugsquellen für Rosen, Zwiebelpflanzen und Stauden aller Art. Aber wo man sich die wunderbaren Hortensien der angelsächsischen Gartenkunst beschaffen kann, ist mir unbekannt. Die beste Adresse scheint mir immer noch das bereits erwähnte Haus Lorenz von Ehren zu sein, aber selbst hier bleibt die Auswahl einigermaßen überschaubar.

Es ist also eine lohnende und ehrenvolle Aufgabe, ein bisschen Hortensienkunde in die deutsche Gartenlandschaft zu bringen. Zunächst etwas zur Farbe: Welche Farbe eine Hortensie hat, ist gar nicht so einfach zu sagen. Nur bei den reinweißen Exemplaren steht die Farbe fest, also bei den Sorten von *H. arborescens* beispielsweise, die eine der häufigsten Arten ist, die mir aber nicht gut gefällt: das Grün der Blätter ist zu hell, das Weiß der Blüten zu weiß und überhaupt ist die ganze Pflanze zu perfekt und intakt. Es gibt allerdings eine Sorte, 'Hayes Stardust', die ist sehr schön, ein bisschen irre und speziell, weil sie über eigenartig explodierende Blüten verfügt. Bei allen anderen Hortensien hängt die Farbe mit der Chemie des Bodens zusammen. Hortensien tragen in sich einen Farbstoff, der Delphinidin genannt wird, seine Farbe variiert je nachdem, wie sauer oder basisch das Wasser ist, das die Hortensie über ihre Wurzeln aufnimmt: auf saurem Boden werden Hortensien blau, je alkalischer die Umgebung ist, desto mehr wechselt die Farbe über Rosa zu Rot. Der Boden bleibt sich im Laufe der Jahre nicht gleich, die Pflanze entwickelt sich, die Jahreszeiten verändern sich – ein und dieselbe Hortensie wird Sie im Lauf der Zeit mit verschiedenen Farben überraschen. Durch entsprechende Düngung lässt sich dieser Farbwechsel beeinflussen. Wenn man eine ganz und gar blaue Hortensie wünscht, muss man dem Boden Aluminium hinzufügen – und dafür sorgen, dass eine entsprechende Sättigung erhalten bleibt. In einem Topf mag das möglich sein, in einem Beet ist es kaum vorstellbar. Wundern Sie sich also nicht, wenn die strahlend blaue *H. macrophylla* 'Mousmee', die Sie als Containerware gekauft haben, im Beet diese Farbe nicht halten kann. Und noch eine Sache: Sie können sich mit dem Aluminium abmühen, wie Sie wollen, wenn das Gartenwasser zu kalkhaltig ist, wird Ihre Hortensie niemals wirklich blau werden.

Was Arten und Sorten angeht, wollen wir die Sache nicht zu verwirrend gestalten. Es gibt, grob gesagt, zwei Sorten von Hortensien: lacecaps und mopheads,

im Deutschen nennt man sie Tellerhortensien und Bauernhorten-
sien. Mopheads haben die bekannten kreisrunden Blütenbüschel.
Es gibt sehr schöne darunter, die ehrliche *H. macrophylla* 'Haworth-Booth' zum Beispiel, die kräftig-grüne, gesund-geäderte
Blätter trägt und Blüten von kräftigem Rosa. Nachdem Haworth-
Booth gestorben war, fand man diese Sorte in seinem Garten. Sie
war bis dahin unbekannt und trug weder Kennzeichnung noch
Namen. Also gab man ihr einfach seinen. Oder die schöne *H. macrophylla* 'Mathilde Gütgers', die ganz wie aus einer Delfter Ka-
chel herausgewachsen scheint, so liebenswürdig leuchtet sie in
strahlendem Blau. Und auch *H. macrophylla* 'Générale Vicomtesse
de Vibraye', deren Blüten von besonders blassem Blau sind, das in
manchem Licht fast ins Graue geht. Dennoch steht mir der Sinn
mehr nach den lacecaps, deren Blütenköpfe halbrund gewölbt
sind, innen über unscheinbare, aber fruchtbare Blüten verfügen,
außen jedoch über einen Kranz entzückender Lockblüten. Die
typischen lacecaps gehören zur Art der *Hydrangea serrata*, zum
Beispiel 'Bluebird', die von Juli bis Oktober in elegantem Blaulila
blüht; oder 'Beni', die in voller Sonne stehen will und deren Blüten
außen rot und innen weiß gefärbt sind, eine ähnliche Zeichnung
wie bei 'Rosalba', deren Blüten aber im Lauf der Zeit immer dunkler werden; oder die wunderbare 'Preziosa', die man allein stellen
sollte, wo immer man kann, so dass sie den ganzen Sommer hindurch den Garten in ein stilles dunkles Rosa tauchen kann. Sie
müssen sehen, wie diese Pflanzen mit der untergehenden Sonne
oder im Licht des kommenden Gewitters. zu strahlen beginnen.
Wenn Sie eine wirklich ungewöhnliche Hortensie pflanzen wollen, suchen Sie sich eine Eichblatthortensie, *Hydrangea quercifolia*,
mit ihren auffälligen, sehr speziellen, sonst für Hortensien völlig
untypischen stark eingeschnittenen Blättern. Zum Beispiel die
Sorte 'Burgundy', deren Blütenköpfe weder pummelig noch tel-

lerförmig sind, sondern eher doldenartig und an die Form eines Zuckerhuts erinnern. Oder die sehr eigenwillige Sorte 'Camelot', deren Blätter im Herbst tiefrot werden. Über diese spitz zulaufenden Blütenformen verfügen übrigens auch viele Sorten der *Hydrangea paniculata*, besonders extrem bei der geradezu irren Sorte 'Pinky Winky', deren Blütendolden ganz so aussehen, als hätte ein wahnsinniger Gärtner seine Astilben auf einen großen Blätterbusch montiert.

Ich habe Ihnen meine liebste Hortensie bis zum Schluss aufbewahrt: die *Hydrangea aspera*. Oder *H. aspera sargentiana* oder *H. sargentiana*. Daran sieht man wieder das taxonomische Kuddelmuddel. Jedenfalls meine ich die Samthortensie. Ich habe eine im Garten, die über große und schwermütige Blätter verfügt, die in aller Seelenruhe nach vorne fallen und über denen stille Lacecap-Blüten stehen, die diesen Namen mit großem Recht tragen, so fein sind ihre Ränder, wie aus den vornehmsten Spitzen gemacht. Und ihre Farbe, was soll ich zu dieser Farbe sagen, die nicht Lila ist und nicht Rosa und nicht Blau und die das alles zusammen ist und dabei von solcher Schönheit, dass ich nur ganz vorsichtig an dieser Pflanze vorübergehe, um sie nicht zu stören, und mich ihr nur langsam nähere, um mich ihr nicht aufzudrängen. Und dann beuge ich mich sacht über sie und halte einfach inne.

Funkien

Das Entenschloss nimmt Formen an.
Aber andere als geplant.

Es ist mir gelungen, das Fundament selber zu gießen. Kein Problem. Ich habe eine quadratische Fläche abgesteckt und fünfzehn Zentimeter tief ausgegraben. Dann habe ich die Ränder mit Holzbrettern bewehrt. Ich habe Beton angerührt und hineingegossen. Was sich nicht gleich verteilen wollte, habe ich mit einem kurzen Holzbrett und etwas Wasser glattgestrichen. So weit so einfach. Kein Problem. Ich war stolz. Das gebe ich zu. Nicht nur mit Pflanzen kannst du umgehen, habe ich mir gesagt. Auch mit Steinen. Das ist gut. Das macht dich unabhängig und stark.

Durch diese Erfahrung ermutigt, habe ich einen Haufen großer Porphyr-Quader herangeschleppt, die vom Terrassenbau noch übrig waren. Es ist immer gut, irgendwo hinten im Garten einen Haufen Steine herumliegen zu haben. Sie wissen nie, was Sie bauen wollen. Versorgen Sie sich mit dem Nötigsten, damit Sie jederzeit anfangen können. Vergeuden Sie nicht zu viel Zeit mit der Planung. Hauptsache, das Fundament ist erst mal da. Das setzt Sie nämlich unter ungeheuren Zugzwang. Wer weiß, wie lange so ein Projekt im Ungefähren gären mag, wenn einer nicht Fakten schafft. Niemand mag gerne lange Zeit einen unfertigen Rohbau im Garten haben. Wenn Sie also einen unfertigen Rohbau dort errichten, erhöhen Sie automatisch die Chance auf Verwirklichung. Auf den Anfang kommt es an! Nicht denken, handeln!

Es hat sich dann aber herausgestellt, dass die Porphyre nicht die richtigen Dimensionen hatten, um nahtlos auf dieses Fundament gesetzt zu werden. Oder das Fundament hatte nicht die richtigen Dimensionen. Egal. Ich habe Mörtel gemischt, die

Steine an ihren Platz gelegt und mit den Maurerarbeiten begonnen. Die erste Reihe ging mir leicht von der Hand. Bei der zweiten war es plötzlich schwieriger. Porphyr ist wirklich ein ziemlich
harter Stein. Spalten lässt sich so ein Quader nicht ohne weiteres.
Die Steine müssen aber versetzt gemauert werden und am Ende
fehlt dann immer ein halber. Schwieriges Problem. Ich habe also
am Ende der Reihe erst mal eine Pause gemacht. Von mehreren
Wochen. Und dann habe ich die Maurer angerufen, die neulich
den Anbau am Wohnzimmer gemacht haben. Sie sind gekommen
und haben mir kopfschüttelnd die Sache aus der Hand genommen.
Im Interesse der Enten war das sicher eine gute Entscheidung
von mir. Allerdings blieb sie nicht ohne Auswirkungen auf Gestalt
und Charakter der Anlage.

Bei allem Respekt – die Männer aus Brandenburg haben
von barocker Baukunst keinen blassen Schimmer. Von wegen kö-
nigliches Schloss!

Das Ensemble bekommt mehr und mehr Ähnlichkeit mit
dem Wehrturm des Grafen von Anjou, Fulko Nerra, der bekanntlich ein Sohn von Gottfried Graujacke war und sich vor allem mit
seinem bretonischen Erzrivalen Conan dem Krummen heftige
Kämpfe lieferte. Ach, überschaubares Mittelalter: ein Hügel und
darauf ein Turm, ein paar bewaffnete Männer zu Pferde und schon
liegen einem ganze Landstriche zu Füßen, in denen man nach
Herzenslust plündern und brandschatzen kann. Jedenfalls habe
ich die ursprüngliche Planung, einen barocken Schlossgarten anzulegen, der sich in Gestalt, wenn schon nicht in Größe, an jenem
von Nymphenburg anlehnt, in aller Stille aufgegeben. Ich werde
mich jetzt doch mehr an zeitgenössischen Schilderungen des Ho-
fes von König Arthur orientieren. Das Dach wird mit schwarzem
Schiefer gedeckt, die Türme mit Kupfer, und sie sollen zwei kleine
Spitzen oben haben. Ein Wetterhahn war mir zu affig. Allerdings

suche ich im Internet immer noch kleine Gargoyles, die ich auf die Zinnen setzen kann. Wir freuen uns alle auf die Enten. Besonders der Hund. Wir werden sie Sacco und Vanzetti nennen. Sie sollen in diesem Herbst kommen.

Bis dahin ist es nicht mehr weit. Jetzt ist Spätsommer. Das Jahr des Gärtners steht kurz vor der Erfüllung. Die Pflanzen werden langsam müde. Ganz gleich, ob das Jahr reich an Regen war oder ob der Gärtner eifrig gedüngt hat, es breitet sich jetzt eine große Schläfrigkeit aus.

Wenn Sie Ihre Stauden rechtzeitig im Sommer zurückgeschnitten haben, dann trumpfen *Geranium endressii* und die Katzenminze noch einmal kräftig auf. Aber die Farne fangen an herumzulungern. Die Fetthenne lässt sich gehen. Und im milden Licht der tieferstehenden Sonne leuchten schon die Früchte des kommenden Herbstes: blassrot am *Cornus kousa*, dem Asiatischen Blüten-Hartriegel, orangerot an der Eberesche, *Sorbus aucuparia*. Vogelbeere heißt der Baum auch und das nicht umsonst. Es ist ein Jammer, dass es nie gelingt, die wunderhübschen Beeren der Eberesche in den Winter zu retten. Wie lauter kleiner Weihnachtsschmuck sehen sie im blattlosen Astwerk aus und könnten in den grauen Monaten ein Zeichen der Hoffnung sein. Aber die Vögel holen sie vorher, bis zur letzten Beere, und wenn der Frost kommt, ist der Baum ganz nackt.

Es gibt allerdings eine Pflanze, die jetzt, da den anderen langsam die Lust vergeht, erst zu ihrer Entfaltung kommt: der *Rhododendron auriculatum*. Ein großartiger Rhododendron, der zu einem gewaltigen Busch heranwachsen kann. Das braucht aber Zeit. Auch auf die Blüte muss man ein paar Jahre warten. Dann aber wird man im Spätsommer mit herrlichen, großen, weißen, lilienförmigen Blüten belohnt, die über langen, matten Blättern stehen. *R. auriculatum* sieht ganz anders aus als seine Verwand-

ten. Er stammt aus den Bergen Chinas und wurde erst vor gut hundert Jahren in Europa eingeführt. Darum ist er auch so selten. Ich selber weiß gar nicht, wo man ihn in einer anständigen Größe bekommen kann. Aber als ich neulich im Garten von Irene Hoch war, um ein Gespräch über herbstblühende Krokusse und frühjahrsblühende Herbstzeitlose zu führen, habe ich ihn bemerkt. Ein prächtiges Exemplar. Man kann es von der Straße aus nicht sehen. Es steht hinter dem Haus rechts, und als ich daran vorüberging, habe ich mich über den sonderbaren Schneeball gewundert, der da steht, so dicht und groß und eindrucksvoll, mit einer ganz anderen, vornehmeren Ausstrahlung, als man das von dem gartenüblichen *Viburnum ryhtidophyllum* sonst so kennt, der mit seinen traurigen, länglichen, runzeligen Blättern wirklich kein guter Botschafter für diese eigentlich reiche Gattung ist.

Irene Hoch war ja bis vor einiger Zeit die Chefin der Zwiebelhandlung, auf deren Katalog ich in jedem Spätsommer mit Spannung warte. Die Firma Albrecht Hoch ist für Berliner Verhältnisse eine Traditionsfirma. Wenn ihre Geschichte auch nicht ganz so lange zurückreicht wie die mancher englischer oder holländischer Zwiebel-Firmen, die in diesem Gewerbe schon seit über zweihundert Jahren tätig sind – vom Inbegriff aller Traditionsunternehmen, Ollivanders, dem Hersteller hochwertiger Zauberstäbe seit 382 vor Christus, ganz zu schweigen.

Die Firma Albrecht Hoch, Zehlendorf, wurde im Jahr 1893 gegründet und versorgte Landwirte und Gärtnereien mit Samen und Saatgut.

Auf Albrecht folgte sein Sohn, der nach den Maßgaben des Reichs-
nährstandes vom Dienst an der Waffe befreit war, um den deutschen Volkskörper auch in Zeiten des Krieges mit sortenreinem
Samen zu versorgen. Er fand eines Tages den Tod im Oderland,
als eine alliierte Bombe auf eine jener niedrigen, langgestreckten
Hallen fiel, in denen das Saatgut zubereitet, sortiert und gelagert
wurde.

Seinem Sohn Hans-Jürgen fiel, wie so vielen Söhnen jener Zeit, die schwierige Aufgabe des Wiederaufbaus zu. Nachdem
das Berliner Hinterland verloren war, beschränkte sich die Firma
Albrecht Hoch von Neukölln aus auf die Belieferung der Berliner
Bauern, die in den Ortsteilen Rudow und Buckow noch weitläufige Felder unterhielten. Aber das war kein Geschäft mit Zukunft:
Die Mauer umschloss Berlin, die Felder verschwanden, bald wurden die hohen Häuser der Gropiusstadt gebaut.

Hans-Jürgen Hoch kehrte Neukölln den Rücken und
machte sich auf den Weg nach Westen, nach Zehlendorf, um sich
dort von nun an der Bereicherung der deutschen Gartenkultur
zu widmen. Es ist nicht bekannt, wie er auf die Idee des Versand-
handels mit Blumenzwiebeln kam. Es war jedenfalls die richtige
Idee. Insbesondere um die postalische Verbreitung der Lilien im
deutschen Garten hat sich die Firma Hoch bleibende Verdienste
erworben.

Die Eheleute Hoch fanden sich bereits in jungen Jahren,
und man kann sagen, dass sie Hand in Hand arbeiteten. Irene
Hoch brachte für die Beschäftigung mit Blumenzwiebeln keine
besonderen Vorkenntnisse mit in die Ehe. Sie verfügte allerdings
über eine Vorliebe für Farben, die sie an der Meisterschule für
Kunsthandwerk vervollkommnet hatte. Inzwischen hat diese Berliner Lehranstalt ihren Namen geändert und nennt sich Universität der Künste.

Irene Hoch nähert sich dem Winter ihres Lebens. Sie raucht und sitzt in ihrem Wohnzimmer, umgeben von Bildern, die blühende Zwiebelpflanzen zeigen.

»Eines Tages, wenn ich die Augen schließe, wird einer die Kinder betrügen, weil sie gar nicht wissen, dass diese ganzen Bilder handgemalt sind. Sehen Sie?«

Ihre Kinder?

»Ja, zwei. Die Tochter ist Psychologin, der Sohn ist ins Speditionsgeschäft gegangen. Die haben beide Häuser mit Grundstück, ganz in der Nähe. Die Gärten sind nicht sehr groß. Wie das Zimmer hier, ungefähr. Aber da wird nichts gepflanzt. Das interessiert die nicht richtig. Ulkig, nicht wahr?«

Irene Hoch schweigt und raucht weiter.

»Ich suche immer Leute, die sich für die Bücher interessieren. So viele Bücher habe ich. Als er tot war, habe ich angefangen, Bücher zu kaufen. Ich musste ja was lernen. Ich konnt' doch die Firma nicht weiterführen und von Tuten und Blasen keine Ahnung haben. Das ging nicht. Malen konnte ich ja. Aber von

Blumen wusste ich gar nichts. Also habe ich gelesen und gelesen und gelesen. Ich habe auch angefangen, alte Möbel zu kaufen. Der Schrank da, das ist mein Lieblingsstück. Das passt alles so schön zusammen. Wenn ich Sie das mal fragen darf, ob das alles passt?«

Ja, das passt sehr schön.

»Sehen Sie. Ich war ja Meisterschule für Kunsthandwerk. Aber dann hat mich die Schönheit der Natur ganz ergriffen. Ohne Literatur geht das aber nicht. Du musst lesen, habe ich mir gesagt. Ich habe jetzt so viele Bücher.«

Sie haben sich mit Ihrem Mann gut verstanden?

»Ja, sehr. Er ist nur so schnell gestorben. Ach, wir waren viel zu kurz verheiratet. Es waren ja nur drei Jahre.«

Aber Frau Hoch, Sie sind 79, er ist 1982 gestorben. Da waren Sie 49. Sie haben mit 20 geheiratet. Sie hatten etwa dreißig Jahre zusammen.

»Wirklich? Mir kommt es so vor, als seien es nur drei gewesen.«

Es hat den Gärtner dann noch gefreut zu erfahren, dass diese Frau, die von der Meisterschule für Kunsthandwerk durch den frühzeitigen Tod ihres geliebten Mannes in die rauhe See des internationalen Zwiebelhandels geworfen wurde und sich da so gut behaupten konnte, die also ein langes Leben den Farben im Garten gewidmet hat und deren Ordnung, dass also diese Frau mit Gelb gar nichts anfangen kann. Mir geht es da nämlich genauso. Im Frühjahr, da sind wir uns einig, geht es nicht ohne Gelb. Da freut man sich über *Crocus chrysanthus* 'Sunkist' und natürlich über die Narzissen. Aber danach, sagt Irene Hoch, ist Schluss mit Gelb.

Für Goethe war das Gelb, neben dem Blau,
eine der beiden Grundfarben.

»Die nächste Farbe am Licht«, heißt es in der Farbenlehre: »Sie führt in ihrer höchsten Reinheit immer die Natur des Hellen mit sich und besitzt eine heitere, muntere, sanftreizende Eigenschaft.« Goethe war sich allerdings im Klaren darüber, dass die herrliche Wirkung des Gelb ziemlich schnell in ihr Gegenteil umkippen kann: Wird das Gelb beschmutzt, schreibt Goethe, oder tritt es auf unreinen oder unedlen Oberflächen auf, entsteht sogleich eine unangenehme Wirkung: »Durch eine geringe und unmerkliche Bewegung wird der schöne Eindruck des Feuers und Goldes in die Empfindung des Kotigen verwandelt, und die Farbe der Ehre und Wonne zur Farbe der Schande, des Abscheus und Mißbehagens umgekehrt.« Zum Beispiel fällt nach Goethe das Gelb-Grün unter die »charakterlosen Zusammenstellungen« und hat etwas »Gemein-Heiteres«.

So gerne ich in diese Antigelb-Tiraden einstimme und mich zumindest in dieser Sache bereitwillig auf Goethes Seite schlage – während ich es ja sonst eher mit Schiller halte, so wie ich auch der Meinung bin, dass man es mit den Stones halten muss und nicht mit den Beatles –, aber bei seiner Verdammung des Gelb-Grün irrt Goethe leider.

Sie kommen in Ihrem Garten gar nicht ohne *Alchemilla mollis* aus, den Frauenmantel. Hatte ich das schon erwähnt? Dann eben jetzt: *Alchemilla* steht wunderbar neben blauem und blaurotem Geranium, es wäre unsinnig, darauf zu verzichten. Und *Alchemilla* blüht nun einmal in einem frischen, klaren, selbstbewussten Gelb-Grün. Keine Ahnung, was Goethe daran gestört haben mag. Gerade dieses Gelb-Grün, das etwas Fruchtdropsartiges hat, so dass man solche Blumen eigentlich in den Mund nehmen möchte, kommt gar nicht so selten vor: *Eranthis hyemalis* zum Beispiel, der Winterling, sieht so aus. Ein wirklich hübscher Frühjahrsblüher, der oft schon im Februar unterwegs ist. Und auch eine Reihe von

Funkien sind so gefärbt: gelb-grün. Bei den Funkien allerdings geht mir das Gelb gleich wieder auf die Nerven. Die Gelbe Grünrandfunkie *Hosta fortunei* 'Gold Standard' oder die Grüne Goldrandfunkie *H. fortunei* 'Aureomarginata' – alles ziemlich scheußliche und spießige Pflanzen, da wird es glatt zur Nebensache, dass diese Pflanzen offenbar von einem sadistischen Botaniker in voller Absicht so benannt worden sind, dass man sie zumindest nach ihren deutschen Namen auf keinen Fall auseinanderhalten kann. Die gelbe Farbe will diesen Pflanzen einfach nicht stehen und es wird noch schlimmer dadurch, dass Blatt und Blattrand dieser Funkiensorten, wie ihr Name nahelegt, unterschiedlich gefärbt sind. Bei *H. fortunei* 'Albomarginata' ist der Rand wenigstens weiß, das geht gerade noch. Aber die gelben Funkien können mir glatt gestohlen bleiben. Eine Einschränkung will ich machen: die Blaue Gelbrandgartenfunkie *Hosta sieboldiana* 'Frances Williams' ist in Wahrheit eine sehr schöne Pflanze. Ihre Blätter sind in der Mitte vom gleichen Graublau, das auch die Sieboldiana-Funkien tragen, außen sind sie gelb-grün gerändert, so dass vor allem diese Funkie geradezu perfekt neben *Alchemilla* steht. Sie ist außerdem groß und kräftig.

Funkien sind ungeheuer artenreich, vielseitig und wunderschön, ebenso wie Geranium und Hortensie. Sie bilden, gemeinsam mit dem Geranium, gewissermaßen das Rückgrat meines Gartens: es gibt sie in allen Größen und Formen und Farben, sie brauchen nicht viel Licht, einen einigermaßen lockeren Boden und wollen allerdings anständig gegossen werden.

Es ist ein Erbe aus den Bergen Asiens, dass die Funkien im Winter ihren Schlaf benötigen. Hierzulande ist das kein Problem, da selbst am Bodensee in den dunklen Monaten Dezember und Januar die Natur zum Erliegen kommt. Jenseits der Alpen sieht das anders aus. Und in Amerika, wo die Funkie inzwischen die häufigste Gartenstaude überhaupt ist, sowieso. Ohne Winterschlaf stirbt die Pflanze. Das sind die Gene. Wann sie sich zur Ruhe begibt, hängt dagegen von den Bedingungen ab. Wann sie blüht, wiederum von den Genen. Das kann bei manchen Standorten zum Problem werden. Die späten Funkien wie *Hosta kikutii* oder *H.* 'Tardiflora', die erst im Oktober oder gar November blühen, sind für unsere Breiten nicht geeignet, da Blütezeit und Ruhezeit zu dicht beieinander liegen und sich im ungünstigen Fall überlappen. Normalerweise blühen die verschiedenen Funkiensorten bei uns zwischen Juni und September, wobei es keine Art gibt, deren Blütezeit länger als drei Monate währt. Funkien blühen weiß oder lilafarben, die Dolden sehen sehr hübsch aus. Aber deswegen pflanzt man keine Funkien. Sondern wegen der Blätter. Sie sind wunderbar geformt, haben eine kräftige Struktur, können verblüffend groß werden und halten die ganze Saison hindurch – es sei denn, Sie haben Schnecken im Garten.

Wenn Sie auf den weiter oben empfohlenen rücksichtslosen Einsatz chemischer Kampfmittel verzichten wollen, müssen Sie sich, vor allem im Spätsommer, mit Löchern und Rissen in den Blättern abfinden. Es gibt Schlimmeres. Zum Beispiel das Hosta Virus X oder auch HVX. Das Ding ist genauso übel und gefährlich, wie sein Name klingt. Die Infektion überträgt sich von der Mutter auf das Kind und wenn infiziertes Material in die Wunde einer Pflanze eindringt. Also eine Art Pflanzen-Aids. Das Virus wurde 1996 zum ersten Mal isoliert, seitdem wird fieberhaft geforscht. Bislang ohne Erfolg. Kein schöner Anblick, die Bilder der

Opfer: die Blätter farblos, schlapp, fleckig, mager, schrecklich. Sie können gegen diese Krankheit nichts tun. Nur hoffen, dass die Pflanzen, die Sie kaufen, nicht infiziert sind. Bei Verdacht im eigenen Garten: Pflanze vorsichtig entfernen, Geräte reinigen – und vielleicht an der Stelle erst mal ein Geranium setzen?

Es gibt zwischen 23 und 45 Funkien-Arten – je nachdem, ob Sie einen *lumper* oder einen *splitter* fragen – und eine unübersehbare Zahl von Sorten und Kreuzungen, die zumeist nach Farbe und Form der Blätter benannt werden. In Wahrheit brauchen Sie in Ihrem Garten nicht mehr als zehn davon. Wenn Sie mit denen geschmackvoll umgehen, erhalten Sie mehr Abwechslung und Bewegung in Ihrem Beet, als Sie von einer einzelnen Staudenart erwarten dürfen. Am schönsten sind die Farbtöne, die ins Blaue und Graue gehen. Es gibt zwei kleinere Sorten, *Hosta* x *tardiana* 'Hadspen Blue' und 'Halcyon', die wunderbar neben roten Tulpen stehen, zumal *Tulipa greigii* 'Toronto' selber über graublaues Laub verfügt. Ich empfehle Ihnen auch die Lanzenfunkie *Hosta lancifolia*, die mit etwa 30 cm nicht sehr hoch wird, deren lilafarbene Blüten aber sehr angenehm duften. Geradezu phantastisch ist die Blaublattfunkie *H. sieboldiana* var. *elegans*, die größte der Sieboldiana-Funkien, deren Höhe bei mir inzwischen knapp unter einem Meter erreicht hat und deren Blätter mir vorkommen wie wahrlich riesige, feste, graublaue, ausdrucksvoll geäderte Boten einer lange zurückliegenden Vergangenheit. Die ganze Pflanze hat etwas Urtümliches. Und nebenbei blüht sie im Hochsommer auch sehr schön, zu einer Zeit, da sonst nur die Hortensien sich zeigen. Es gibt die *H. sieboldiana* auch in der Variante 'Blue Angel', deren Blätter noch größer sind und die auch im Ganzen höher und wüchsiger ist. Eine großartige Sorte ist auch *H. nigrescens* 'Krossa Regal', die schlanker und höher ist als die eher flächige *H. sieboldiana*, aber von ebenso beeindruckendem Blaugrün. Vielleicht ist das die eleganteste dieser als ganzer Art sehr eleganten Stauden. Es sind Pflanzen für das graublaue Morgenlicht, in dem sie besonders leuchten.

Diese Hosta-Sorten sind überaus stabil, Regen und Sonne können ihnen nichts anhaben. Ich stehe vor so einer Staude in tiefer Bewunderung, ich fahre mit dem Finger über die festen, leicht gewölbten Rippen der sich anmutig öffnenden Blätter. Ich empfinde die Schönheit, die Anmut, die Vollendung, die Perfektion dieser Pflanze. Nur die Musik vermag ähnliche Momente zu erzeugen.

Auch wenn der Gärtner meint, sich der Natur entgegenstellen zu können, Parzellen der Ordnung in ihr Chaos zu stellen, am Ende muss er sich ihr überantworten. Natürlich. Sie obsiegt ja immer. Es gibt freilich bemerkenswerte Versuche, die Natur zu täuschen. In Florida legen manche Menschen Kühlschläuche in ihre Beete, damit die Funkien in eine Art künstlich induzierten Winterschlaf fallen. Aber das ist natürlich Unsinn.

Gärtnersein bedeutet loslassen können, wenn wir das mal im Therapeutendeutsch formulieren dürfen.

Jetzt, im Spätsommer, müssen Sie langsam loslassen. Morgens ist es schon empfindlich kühl. Immerzu läuft man durch Spinnweben. Auf die Freude des Frühling, die Ruhe des Sommers folgt unweigerlich der Schmerz des Abschieds. So ist das. Verdammt.

Trösten Sie sich mit dem Werk der schweizerisch-amerikanischen Psychologin Elisabeth Kübler-Ross. Sie hat sich mit dem Verlust und der gesunden menschlichen Reaktion darauf beschäftigt. Es gibt da also fünf Stadien, in denen üblicherweise der Mensch seine Verluste verarbeitet. Man leugnet (*denial*), man zürnt (*anger*), man bietet dem Schicksal einen Handel an (*bargain-*

ing), man trauert (*depression*) und am Ende akzeptiert man es (*acceptance*) – oder, und das sind dann die ungesunden Fälle, man zerbricht.

Das gilt immer, wenn einer geht, und sei es der Sommer. Denial – »Morgen wird es bestimmt noch mal warm!« *Anger* – »Ich hab mein Schlauchboot nur einmal benutzt!« *Bargaining* – »Ich höre mit dem Rauchen auf, wenn wir bis Februar frostfrei bleiben!« *Depression* – »Bestimmt frieren meine Fische ein!« Und schließlich *acceptance* – »Silvester fliege ich auf die Bahamas!«

Wenn Sie den Winter überleben, können Sie sicher sein: Es wird ein neuer Sommer kommen.

Epilog oder
der Tod im Garten

So ging das Jahr des Gärtners zu Ende. Die Zwiebeln waren vergraben, der Winterschutz für die *Gunnera,* das wunderbare Mammutblatt, war aufgestellt, und die Fische hatte ich das letzte Mal gefüttert.

»Jetzt gibt es erst im Frühjahr wieder was«, hatte ich ihnen zugerufen und mich im selben Moment gefragt, ob mein sonderbar suizidaler Sterlet sich bis dahin nicht ohnehin wieder in Algen verwickelt haben würde. Da unten schwamm er, in seiner Schwärze auf dem Grund des Teichs kaum zu erkennen, überhaupt nur wegen seiner eigentümlichen Bewegung sichtbar. Der Sterlet hat ja etwas Haihaftes. »Das wäre es dann nämlich gewesen«, hatte ich also zu ihm gesagt, »weil ich dich nicht noch mal auspacke, so wie neulich«, hatte ich ihm zugerufen, mit beiden Händen vor dem Mund, damit er mich hört. Ich hatte das vor allem wegen der Kinder so gemacht, die daneben standen. Damit es nachher keine Vorwürfe gibt. Aber meine Tochter warf mir nur schon wieder so einen mitleidigen Blick zu.

Ich zog mich in mein Haus zurück und wartete auf den Frühling. Nicht vom ersten Tag an. Ich überstehe den Oktober meist schadlos. Der November nagt dann schon an mir. Aber das kommende Weihnachtsfest tröstet mich. Danach beginnt das Grauen. Jahr für Jahr. Januar und Februar sind die Monate der Qual und des Ungemachs. Ach, mein süßer Frühling. Es schneit draußen. Die Kälte schmerzt. Die Äste klirren, wenn man sie mit der Hand streift. Mein Teich ist gefroren, ich kann auf ihm stehen und herumlaufen und er ist unter mir, klar und schwarz, und wenn ich mit einer Axt ein Loch hineinschlagen will, um meinen Fischen einen Gruß zuzurufen, spritzen die Splitter hoch in die Luft und ich muss den Stahl mit vielen Schlägen eine Elle tief ins Eis treiben, also eine kurpfälzische Elle, die etwa einen halben Meter misst, nicht eine Regensburger, die über 80 Zentimeter lang ist. Der Eisangler weiß, dass im tiefen Gewässer auch des Winters die Temperatur nicht unter vier Grad sinkt und die meisten Fische noch beweglich bleiben – was Voraussetzung fürs Eisangeln ist, denn der winterstarre oder gar eingefrorene Fisch ist nicht gut zu angeln. Ich habe mich also über dieses Loch gebeugt, das mich wie ein düsteres Auge aus dem weißen Antlitz des Sees angestarrt hat. Ich habe in die Schwärze hinabgeblickt und ich kann Ihnen sagen, dass die Schwärze in mich geblickt hat. Das kalte dunkle Wasser erfüllte mich mit Furcht und ich wich schaudernd zurück. Kein Zeichen von meinen Fischen übrigens.

Ich bin einmal im März ein paar Meter tief auf den Grund eines Sees getaucht, um das Backbord-Want heraufzuholen, das beim Auftakeln des Segelboots hineingefallen war, und es war da so kalt und finster, wie ich mir den Tod vorstelle.

Also gehe ich wieder nach drinnen, was dem Gärtner zuwider ist, dieses Drinnensein, denn der Gärtner will ja hinausgehen, tätig werden, weil das Drinnenbleiben unser größtes Problem ist, in allen Fragen, gesamtgesellschaftlich, ich gehe also nach drinnen und mir bleibt nur die Hoffnung auf das Kommende, auf den süßen Frühling! Ich zünde den Kamin an – sorgen Sie für einen Kamin in Ihrem Haus, unbedingt, er ermöglicht das Überleben im Winter – und träume mit Hölderlin vom Frühling: »… kommen wirst du, mit deinen allmächtigen Wonnen, in goldne Wolken wirst du uns hüllen und empor uns tragen über die Sterblichkeit, und wir werden staunen und fragen, ob wir noch seien, wir, die Dürftigen, die wir die Sterne fragten, ob dort uns ein Frühling blühe – frägst du mich, wann diß seyn wird? Dann, wann die Lieblingin der Zeit, die jüngste, schönste Tochter der Zeit, die neue Kirche, hervorgehn wird aus diesen beflekten veralteten Formen, wann das erwachte Gefühl des Göttlichen dem Menschen seine Gottheit, und seiner Brust die schöne Jugend wiederbringen wird, wann – ich kann sie nicht verkünden, denn ich ahne sie kaum, aber sie kömmt gewiß, gewiß. Der Tod ist ein Bote des Lebens, und daß wir jezt schlafen in unsern Krankenhäusern, diß zeugt vom nahen gesunden Erwachen. Dann, dann erst sind wir, dann ist das Element der Geister gefunden!«

Das genügt für einen Winter, mindestens. »Der Tod ist ein Bote des Lebens«, nicht schlecht, denke ich, Hölderlin, alle Achtung. Ich schlafe hier in meinem Krankenhaus des Winters und harre meines nahen Erwachens, Hölderlin, bring mich noch vier Wochen durch die Dunkelheit, noch drei, noch zwei, noch eine. Und dann, über Nacht gleichsam, bricht überall das Eis auf und draußen ist alles Licht und Wärme und Leben. Dachte ich jedenfalls, bis ich zu meinem Teich kam.

Wie soll ich es sagen? Mit welchen Worten beschreiben? Das Bild der Traurigkeit. Meine Fische. Sie waren alle tot. Die beiden Karpfen und der Sterlet. Ich trieb mit einer Stange die Eisschollen auseinander, und da kamen sie hervor aus der Tiefe,

sie stiegen an die Oberfläche, den geblähten Bauch nach oben gewandt. Sie waren blass und ihre Leiber faulten schon. Der Sensenmann hatte in meinem Teich reiche Ernte gehalten. Nun sah ich, dass er auch meinen Frosch nicht verschont hatte, den ich im vergangenen Herbst ausgesetzt hatte. Die Fische, der Frosch. Überall der Tod im schwarzen Wasser.

Bei Gott, dachte ich! Ich wusste schon, warum ich vom Schaudern der Furcht erfasst worden war, als ich mich über die Löcher beugte, die ich zuvor ins Eis geschlagen hatte. Ist es ein Trost, dass es mit den übrigen Berliner Gewässern nicht viel besser stand? »Fast alle Fische tot«, las ich nur einen Tag später in der Zeitung. Fast? Bei mir alle! »Wochenlang kämpften sie im harten Eis-Winter ums Überleben. Am Ende erstickten sie qualvoll.« Ja, so muss es sich zugetragen haben. Ich hatte den Teich mit Bedacht so tief angelegt, dass er nicht zufrieren konnte. Aber dennoch hatte sich unter der weißbeschneiten Stille, die ich im Winter von der warmen Stube aus betrachtete, in Wahrheit eine ökologische Katastrophe abgespielt: Durch das dicke Eis drang kein Licht mehr in die Tiefe, die Pflanzen starben, den Fischen ging die Luft aus.

»In vielen Bereichen bleibt dem Ökosystem nur der Neustart«, las ich also in der Zeitung. Neustart? Meine Fische sind tot. Mein Frosch ist tot. Und die Zeitung empfiehlt den Neustart? Leben bedeutet Sterben, und Nehmen bedeutet Geben. Paulus sagt: Der Tod ist der Sünde Sold. Aber die Gabe Gottes ist das ewige Leben. Warum meine Fische? Haben auch sie gesündigt? Warum ereilt der Tod auch sie?

Im ersten Garten der Geschichte, dem Paradies, starben die Tiere eigentlich nicht. Der Tod hatte an diesem Ort der Vollkommenheit keinen Zutritt. Andererseits verstand es sich von selbst, dass die wahre Unsterblichkeit Adam und Eva – den Ebenbildern Gottes – vorbehalten bleiben musste, die sie bekanntlich mit dem Sündenfall verspielten. Augustinus schlug darum vor, dass die Tiere – »wenn das äußerste Alter ihre Auflösung mit sich gebracht hätte« – »sich in dem Gefühl ihres herannahenden Todes von dort entfernt hätten, damit nur ja kein Lebewesen am Ort des Lebens den Tod erleide«.

Das war sehr taktvoll von den Tieren und ich wünschte mir, meine Fische hätten es ähnlich gehalten. Ich stand über ihnen und blickte auf ihre weißen Leiber und dachte, dass die Natur zyklisch ist und wiederkehrt, dass aber der Mensch nicht zyklisch ist, sondern stirbt und alles, was er tut, ein Sichauflehnen gegen dieses Sterben ist, das ihn am Ende unweigerlich ereilt. Auch die Arbeit im Garten. Natürlich. Vor allem die Arbeit im Garten.

Oft noch berühre du mich,
Tod, wenn ich in mir zerrinne,
Bis ich mich wieder gewinne
Durch den Gedanken an dich!

Irre, sagte ich. Und meine Kinder, die ich herbeigerufen hatte, fragten, was denn irre sei. Aber statt zu antworten, bat ich sie, die traurige Pflicht der Bestattung zu übernehmen. Sie tun das gerne. Es macht ihnen nichts aus. Wir hoben ein Loch aus, dort, wo auch die Meerschweinchen liegen. Wir begruben die Fische und den Frosch gemeinsam und pflanzten ein Kreuz aus Weidenholz auf das Grab.

Vielleicht stelle ich eines Tages noch einen kleinen Grabstein dazu und schreibe darauf die Zeilen aus dem Brecht-Gedicht:

Und der Himmel war abends dunkel wie Rauch
Und hielt nachts mit den Sternen das Licht in Schwebe.
Aber früh war er hell, dass es auch
Noch für sie Morgen und Abend gebe.

Apparat

Gartenbücher

Austin, David, ENGLISCHE ROSEN, Köln 1994

Barthélemy, Guy, LES JARDINIERS DU ROY, Mayenne 1979

Borchardt, Rudolf, DER LEIDENSCHAFTLICHE GÄRTNER, Frankfurt 1992

Bourne, Stephen Eugene, THE BOOK OF THE DAFFODIL, London 1903

Carter, John, Royal Horticultural Society, WATER IN A SMALL GARDEN, London 2007

Dietrich, L. f. (Hg.), ENZYKLOPÄDIE DER GESAMMTEN NIEDEREN
UND HÖHEREN GARTENKUNST, Leipzig 1860, S. 133

Dirr, Michael A., VIBURNUMS: FLOWERING SHRUBS FOR EVERY SEASON, Portland 2007

Ebach, Jürgen et al. (Hg.), SCHAU AN DER SCHÖNEN GÄRTEN ZIER:
ÜBER IRDISCHE UND HIMMLISCHE PARADIESE.
ZU KULT UND KULTURGESCHICHTE DES GARTENS, Gütersloh 2007

Erhardt, Walter, NARZISSEN, Stuttgart 1993

Fearnley-Whittingstall, Jane, GARTENHANDBUCH, Köln 1995

Förster, Karl, ES WIRD DURCHGEBLÜHT. THEMA MIT VARIATIONEN, Berlin 1968

Haworth–Booth, Michael, THE HYDRANGEAS, London 1984

Hessayon, David Gerald, THE ROCK AND WATER GARDEN EXPERT, London 2006

Hobshouse, Penelope, DER GARTEN. EINE KULTURGESCHICHTE, London 2002

Jansen, Coen, GERANIEN FÜR DEN GARTEN, Stuttgart 1997

Jünger, Friedrich Georg, ORIENT UND OKZIDENT. ESSAYS, Hamburg 1948

Kleinod, Brigitte, GÄRTEN FÜR SENIOREN, Stuttgart 2003

Lord, Tony, Borders, BLUMENBEETE UND RABATTEN, München 1995

Lorenz von Ehren, KATALOG, Hamburg 2000

Moir Messervy, Julie, BESEELTE GÄRTEN: DER GARTEN ALS AUSDRUCK
DES SELBST, München 1997

Ott, Karl Heinz, DIE BILDER HINTER DER LANDSCHAFT, SWR II, April 2006

Sager, Peter, ENGLISCHE GARTENLUST: VON CORNWALL BIS KEW GARDENS,
Frankfurt 2006

Schmid, W. George, AN ENCYCLOPEDIA OF SHADE Perennialis, Portland:
Timber Press 2011

Schreier, Helmut, BÄUME. STREIFZÜGE DURCH EINE UNBEKANNTE WELT, Hamburg 2004

Schrock, Denny, WATER GARDENS, Des Moines 2006

Seymour, John, LEBEN AUF DEM LANDE. EIN PRAKTISCHES HANDBUCH
FÜR REALISTEN UND TRÄUMER, Ravensburg 1976

Stewart, Amy, GEMEINE GEWÄCHSE, Berlin 2011

Taylor, Patrick, DIE 200 SCHÖNSTEN STRAUCH– UND KLETTERROSEN, Stuttgart 1995

Toll, Julie, KLEINE GÄRTEN, München 1996

van Gelderen, Cornelis Johannes, ENCYCLOPEDIA OF HYDRANGEAS, Portland 2004

Voigt, Alwin, EXCURSIONENBUCH ZUM STUDIUM DER VOGELSTIMMEN, Leipzig 1902

Wachseberger, Clyde Philip, DAFFODIL, New York 2004

Textnachweis

Motti

S. 7: Kleist, Heinrich von, FAMILIE SCHROFFENSTEIN. In: ders., SÄMTLICHE WERKE
UND BRIEFE, Bd. I: Dramen, München: Hanser 1993, S. 11
S. 17, 42: Lionni, Leo, FREDERICK. Übers. von Günter Bruno Fuchs, Köln:
Middelhauve 1968, S. 7–9, 11–13. © Verlagsgruppe Beltz/Julius Beltz GmbH & Co KG
S. 73: Uderzo–Goscinny, ASTERIX UND OBELIX. In: Bd. 8: ASTERIX BEI DEN BRITEN,
aus dem Französischen von Gudrun Penndorf, Berlin 1971, S. 11, © Les Editions
Albert René/Uderzo–Goscinny; © Egmont Ehapa Verlag GmbH
S. 131: CHANCE, THE GARDENER. Aus dem Film BEING THERE (dt. WILLKOMMEN,
MR. CHANCE) des Regisseurs Hal Ashby von 1979; Drehbuch: Jerzy Kosiński.
S. 131: Goethe, Johann Wolfgang, DIE LEIDEN DES JUNGEN WERTHER. In: ders.,
SÄMTLICHE WERKE NACH EPOCHEN SEINES SCHAFFENS, Münchner Ausgabe, Bd. 2.2:
Erstes Weimarer Jahrzehnt 1775–1786, hg. von Hannelore Schlaffer,
Hans J. Becker und Gerhard H. Müller, München: Hanser 2002, S. 358
S. 189: »Rose ohne Dornen, O Maria, hilf!«. Aus dem Marienlied MEERSTERN,
ICH DICH GRÜSSE, O MARIA HILF, Verfasser unbekannt; (fränkisches) Wallfahrtslied
aus Paderborn.

Weitere Quellen:

Brecht, Bertolt, »Am See, tief zwischen Tann ...«– BUCKOWER ELEGIEN, in: Brecht,
WERKE. GROSSE KOMMENTIERTE BERLINER UND FRANKFURTER AUSGABE (GBA),
Bd. 12, Frankfurt a. M. 1988–1999, S. 307
Brecht, Bertolt, »Ja, mach nur einen Plan ...«– DIE DREIGROSCHENOPER, in:
WERKE, GBA, Bd. 2, Frankfurt a. M. 1988–1999, S. 291
Brecht, Bertolt, »Und der Himmel war abends dunkel wie Rauch ...«– Ballade
VOM ERTRUNKENEN MÄDCHEN, BERTOLT BRECHTS HAUSPOSTILLE, in:
WERKE, GBA, Bd. 11, Frankfurt a. M. 1988–1999, S. 299
Brezinka, Thomas, ORCHESTERMANAGEMENT, EIN LEITFADEN FÜR DIE PRAXIS,
Kassel 2005
Delbrück, Anton, DIE PATHOLOGISCHE LÜGE UND DIE PSYSCHISCH-ABNORMEN
SCHWINDLER. Habil., Stuttgart 1891.
Döblin, Alfred, »Inzwischen melden sich die Jahre, ...«.– Franz Biberkopf in:
Döblin, BERLIN ALEXANDERPLATZ, Olten 1967
Duby, Georges, DIE ZEIT DER KATHEDRALEN, Übers. von Grete Osterwald,
Frankfurt a. M. 1980
Harnoncourt, Nicolaus, Interview, geführt von Eleonore Buening in DIE ZEIT 14 (1997)
Hebbel, Friedrich, »Ich sah des Sommers letzte Rose stehn, ...«– Gedicht SOMMERBILD,
in: WERKE, Bd. 3, München 1965, S. 49

Hebbel, Friedrich, »Oft noch berühre du mich, ...« – Gedicht AN DEN TOD, in: WERKE, Bd. 3, München 1965, S. 76

Heine, Heinrich, LUTETIA, in: SÄMTLICHE SCHRIFTEN, hg. von Karl Heinz Stahl, München 1984

Hölderlin, Friedrich, HYPERION ODER DER EREMIT IN GRIECHENLAND, in: SÄMTLICHE WERKE, hg. von Michael Knaupp, München 1992, S. 637

Hoffmann, E.T.A., NUSSKNACKER UND MAUSEKÖNIG, München 1924

Jansen, Ludger, CHINESISCHE TIERE UND BIOMEDIZINISCHE DATENBANKEN. LOGISCHE UND TECHNISCHE BEDINGUNGEN WISSENSCHAFTLICHER KLASSIFIKATIONEN, in: Sven Walter, Helen Bohse (Hg.), AUSGEWÄHLTE SEKTIONSBEITRÄGE DER GAP. 6. Sechster Internationaler Kongress der Gesellschaft für Analytische Philosophie, Berlin, 11.–14. September 2006 (CD–ROM), Paderborn 2008

Kattmann, Ulrich, und Annette Schmitt, ELEMENTARES ORDNEN: WIE SCHÜLER TIERE KLASSIFIZIEREN, in: ZEITSCHRIFT FÜR DIDAKTIK DER NATURWISSENSCHAFTEN 2 (1996), S. 21–38

Kosiński, Jerzy, BEING THERE (dt. Titel: WILLKOMMEN, MR. CHANCE), Film von Hal Ashby, 1979, Buch: von Jerzy Kosiński.

Kübler-Ross, Elisabeth, INTERVIEWS MIT STERBENDEN, München 2001

Lionni, Leo, FREDERICK, Übers. von Günter Bruno Fuchs, Köln: Middelhauve 1968, S. 7–9, 11–13. © Verlagsgruppe Beltz/Julius Beltz GmbH & Co KG

Mey, Reinhard, DER MÖRDER WAR WIEDER DER GÄRTNER, ... – Song aus dem Album ICH BIN AUS JENEM HOLZE, 1971

Porter, Cole, OH, GIVE ME LAND, ... – Porter, DON'T FENCE ME IN, lyrics David Byrne

Rilke, Rainer Maria, LEKTÜRE FÜR MINUTEN. GEDANKEN AUS SEINEN BÜCHERN UND BRIEFEN. Ausgew. von Ursula und Volker Michels, Frankfurt a. M. 1988

Salinger, Jerome David, DER FÄNGER IM ROGGEN, Köln, Berlin 1962, S. 157

Beatles, Sesamstraßen-Lied ICH WOLLT ICH WÄR UNTEN IM MEER – Kermit (OCTOPUS'S GARDEN, Beatles vom Album Abbey Road)

Uderzo–Goscinny, ASTERIX UND OBELIX, Bd. 8: Asterix bei den Briten, aus dem Französischen von Gudrun Penndorf, Berlin 1971

Voigt, Alwin, EXCURSIONSBUCH ZUM STUDIUM DER VOGELSTIMMEN, Leipzig 1913

Wilde, Oscar, DER SELBSTSÜCHTIGE RIESE, in: Wilde, DER GLÜCKLICHE PRINZ UND ANDERE MÄRCHEN, 1888

Wordsworth, William, I WANDERED LONELY .../DER WOLKE GLEICH, ... – Gedicht DAFFODILS/NARZISSEN, Übers. von Bertram Kottmann, http://myweb.dal.ca/waue/Trans/Wordsworth–Cloud–Bertram.html. Übersetzung © Bertram Kottmann

»Ein lesenswertes Ärgernis.«

Stefan Maas, *Deutschlandfunk*

JAKOB AUGSTEIN

SABOTAGE

Warum wir uns
zwischen Demokratie
und **Kapitalismus**
entscheiden müssen

HANSER

304 Seiten. Gebunden

Was lernen wir aus der Geschichte? Bekanntlich nicht viel. Aber diese Lehre von Weimar sollten wir bedenken: Die vernachlässigte Republik ist in Gefahr. In der Finanzkrise haben wir den moralischen Meltdown des Systems erlebt. Doch anders als nach Fukushima hat die Politik keinen Ausstieg vorgesehen. Darum ist es an der Zeit, wieder zu kämpfen: für Gerechtigkeit, Gleichheit, Demokratie, Freiheit. Der Finanzkapitalismus hat uns diese Begriffe geraubt. Jetzt gilt es, sie zurückzuerobern. Jakob Augstein legt ein Buch über die Frage vor, was uns wichtiger ist: Demokratie oder Kapitalismus.